"十三五"国家重点出版物出版规划项目

中国经济治略丛书

中国房地产业转型升级与企业成长研究

Study on China's Real Estate Industry Transformation and Firm Growth

付 宏 著

中国财经出版传媒集团
经济科学出版社
Economic Science Press

图书在版编目（CIP）数据

中国房地产业转型升级与企业成长研究/付宏著.
—北京：经济科学出版社，2018.9
ISBN 978 – 7 – 5141 – 9723 – 5

Ⅰ.①中… Ⅱ.①付… Ⅲ.①房地产市场 – 研究 – 中国 Ⅳ.①F299.233.5

中国版本图书馆 CIP 数据核字（2018）第 207291 号

责任编辑：申先菊　王新宇
责任校对：曹育伟
版式设计：齐　杰
责任印制：王世伟

中国房地产业转型升级与企业成长研究
付　宏　著
经济科学出版社出版、发行　新华书店经销
社址：北京市海淀区阜成路甲 28 号　邮编：100142
总编部电话：010 – 88191217　发行部电话：010 – 88191522
网址：www.esp.com.cn
电子邮件：esp@esp.com.cn
天猫网店：经济科学出版社旗舰店
网址：http://jjkxcbs.tmall.com
北京季蜂印刷有限公司印装
710×1000　16 开　13 印张　280000 字
2018 年 10 月第 1 版　2018 年 10 月第 1 次印刷
ISBN 978 – 7 – 5141 – 9723 – 5　定价：68.00 元
(图书出现印装问题，本社负责调换。电话：010 – 88191510)
(版权所有　侵权必究　打击盗版　举报热线：010 – 88191661
　QQ：2242791300　营销中心电话：010 – 88191537
　电子邮箱：dbts@esp.com.cn)

基金项目：本书受到国家社会科学基金一般项目《基于"微笑曲线"视角的产业融合与制造业绿色转型升级路径研究》（16BGL030）资助

前 言

改革开放以来,房地产业一直是我国经济发展过程中的热点问题。对于房地产业的看法,不同的主体都有自己的视角。政府对待房地产业是从土地供应的供给者视角;资本对待房地产业是从房地产业的金融属性视角;老百姓对待房地产是从房屋的居住和投资属性视角;理论界对待房地产业则是从经济增长、社会公平等视角。本书并不评论房地产业的属性特征,也不判断各自主体的视角对错,只把房地产业看作与其他产业一样的产业形态,只是客观地去研究中国房地产作为一种产业形态的发展和转型过程,深入刻画微观房地产企业的成长过程,以此来展示一个相对客观的中国房地产业和房地产企业转型发展的历程。

市场在资源配置中起决定性作用,中国房地产业的发展也是中国房地产市场发展的结晶。我国房地产从无到有,从小到大,从国有企业为主到民营企业的蓬勃发展,其发展历程和经验教训本身就具有一定的科学意义。基于此,本书关注了房地产业发展中的企业成长经验和案例,并试图透过典型企业的发展展示中国房地产企业成长的一般规律,为我国房地产企业未来发展提供借鉴。

CONTENTS 目录

第1章 绪论 / 1

1.1 研究背景 / 1
1.2 研究意义 / 5
1.3 国内外研究现状 / 6

第2章 产业转型升级与企业成长理论回顾 / 16

2.1 产业转型升级理论 / 16
2.2 企业转型升级理论 / 20
2.3 企业成长理论 / 30
2.4 Marris 和 "管理学派" / 37
2.5 演化经济学和 "适当成长" 的原则 / 39
2.6 群种生态 / 42

第3章 中国房地产市场改革开放40年发展回顾 / 43

3.1 总体情况 / 43
3.2 统计数据描绘 / 47
3.3 房地产企业成长历程 / 53

第4章 房地产业的转型升级发展 / 67

4.1 市场集中趋势分析 / 67
4.2 房地产宏观调控 / 73

第5章 "华发股份"成长案例 / 93

5.1 "华发股份"的发展情况 / 93
5.2 成长历程描述：3000元起家的创业史 / 107
5.3 "华发股份"：华发集团的核心业务板块 / 109
5.4 毗邻澳门的地域优势 / 111
5.5 内部资源能力：华发成长的内生动力 / 132
5.6 华发股份成长轨迹的特质比较分析 / 140

第6章 房地产企业成长模式的国内外比较 / 152

6.1 中国房地产企业的三种典型成长模式 / 152
6.2 中国香港模式 / 157
6.3 美国模式 / 158

第7章 中美房地产政策对比 / 164

7.1 中美差异：经济发展水平与房地产市场 / 164
7.2 美国房地产政策的主要特征 / 169
7.3 中美房地产政策的比较分析 / 170
7.4 美国房地产政策对中国的借鉴 / 175

第8章 结论与启示 / 178

参考文献 / 180
后记 / 198

第 1 章

绪 论

1.1 研究背景

中国房地产市场出现在改革开放之后。1980年4月,邓小平同志发表了关于建筑业和房地产业的谈话,随后在全国开始了城镇住房制度的改革。1985年开始的城市经济体制改革则直接促使了我国真正意义上的房地产业的产生和发展。之后,在中国改革开放的前沿地区,一些房地产企业开始了萌芽,到1986年,全国共计有房地产开发企业1991家。中国开始了在房地产领域的市场化尝试,但是对于一个没有市场化经验的国家而言,房地产市场的运行难免在动荡中前行。1989年,中国施行紧缩银根、压缩开支的政策措施,致使许多房地产项目被迫停建,年轻的中国房地产企业受到了其发展过程中的第一次打击。1992年,中央政府明确提出建立社会主义市场经济体制,中国房地产企业遇到了第一次繁荣,土地审批权下放,外资被允许进入中国房地产市场,房地产投资和房地产价格都呈现快速增长的趋势,中国房地产企业数量暴涨到2万余家。这期间,大量的中国香港房地产企业进入内地房地产市场,得益于内地对港企投资的优惠措施和自身的资本及管理优势,这些港企从中国内地获得了巨大的收益,截至2011年,中国香港排名前十名的房地产企业全部都在内地有房地产开发项目和经营业务。

如表1-1为2011年中国房地产企业于福布斯2000强的排名情况。

表1-1　中国房地产企业于2011年福布斯2000强排名情况

序号	福布斯排名	公司（中文）	国家或地区	创立（上市）时间	资产（亿美元）	市值（亿美元）
1	160	和记黄埔	中国香港	1971	873	499
2	448	新鸿基房地产	中国香港	1972	452	411
3	536	万科集团	中国	1988	327	138
4	540	长江集团	中国香港	1950	384	366
5	655	九龙仓控股	中国香港	—	245	201
6	766	恒基地产	中国香港	1981	246	135
7	768	保利地产	中国	1992	231	90
8	814	新世界发展	中国香港	1972	257	71
9	886	会德丰	中国香港	1963	289	73
10	924	恒隆集团	中国香港	1960	162	83
11	1125	碧桂园	中国	1992	123	65
12	1144	华润置地	中国香港	1996	124	87
13	1610	华人置业	中国香港	1983	77	32
14	1610	世茂集团	中国	1992	629	22
15	1673	中国地产集团	中国香港	—	55	6
16	1679	金地集团	中国	1988	81	50
17	1789	富力地产	中国	1994	96	42
18	1827	龙湖集团	中国	1994	145	28
19	1931	SOHO中国	中国	1995	71	39
20	1933	瑞安地产	中国	2004	85	24

资料来源：2011福布斯全球企业2000强。

1993年下半年，中国经济面临过热危险，过热的房地产行业成为此时中央政府宏观调控的重点行业，国家严格控制土地供应量，别墅、写字楼等房地产项目被限制开工、银行信贷压缩，证监会于1994年暂停审批新的房地产公司上市等举措，给过热的中国房地产业降了降温。1998年，亚洲金融风暴袭击东南亚，中国经济面临"硬着陆"风险，此时，中央政府采取一系列措施刺激内需，房地产市场明显转暖，到2003年，商品房占房地产投资比例已经高达93%。2003年后，中国房地产市场进入发展的黄金时期，房地产企业盈利能力、利润率和销售额逐年快速增长，房地产企业数量不断增加，房地产市场和房地产企业都进入快速成长期。2008年，金融危机席卷全球，以投资为主要目的的中国房地产市场进入"寒冬"，虽然期间政府不断出台相关政策支持房地产产业发展，但是投资需求的显著降低使中国房地产企业出现"倒闭"潮，中小房地产企业由于资金链断裂不得不靠出售项目自保。2009—2010年，受到中央政府救市的利好，中国房地产市场立刻从波谷回到波峰，房地产价格大幅上涨，2011年，中央政府出台系列措施对房价进行调控，房地产企业的发展再次进入艰难时期。

表1-2为2001—2010年中国房地产开发企业家数的统计情况。

表1-2　　　　2001—2010年中国房地产开发企业家数　　　　单位：家

年份	企业家数	内资企业	国有企业	集体企业	港澳台投资企业	外商投资企业
2001	29552	25509	5862	2991	2959	1084
2002	32618	28657	5015	2488	2884	1077
2003	37123	33107	4558	2205	2840	1176
2004	59242	53495	4775	2390	3639	2108
2005	56290	50957	4145	1796	3443	1890
2006	58710	53268	3797	1586	3519	1923
2007	62518	56965	3617	1430	3524	2029
2008	87562	81282	3941	1520	3916	2364
2009	80407	74674	3835	1361	3633	2100
2010	85218	79489	3685	1220	3677	2052

资料来源：中经网产业数据库。

表1-3为2018年福布斯排行榜中国内地房地产企业排名情况。

表1-3　2018年福布斯排行榜中国房地产企业排名情况

序号	福布斯排名	公司（中文）	创立（上市）时间	资产（亿美元）	市值（亿美元）
1	133	万科集团	1988	1946	438
2	143	碧桂园	1992	1612	452
3	269	保利地产	1992	1210	256
4	341	绿地集团	1992	1381	139
5	409	招商蛇口	1984	573	286
6	494	龙湖地产	1994	557	177
7	725	富力地产	1994	458	78
8	1015	雅居乐	1985	251	79
9	1016	金地集团	1988	357	81
10	1147	远洋集团	1993	295	54
11	1316	新城控股	1993	291	47
12	1387	龙光地产	1996	172	82
13	1519	红星美凯龙	2007	163	88
14	1534	首开股份	2001	403	37
15	1547	绿城中国	1995	362	32
16	1868	金融街	1992	211	42
17	1931	陆家嘴	1992	126	82

资料来源：2018福布斯全球企业2000强。

2011年后，全国房地产市场陷入分化。一二线城市房地产市场持续保持上涨趋势，大中型房地产企业显现出金融化发展特征。而三四五线城市和地区房地产市场开始出现下滑，中小型房地产公司出现"倒闭"和"跑路"情况，房地产在三四五线城市和地区开始出现过剩，房地产库存问题开始显现。

纵观中国房地产市场成长的发展历程，"动荡"是一个关键词。其内涵包括政策不稳定性导致的政策环境"动荡"，政策利好与政策利空交错出现，政策出台时机和政策内涵呈现"头痛医头脚痛医脚"的特征，政策波动幅度大。还包括市场主体企业成长的动荡，从宏观角度来说，2001年以来，中国房地产企业数量呈现先增加，后减少，继而继续增加，而后继续减少的波浪形震荡，其中，内资企业数量波动明显强于港澳台投资企业和外商企业，说明相对于港澳台企业，以及外资企业而言，中国内地房地产企业的成长阶段还处于初期，经营稳定性明显弱于港澳台企业和外资企业；从微观角度来说，市场集中度低，企业规模偏小，存续年限短，多元化企业集团数量少，企业管理与运营水平等都导致很多中国房地产企业不能度过"死亡谷"。但动荡的环境也产生了成长的机会，政策的波动为企业进入房地产市场创造了条件，而市场的竞争性也在一定程度上激发了企业的竞争热情，"适者生存"与"野蛮生长"在这个市场中屡见不鲜。

1.2 研究意义

西方企业成长理论主要是沿着经济学与管理学的脉络展开。从新古典经济学的研究脉络来说，企业成长是实现"最优规模"的过程，在这个规模下，企业达到规模经济，并且可以避免由于企业扩张而带来的内部组织管理的官僚主义，因此，从这个角度来说，企业在"最优规模"下将不再成长，或者说继续成长只能带来规模经济的丧失。演化经济学认为选择的演化机制设置了经济发展的路径，同样适当的企业生存和成长同时伴随着企业的退出，企业应该实现的是"适当成长"。管理学脉络下，彭罗斯的"资源观"对企业成长理论产生了较大的影响，她认为规模经济不是成长的目的，只是企业成长的副产品，企业成长来自于企业特殊资源的集合。"群种生态"的视角发展了资源观，认为企业成长所需要的资源仅限于利基中，并且这些利基具有独特的"承载能力"，如果一个企业发现了一个新的具有丰富资源池的利基，那么这个企业将会实现没有任何障碍的成长。客观来说，西方企业成长理论从来都不是结合中国企业案例的研究得出的，中国的房地产企业家们在创业的时候也没有接触到这些企业成长理论，但是，中国房地产企业成长的实践告诉我们，应该可以从西方企业成长理论中匹配到中国一些典型房地产企业成长的实践，基于此，本书试图通过对中国房地产发展情况回顾与分析，结合珠海华发房地产股份有限公司的案例研究，从产业转型升级理论和西方企业成长理论及中国实践中找到两者的契合点，从而对中国房地产企业成长路径选择提供有益的借鉴。

1.3 国内外研究现状

国内外的学者主要是从房地产市场与经济增长、房地产价格与经济运行，以及房地产市场的博弈等角度展开，关于房地产企业成长的个案研究开展的较少。

1.3.1 房地产与经济增长

国外最早研究房地产与宏观经济之间关系的文献可以追溯到20世纪30年代，库兹涅茨提出了"建筑周期"的概念。此后大量研究房地产与宏观经济之间关系的文献不断涌现。Boleat 和 Coles（1987）简单统计了1960—1983年西方主要发达经济体住宅投资占国内生产总值GDP的百分比与人均GDP的年增长率之间的关系，认为二者存在正相关关系，并作出了是经济的高速增长促进了房地产业的发展结论。他们在论文中对这一结论的解释是：较高水平的经济发展使得这些国家能够将更多的经济资源投入到住宅生产上。Greenwood 和 Hercowitz（1991）[①] 研究了美国1954—1989年的家庭耐用消费品、住宅投资与商业投资的数据，却作出了与 Boleat 和 Coles（1987）截然相反的结论：房地产投资引领和拉动了商业投资和其他宏观经济变量。Green（1997）利用美国1959—1992年的季度投资数据和GDP数据实证检验了非住宅和住宅投资与国内生产总值之间的因果关系，实证检验的结果：是住宅投资拉动经济增长，而不是经济增长拉动了住宅投资；是经济增长拉动了非住宅投资，而不是非住宅拉动了经济增长。也就是说，住宅投资拉动了经济增长，而经济增长又拉动了非住宅投资。Ganger 和 Snyder（2003）[②] 研究了美国金融管制放松之后住宅投资与宏观经济的关系，运用1959—1999年的季度数据实证检验了美国金融放松管制前后的住宅投资、货币供给、利率与国内生产总值长期关系的变化，发现在金融管制放松之后住宅投资对国内生产总值运行的因果关

[①] Green R.. Follow the Leader: How Changes in Residential and Non-residential Investment Predict Changes in GDP [J]. Real Estate Economics, 1997（25）: 253–270.

[②] Ganger J. & T. Snyder. Residential Fixed Investment and the Macroeconomy: Has Deregulation Altered Key Relationships [J]. Journal of Real Estate Finance and Economics, 2003（27）: 335–354.

系比金融管制放松前更加显著。Leamer（2007）的论文研究了预警经济衰退的有效信号，发现在所有国内生产总值的组成部分中，住宅投资是预警经济衰退最有效的信号。Ghent 和 Owyang（2010）[1] 用美国 51 个大城市的数据做了住宅投资与就业关系的研究，其研究结论也支持住宅投资引领经济增长的结论。总体而言，对于美国房地产业与经济增长关系的研究结论，比较一致的看法是住宅投资引领经济增长。Kim（2000）[2] 和 Kim（2004）[3] 的两篇文章运用相关宏观数据研究了韩国的房地产投资与经济增长的关系问题，其结论是韩国的住宅投资不是拉动经济增长的原因，并且住宅投资会随经济增长的波动而波动。Nahm（2002）实证检验了韩国的住宅投资是否也引领产出的问题，研究发现只有部分时间住宅投资领先经济增长，而在大部分时间住宅投资与经济增长居于同步。因此得出韩国住宅投资与产出之间的关系具有时间不一致特点的结论。Chen 等（2004）研究了中国香港、新加坡、东京和中国台北四城市房价波动的数据，该研究发现房价长期波动率与它们这些城市高速经济增长有着正相关关系，但没有给出它们之间的因果关系。国际货币基金组织 2008 年的《世界经济展望》报告中研究了 18 个发达国家房地产投资与经济周期的关系，发现多数国家的住宅投资与经济周期有着密切的关系。少数部分国家住宅投资加剧了经济衰退。Walentin 和 Sellin（2010）的研究发现瑞典住宅投资与经济增长之间的因果关系为：经济增长拉动房地产的投资，这个结论还通过了稳健性检验。综合国外的研究成果，我们发现住宅投资与经济增长的领先—滞后关系在不同国家存在的差异是巨大的，甚至是相反的。并且这种领先—滞后关系在许多国家还不是一成不变的，在同一个国家也可能随着时间的推移而有所改变。国内关于房地产投资与经济增长的领先—滞后关系的严谨的实证研究并不多见，但在经济实践中政府和大量专家却一直以来都武断地（可以说是毫无科学根据的）认定房地产投资对经济增长有巨大的拉动作用。张晓晶和孙涛（2006）[4] 在其论文中首先分析了驱动国内房地产周期的宏观经济增长与社会制度方面的因素，并利用 1992—2004

---

[1] Ghent A. & M. Owyang. *Is Housing the Business Cycle? Evidence from US Cities* [J]. *Journal of Urban Economics*, 2010 (67): 336 – 351.

[2] Kim C. & K. Kim. *The Political Economy of Korean Government Policies and Real Estate* [J]. *Urban Studies*, 2000 (37): 1157 – 1169.

[3] Kim K.. *Housing and the Korean Economy* [J]. *Journal of Housing Economics*, 2004 (13): 321 – 341.

[4] 张晓晶，孙涛. 中国房地产周期与金融稳定 [J]. 经济研究，2006 (1): 23 – 33.

年的季度数据进行实证研究,指出无论是房地产行业的发展还是房地产价格总水平,在今后较长时期内仍会呈稳中趋升的态势。文章进而指出,房地产周期对金融稳定的影响主要体现在房地产信贷风险暴露、政府担保风险,以及长存短贷的期限错配风险。并在此基础上提出相应的政策建议:努力解决银行业自身问题、规范地方政府行为,以及有效监管外资进入中国房地产业等。张清勇和郑环环(2012)[①]在其论文中运用1985—2009年中国各省、自治区、直辖市的数据,对住宅投资与经济增长之间的领先—滞后关系进行实证检验。无论是全时段还是以1998年住房改革为分界线的分时段,无论是全国各省区市还是分区域的各省区市面板数据,他们的检验结果都支持在中国经济增长引领住宅投资的单向因果关系是稳定的。他们的研究结果与国内一些研究和政策措施所主张的住宅投资拉动经济增长的观点完全相左,认为找不到证据来支持住宅投资对经济增长具有拉动作用的证据。

1.3.2 房地产价格与经济运行

房地产价格上涨过快、投资过热和民众对房价的不满是政府制定和实施相关宏观调控政策的一个重要原因。因此,对房地产价格波动研究的文献做一个综述是很有必要的。Kuznets(1952)和Grebler等(1956)的研究识别了房地产行业发展的长周期,房地产长周期主要是由该国家的城市化进程和人口出生高峰造成的。Maisel(1963)[②]分析了房地产存量和流量的决定机制,他发现家庭数量和空置率决定了一个经济区域内的住房存量,而家庭结构、空置率和损坏率决定了一个经济区域内的住房流量。他的f论模型把收入和人口等当作外生变量,当这些外生变量发生变化时,房地产开工量会随之产生变动,从而导致空置率变化,最终引起住房市场波动。Ortalo和Rady(2006)的实证研究发现了驱动房价变动另一个因素——年轻人收入和支付能力,并验证了房价与年轻人收入和交易量存在显著正相关关系。Aayton(1996)运用加拿大的房地产数据从预期和投机角度实证检验了房价波动的原因。他的检验结果表明房地产的基本价值是解释房价波动的大部分因素,但理性预期并不能很好地对房价波动作出足

[①] 张清勇,郑环环. 中国住宅投资引领经济增长吗?[J]. 经济研究,2012(2):67-79.
[②] Maisel & Sherman J.. *A Theory of Volatilities in Residential Construction Starts* [J]. *American Economic Review*,1963(53):359-383.

够的信服的解释，据此推断非理性因素是影响房价波动的另一个重要原因。Muellbauer 和 Murphy（1997）运用英国住房价格的数据实证研究了英国房价波动的影响因素。检验的结果表明金融监管的放松和金融自由化是房价波动的最主要的原因，实际利率和人们对收入的预期是影响房价波动的另外重要因素。Malpezzi 和 Wachter（2005）[①] 在适应性预期理论假设基础上，建立了一个投资者对房地产投机的模型。该理论模型推断房地产的供给和需求对房价波动将会产生重大影响。当出现供不应求时，现实房价的上涨和预期等因素的叠加将会使得投机对房价波动施加更严重的影响。近年来，国内也有不少对房地产价格波动研究的文献见刊。沈悦、刘洪玉（2004）[②] 运用中国 1995—2002 年 14 个城市数据做了实证研究，研究结果表明城市经济基本面对住宅价格变动的解释很显著；同时，适应性预期对住宅价格变动也具有显著的影响。王爱俭和沈庆劼（2007）[③] 从房地产供给与需求两个角度研究了人民币汇率与房价的关系：一方面从供给方面来看，劳动力供给的"棘轮"效应使得汇率低估造成的经济结构倾斜和汇率调整，都会引发经济结构复位，而经济复位必然会导致房地产价格的上涨；另一方面从需求方面来看，汇率低估会引起经常项目持续顺差、中国城市化进程过快和对人民币升值预期，这些因素必然带来热钱流入而推动了房地产价格上涨。梁云芳和高铁梅（2007）运用数据实证检验了经济增长、房地产开发信贷规模和实际利率对房价波动的区域差异。检验结果表明：实际利率对全国范围内的短期房价的影响并不明显；而经济增长和房地产开发信贷规模对不同地区的影响有明显差异，前者对中部房价变动较大，后者对东部和西部影响较大。但该文并没有说明这一现象背后的经济机制。况伟大（2010）[④] 构建了一个基于住房存量调整的理论模型，用于研究预期和投机对房价的影响。他的理论模型分别研究了理性预期和适应性预期下，消费性需求和投机需求对房价波动的影响。该研究的后半部分还对相关理论预测做了实证检验。检验结果表明：首先，经济基本面是对房价波动影响最根本的因素；其次，影响个别城市房价变动的因素却主要

[①] Malpezzi, Stephen & Susan M. Wachter. *The Role of Speculation in Real Estate Cycles* [J]. *Journal of Real Estate Literature*, 2005（131）：143 - 164.
[②] 沈悦，刘洪玉. 住宅价格与经济基本面：1995—2002 年中国 14 城市的实证研究 [J]. 经济研究，2004（6）.
[③] 王爱俭，沈庆劼. 人民币汇率与房地产价格的关联性研究 [J]. 金融研究，2007（6）：62 - 63.
[④] 况伟大. 预期、投机与中国城市房价波动 [J]. 经济研究，2010（9）：67 - 78.

是由预期和投机来决定的;再次,在中国房地产市场上适应性预期作用大于理性预期的作用;最后,利率变动、可支配收入和城市人口增长对房价波动都有重大影响,开发成本和地理位置并不是影响房价波动的显著影响因素。

1.3.3 房地产市场博弈

中国的土地制度是影响房地产产业发展、决定房地产价格和房地产公司营业利润的基础性因素,土地供给和房地产公司对土地的需求深刻影响到公司的发展战略,房地产公司的资本结构和投资是企业根本的战略行为,因此,本书将土地供给和需求研究的文献综述如下。Sornerville(1996)的研究测算了土地成本与房地产营业利润之间的关系,发现房地产营业利润对土地价格波动的影响非常敏感,由此推断短期内房地产商无法将土地成本通过房屋价格转嫁给消费者,因此土地价格只会在中长期内影响房屋价格。Che 和 Gale(1998)构建了一个理论模型研究竞买人的负债和竞拍行为,他们的理论模型预测财务约束将会降低竞买人的出价能力,也就是说竞买人的负债水平越高他的出价会越低。Zheng(2001)的研究将 Che 和 Gale(1998)的理论又向前推进了一步,他的研究指出负债水平对竞拍者的出价行为具有双重作用。其一,如同 Che 和 Gale(1998)的研究结论,负债水平越高对竞买人的出价能力限制作用越大,降低了竞买人的出价;其二,过高的负债水平也可能产生委托代理问题,竞拍人可能会产生激进的竞拍行为,实质是以牺牲债权人的利益为自己获得成功而"尽力一搏"。Brusco 和 Lopomo(2008)[①] 在另一个方向上推进了 Che 和 Gale(1998)的研究,他们认为在竞拍人由于存在财务约束而影响出价能力的情况下,没有财务约束的竞争对手也会调整自己的竞拍策略,有意降低出价策略来弱化竞争以便达到降低最终成交价的目的。Chang 等(2010)研究了中国香港的土地拍卖制度与当地房价之间的关系。他们的研究发现竞拍者在事先已经拥有附近地产的情况下,会理性的过高报价。因为新的更高的土地成交价格会对竞买人已经拥有的房地产的价值起到保护作用。他们的研究还发现土地竞拍的价格会影响到已经存在的房地产的价格。其影响规律是:高于预期价格的土地成交价对已经存在的房地产的

---

① Brusco S., Lopomo G.. *Budget Constraints and Demand Reduction in Simultaneous Ascending-bid Auctions* [J]. *The Journal of Industrial Economics*,2008,56(1):113-142.

价格没有什么影响；但低于预期价格的土地成交价对已经存在的房地产的价格有显著的负面影响。国内从供给的角度研究房地产市场的佳作也有不少。况伟大（2004）[1] 对中国房地产市场的垄断程度做了详细的测算，指出中国房地产市场上存在严重的垄断问题。冯邦彦和刘明（2006）运用中国房地产市场房价和土地价格数据，实证研究了房价与土地价格之间的关系，其研究结果表明二者之间长期存在着显著的相互影响，但没有阐明因果关系。林义相（2009）的理论研究表明中国的房地产价格的不断上涨受到土地供给的严重影响，地方政府对土地供给的垄断和故意安排的供给短缺是为了保护当地的房地产高涨的价格。陈超、柳子君和肖辉（2011）[2] 构建了一个理论模型，详细分析了房地产市场上的主要参与者——中央政府、地方政府、房地产商和消费者之间的博弈行为。指出中国房价不断高涨的根本原因是财政制度和土地转让制度。在分税制和分灶吃饭的财税制度下，地方政府有强烈的愿望将手中垄断的土地转让收入最大化，为此地方有通过设计转让方式维持房价高涨。地方政府最希望得到的结果是当地只有一个房地产开发商，并完全垄断当地房屋供给。在这种完全垄断的情况下，房地产商可以使用最少的土地建造最少数量的房屋，卖最高的价格获得最大的垄断利润。而地方政府就可以通过出售最少的土地而获得最多的转让收入。为了达到这一目的，地方政府在转让土地的时候会尽可能大块的转让土地，以便通过提高竞拍门槛减少参与竞标的开发商，有利于形成当地房地产供给的垄断。中央政府可以通过调整土地出让金首付款比例来均衡地方政府的利益和消费者的利益，并提出次优选择是大力推进保障房建设。潘岳奇、樊洪和贾生华（2011）[3] 利用2003—2011年我国14个大中城市的商品住宅用地拍卖数据，实证研究了我国房地产企业在土地竞拍市场上的出价行为。该文的检验结果表明负债水平对不同产权性质的房地产企业的竞拍行为有不同影响。对国有企业或国有控股企业来说，由于存在弱融资约束和软预算约束，高负债会使此类企业产生委托代理问题，竞价行为更加激进。这一结果验证了 Zheng（2001）的理论预测。但对非国有企业或非国有控股企业，高负债会弱化此类企业的竞价能力，符合 Che 和 Gale（1998）的理论预测。此外，他们在文中还指出国有企业激进

---

[1] 况伟大. 预期、投机与中国城市房价波动 [J]. 经济研究, 2010 (9): 67-78.
[2] 陈超, 柳子君, 肖辉. 从供给视角看我国房地产市场的"两难困境" [J]. 金融研究, 2011 (1): 73-93.
[3] 潘岳奇, 樊洪, 贾生华. 企业资本结构、产权性质与竞拍行为 [J]. 金融研究, 2011 (10): 74-87.

的竞价行为会导致土地需求市场垄断的产生,是房价不断高涨、积累市场金融风险和影响国内房地产市场健康发展的重要原因之一。

1.3.4 房地产上市公司业绩影响因素

张成(2008)运用实证研究方法考察了房地产类上市公司高管薪酬和公司业绩的关系,为我国高管薪酬激励机制的应用提出了宝贵的建议。他选取了2006年深沪两所60家A股房地产上市公司数据为研究对象,借助统计软件进行相关性及多元线性回归分析,通过研究得出以下结论。第一,上市公司高管薪酬与公司业绩呈正相关性。第二,高管薪酬对公司业绩的影响,非国有上市公司要高于国有上市公司。第三,因为我国上市公司高管的零持股现象比较严重,导致上市公司高管薪酬和高管持股比例负相关的这一假设没有得到支持。第四,公司高管薪酬和公司规模正相关。黄海波(2007)从公司多元化经营角度结合年报信息,研究了房地产上市公司的多元化经营和绩效的关系,研究显示,多元化经营与业绩显著负相关。徐倩(2006)从股权集中度、股权构成及管理层持股三个层面全面诠释了股权结构对公司业绩的影响,依据回归结果,有以下建议。第一,合理的配置投资主体的持股比例,进一步减少国有股比重,提高法人股的比例,提高管理层的持股比例,并完善公司管理人员的激励和约束机制;第二,防止一股独大,保持适度的股权集中;第三,积极实施高管股权激励。金学惠(2006)从理论的角度分析了人民币升值后的影响结果。一方面,由于国外资金的大量涌入,对于资金密集型的房地产开发企业来说,借贷资金来源更广了,这势必会增加房地产市场的供给;而另一方面,势必会增加对房地产的投资,房地产投资需求的增加必然会导致房价的上涨。文章得出人民币升值对我国房地产行业有机遇更有挑战。正面影响是升值预期会导致外资对房地产行业的投资需求加大,商品房的供给增加,从而可以部分缓解房地产供需失衡。负面影响是货币持续过度升值将会导致经济减速及外资需求下降,从而致使房地产需求下降且导致通胀水平下降。房地产价格涨速下降,不利于我国经济的长期稳定及持续增长。李蔚青(2005)[1]研究了我国房地产行业的上市公司资本结构与公司业绩的相关性,实证研究结果表明:就单个指标而言,当年财务杠杆与当年公司业

---

[1] 李蔚青. 我国房地产行业上市公司资本结构与公司业绩的实证分析[D]. 青岛:中国海洋大学,2005.

绩呈负相关，前一年的财务杠杆与当年的公司业绩呈正相关；有息负债和总资产利润呈负相关，而与总资产贡献率呈正相关，无息负债和总资产利润率及总资产贡献率都呈正相关；财务杠杆中的短期性负债和公司业绩呈负相关，而长期性负债和公司业绩正相关。从显著性角度考虑，各项指标之间的相关性并不显著。也就是说，当前我国房地产行业上市公司的资本结构对业绩的影响是存在的，但这种影响并不显著。最后结合实证研究结果，主要从优化公司资本结构、完善公司治理结构、消除地方政府的政策影响、发展企业债券市场等角度提出了改进房地产行业上市公司业绩的政策建议。

1.3.5 房地产企业成长要素

Raajeev B. Batra, Partner 和 Co - head（2011）[1] 指出，目前，印度房地产部门发展正面临着相当大的阻力，高金融交易成本、下降的需求、上升的成本压力、高资产价格和一个难以管理的方案正动态影响着房地产部门的可持续发展，通过有效的计划创造额外的发展空间、基础设施支持、一个良好的监管回应来满足日益增长的人口需求还有很长的路要走。Pamela V. et al.（2012）[2] 提出，制订房地产战略计划、聘请合适的经纪人、开发一个租赁工具、建造创新性的建筑、评估经济激励是高速增长的房地产企业管理风险，以及实现利润最大化的五个关键策略。林晓艳（2011）[3] 建立房地产企业价值链模型进行分析后指出，房地产企业持续成长是企业家主导下的组织管理能力、市场能力、创新能力和外部运作能力等协同作用的结果。关玲水、蒋凤霞（2007）[4] 指出改革力、创新力、竞争力、文化力与和谐力"五个力"对房地产企业成长和发展起着决定性作用。周华蓉、贺胜兵（2007）[5] 指出，治理结构的限制、高素质人力资源缺乏、企业文化尚未建立、政策环境和融资能力的限制阻碍了企业成

---

[1] Raajeev B. Batra, Partner, Co - head. Achieving Sustainable Growth in Reality [J]. kpmg. com, 2011: 1 - 20.
[2] Pamela V. Rothenberg, Lisa J. Ruddy Womble Carlyle Sandridge & Rice, LLP. Real Estate Issues for High Growth Companies: Five Key Tactics for Managing Risks and Maximizing Returns [J]. Association of Corporate Counsel, 2012 (1): 1 - 4.
[3] 林晓艳. 基于企业家能力的房地产企业持续成长机理 [J]. 福建论坛（人文社会科学版），2011 (8): 20 - 23.
[4] 关玲水，蒋凤霞. 决定中国房地产企业成长的"五个力" [J]. 现代商业，2007 (21): 19 - 20.
[5] 周华蓉，贺胜兵. 我国房地产开发企业成长的障碍与对策 [J]. 企业经济，2007 (4): 96 - 98.

长,并提出推动企业结构的升级、建设顺畅的融资渠道、提高企业核心竞争力等加快企业成长的三大对策。张建军、倪江波(2008)[①] 指出,单一资本所有权结构、经营权与所有权合一、产权关系模糊和制度环境是制约家族房地产企业成长的主要障碍,建立现代家族企业制度是加快企业成长的明智选择。梁智(2011)[②] 指出,房地产企业成长是房地产价格和企业竞争力的函数,其中,企业竞争力是促进房地产企业成长的内因,其可以被创造,房地产价格是促进房地产企业成长的外因,其不易被控制。对于民营房地产企业来说,它的竞争力是其在开发经营过程中形成的、产生盈利的特有的资源配置能力。郝云宏、朱炎娟(2012)[③] 指出,房地产企业销售投入对企业短期业绩不存在显著性影响,而销售投入的持续增加却对企业成长产生差异性影响。潘航等(2013)[④] 指出,我国房地产上市企业资产负债率偏高、大量借入外债、产权比率居高不下、长期偿债能力不强、现金比率较低等病态财务结构影响房地产企业的健康持续发展。因此,房地产企业应该采取先股权筹资、后负债筹资、加强资本内部储备、提升融资效率,强化企业合作和联合并发等措施积极应对外部负面因素进而优化其资本结构。林晓艳(2011)[⑤] 建立房地产企业价值链模型进行分析后指出,房地产企业持续成长是企业家主导下的组织管理能力、市场能力、创新能力和外部运作能力等协同作用的结果。张婧雅(2013)[⑥] 利用我国39家A股房地产上市企业数据进行回归分析后指出,企业盈利能力和企业负债比率负相关,企业成长性和企业负债比率正相关。郭丽华(2011)[⑦] 介绍了云南城投集团成长模式,利用SWOT分析方法对云南城投集团的优势、劣势、机会、威胁进行了分析,对云南城投的产品模式、运营模式、盈利模式和管控模式进行了创新和设计,并提出了一些促进云

[①] 张建军,倪江波. 我国家族房地产企业成长及制度模式选择[J]. 建筑经济,2008(5):15-18.
[②] 梁智. 中国民营房地产企业成长理论模型与实践研究[D]. 北京:对外经济贸易大学,2011.
[③] 郝云宏,朱炎娟. 高管薪酬、企业营销战略倾向与企业成长——基于房地产行业上市公司的实证检验[J]. 财经论丛,2012(6):88-92.
[④] 潘航,朱睿文,李仪贞,汪涵玉. 我国上市房地产公司资本结构分析[J]. 商业经济,2013(8):32-33.
[⑤] 林晓艳. 基于企业家能力的房地产企业持续成长机理[J]. 福建论坛(人文社会科学版),2011(8):20-23.
[⑥] 张婧雅. 上市企业的资本结构分析——以房地产行业为例[J]. 重庆与世界(学术版),2013(7):14-17.
[⑦] 郭丽华. 大型房地产企业成长模式研究——以云南城投集团为例[D]. 昆明:昆明理工大学,2011.

南城投良性发展，提升投融资能力与控制风险的对策建议。林玉梅（2013）[①] 对上海 YG 集团商业房地产企业成长模式、竞争劣势和优势进行了分析，建议加大集团管控、资源整合和文化创新力度，实现企业健康成长。张林格（1998）[②] 提出，只有多样化经营和规模经济是不够的，企业应该提升自身竞争力，并且认为，随着企业规模不断扩大和进行多样化经营，企业竞争力先上升后下降。黎志成、刁兆峰（2003）[③] 提出，企业成长力是企业实现质的提高和量的扩张的能力和潜力，企业的抑制力（阻力）与促进力（动力）的合力是推动企业发展的能量和能力。熊璐瑛、宋志勇（2010）[④] 分析了房地产企业的特点后提出，房地产企业要将企业社会责任作为企业生产经营理念之一，通过树立企业品牌进而实现企业持续增长。许善明（2010）[⑤] 认为，中国很多中小房地产企业还处于发展初期，其在发展过程中面对市场的局限和制度的约束，因此，中小房地产企业必须通过自我突破提高其核心竞争力。周三多、邹统钎（2002）[⑥] 依据企业的经营战略把企业成长过程分为多元化、专业化和归核化三个阶段。单文、韩福荣（2002）[⑦] 提出的三维生命周期模型指出，企业成长追求成长经济、规模经济和多元化经济等三种利益，它们是相容、共存与相接的，并且在不同的时期，其追求的目标是有差异的。

---

① 林玉梅. 上海 YG 集团商业房地产企业成长模式研究 [D]. 昆明：昆明理工大学，2013.
② 张林格. 三维空间企业成长模式的理论模型 [J]. 南开经济研究，1998（5）：45 – 49.
③ 黎志成，刁兆峰. 论企业成长力及其形成机理 [J]. 武汉理工大学学报（信息与管理工程版），2003（10）：86 – 88.
④ 熊璐瑛，宋志勇. 论房地产企业社会责任与企业的持续成长 [J]. 商业时代，2010（2）：79 – 80.
⑤ 许善明. 中小房地产企业成长的困境与突破 [J]. 江苏经贸职业技术学院学报，2010（4）：33 – 36.
⑥ 周三多，邹统钎. 战略思想史 [M]. 上海：复旦大学出版社，2002.
⑦ 单文，韩福荣. 三维空间企业生命周期模型 [J]. 北京工业大学学报，2002（1）：117 – 120.

第 2 章

产业转型升级与企业成长理论回顾

2.1 产业转型升级理论

2.1.1 产业升级概念的界定

在国外,产业升级的正式研究在20世纪90年代末由 Gerrifi (1999) 等人开始,在此之前人们主要关注"产业结构调整",如刘易斯的二元结构转变理论、赫希曼的不平衡增长理论、罗斯托的主导部门理论和筱原三代平的两基准理论。Gerrifi (1999) 认为在全球价值链分工体系中,产业升级指实现由低技能、低附加值状态向高技术、高附加值状态的演变,与之同步的是产业价值链的提升。具体表现为经济体的经济结构从农业为主到工业为主再向服务业为主的波浪形递进,同时也可以表现为要素密集度的相对转化的结构性特征。Porter (1990) 认为,产业升级就是当资本相对于劳动力和其他的资源禀赋更加充裕时,国家在资本和技术密集型产业中发展比较优势。Poon (2004) 则认为产业升级就是制造商成功地从生产劳动密集型低价值产品向生产更高价值的资本或技术密集型产品这样一种经济角色转移的过程。Teece 和 Pisano (1994) 认为产业升级的创新动力来源于企业内部加工流程,包括改进性学习过程,企业进入其他企业或区域创新系统中发展其动态能力。其变化是有路径依赖的价值链升级过程。

张耀辉 (2002) 对"产业升级"概念的内涵进行了仔细剖析,指出了产业结构升级传统理解的积极意义，但产业升级的"真正含义应是高附加值产业代替低附加值产业的过程"，并提出，产业升级的过程实质上是产业创新与产业替代的过程，而产业创新是产业升级的主要方面。陈羽，邝国良（2009）认为"产业升级"概念的内涵即"提高国际分工中的价值获取"，而产业升级的基本对策就是向"研发（技术）"和"品牌（管理）"两端升级。

2.1.2 产业升级的影响因素

罗斯托（1960）从生产力角度、以创新为基点分析主导部门通过扩散效应推动产业结构演变。他认为，正是由于引进了新的重要技术或技术创新，主导产业才得以建立和扩展，进一步地形成高新技术产业，与此同时，传统产业才得以改造和更新，进而引起产业结构的演变。李斯特与罗斯托都从历史发展的角度揭示了产业结构形成与发展的基本原因——生产力的发展，主要包括生产能力的不断积累以及科学技术在生产中的运用。

产业升级的动因可以结合传统产业向中高端发展的动因来理解。根据制度经济学理论，西蒙·库兹涅茨（1971）对制度和产业结构之间的关系进行过研究，主要有以下三方面的贡献。

（1）第一次在实证分析的基础上认识到制度对产业结构的影响。

（2）第一次提出制度对产业结构有直接和间接两种作用途径，间接作用指制度通过影响经济主体的行为来影响产业结构。

（3）分析了制度对产业结构变动的影响方式。

钱纳里（1989）主要从制度的激励功能视角对制度与产业结构的关系进行研究。他指出，一定的激励机制是经济发生结构改变的前提，而激励机制总是和制度紧密相关的，所以说，制度能带来激励效应，从而影响产业结构的变动。诺思（1999）在西蒙·库兹涅茨和钱纳里的研究基础上进一步深化和具体化。首先，与过去主张技术决定论的学者不同，他提出了制度决定论。他不仅认识到制度对产业结构的影响，还首次把制度作为主要因素来研究其对经济结构的作用，并强调它在结构变迁中的主导作用。其次，他对激励机制进行具体分析，深化了钱纳里的理论。他从经济史和产权制度的激励视角来分析制度对经济结构的影响。贾根良（1996）对诺思的交易成本分析法进行延伸和应用，从劳动分工和制度安排的视角重新解释了三次产业变迁。他指出产业变迁的关键是制度创新，进而提出以下产业变迁的原因。

（1）产业变迁的根本原因是劳动分工和制度安排的变化，包括个人职业专业化、规模经济、产权与交易费用、机器生产与标准化等。

（2）服务业的增长主要表现为交易部门与增加人力资本价值部门的增长。

刘志彪（2000）也在诺思的交易成本分析法的基础上进行研究，他认为对产业升级动因的解释，应在经济主体追求分工与降低交易成本的基础上，从人力资本与知识资本被大量引进商品的生产过程的角度来进行。他研究得出：经济的进一步发展，以及劳动分工程度的进一步深化，促使有关的人力资本与知识资本产业逐渐演变成核心产业；同时，社会就业的分布与产值的分布也将从其他产业转向该产业。

纵观上述学者的研究，可以发现，从制度角度看，学者主要是从制度功能角度来研究制度对产业升级的作用。西蒙·库兹涅茨（1971）认为与产业结构演变有关的最值得研究的因素是：技术进步、消费结构的变化和对外贸易。筱原三代平研究过产业结构如何优化升级。他的主要贡献是提出两个基准条件："收入弹性基准"和"生产率上升率基准"。他指出，产业结构优化升级应首先在生产率上升快的主导产业中进行；同时，随着人们收入水平的提高，应将升级需求增长较快的产业作为主导产业。"筱原两基准"理论主要是关于区域主导产业选择的一个比较著名的理论，它从供给和需求两个方面界定区域主导产业的选择，其内容存在互补关系，是一个有机的统一体。从多因素角度来看，学者主要从供给和需求两方面来分析产业升级的动因。所运用的主要变量是人均收入水平、需求收入弹性和生产率。上述研究构成了后人研究的理论基础，后人的研究是对这些研究的具体化与深化。杨治（1985）把产业升级的动因归纳为以下八个方面：中间需求与最终需求的比例、消费与投资的比例、个人消费结构、投资结构、劳动力与资本的拥有状况及它们之间的相对价格、一国自然资源的状况与国际贸易、生产技术体系。周振华（1990）认为决定产业结构高度化演进的本质变量，主要有三个：需求结构、创新能力和国际贸易，且这三个变量对产业结构演进的影响是互相联系的。其中创新能力这一变量更重要些，处于突出地位。王述英（1999）提出决定产业升级的因素有以下三个：收入需求结构变动、国际贸易和技术进步与劳动生产率变化。谷曙明和史安娜（2002）通过分析影响中国产业结构调整的主要因素：技术进步、劳动力与资本禀赋情况、消费需求总量与消费结构，以及国际贸易等，得出技术进步、消费需求总量与消费结构是根本性因素。Reeve (2002) 指出除贸易、教育和有形资本的投资，以及产业政策外，要素禀赋和要素聚集亦是制约产业升级的两大因素。吴进红和王丽萍（2006）从信息化、技术创新与国际贸易三方面研究开放条件下产业结构升级的动力机制。方辉振（2006）研究了推进产业结构优化升级的五个动力机制：消费需求的拉动机制、比较利益的驱动机制、科技进步的带动机制、体制政策的推动机制与创新发展的原动机制。黄亚平、雷婷婷和杜娟（2008）从产业政策、西部开发、加入WTO、需求结构、资源结构和科学技术进步这几个方面研究吉林省产业结构转变的因素，并建立产业结构干预模型。孙军（2008）建立了一个在封闭条件下内含需求因素的产业结构演变模型，用来分析在需求约束条件下一国的技术创新与产业结构演变路径，并对其进行数值模拟。接着，对后发国家如何在开放条件下实现其技术创新与产业结构升级进行理论和实证分析。张文、孙林岩和何哲（2009）采用面板数据分析法对影响中国产业结构演变的诸因素进行实证分析，论证FDI、经济发展水平与创新对产业结构演变的作用。刘芳和倪浩（2009）采用层次分析法对中国产业结构调整的影响因素进行定量分析，得出最关键的影响因素是技术创新。

2.1.3 产业升级的路径选择

Gerefi（1999）认为，产业升级一般都依循工艺流程升级—产品升级—产业功能升级—链条升级的路径。Ernst将产业升级方式划分为5种类型。产业间升级：在产业层级中从低附加值产业（如轻工业）向高附加值产业（重工业和高技术产业）的移动。要素间升级：在生产要素层级中从"禀赋资产（Endowed Assets）"或"自然资本（Natural Capital）"（自然资源和非熟练劳动力）向"创造资产（Created Assets）"，即物资资本、人力资本和社会资本移动。需求升级：在消费层级中从必需品向便利品，然后是奢侈品移动。功能升级：在价值链层级中，从销售、分配向最终的组装、测试，零部件制造、产品开发和系统整合移动。链接上的升级：在前后链接的层级中，从有形的商品类生产投入到无形的、知识密集的支持性服务（Ernst, 2001）。Humphrey（2004）研究发展中国家产业升级时，认为东亚国家的产业升级路径是沿着组装—OEM（Original Equipment Manufacturer, 委托代工制造）—ODM（Original Design Manufacturer, 委托设计制造)—OBM（Original Brand Manufactuce，自创品牌）的路径实现的，这是一种以全球贸易为基础的产业升级方式。随着产业价值链的全球化延伸，这种方式也成为发展中国家产业升级的一种重要选择。

张其仔（2008）认为，产业升级会出现产业内升级与产业间升级交叉进行的现象。从 OEA、OEM 到 ODM，再到 OBM，再到跨产业升级完全可以不是直线式的，产业内升级进入到一个阶段后完全可以分岔，在产业内升级还没有完成时可以由产业内升级转为产业间升级，产业间升级反过来可以带动产业内升级。这种产业间优先升级分岔战略，长期以来是支撑我国经济和出口高速增长的重要力量。张庆霖、苏启林（2010）在产业升级方向的研究中提出：产业升级一是沿着产业链的上游进行技术破坏，从代工供给终端摆脱对生产者驱动的依附；二是沿着产业链的下游进行市场破坏，从代工需求终端摆脱对购买者驱动的依附。对于产业升级的方向，马云俊（2010）强调，延伸的方向必须结合产业特征，根据价值链动力机制（生产者驱动、购买者驱动与混合型驱动）来确定。吴彦艳（2009）认为，产业升级的路径主要有两种，一种是基于学习积累的内生性拓展，这种升级路径主要通过资本、技术积累来构建完整的产业链条，提高其制造环节的水平，并向研发、设计、服务等环节拓展，向附加值高的环节转移，实现产业的内部升级。这种升级对产业的创新能力和学习积累能力要求高，并且需要有雄厚的资本支持。另一种是外生性嵌入型，即将产业联动关键环节的外生性嫁接到全球价值链中，通过利用自身的比较优势，引进技术、委托加工、订单贸易等与国外的核心产业链进行融合，然后通过技术外溢实现自身能力的提高和产业链的延伸。对于两种不同价值链下产业升级方式的选择要根据不同的产业和地区的实际情况，考虑具体的发展目标、政策来进行。郭炳南、黄太洋（2011）认为中国产业升级必须走比较优势非线性演化与线性演化并重之路，促进生产要素的高级化、推进产业模块化、实施产业集群，构建区域联动的国内价值链体系。

2.2 企业转型升级理论

2.2.1 企业升级概念的界定

企业转型升级是产业升级的具体化表现，我国传统产业向中高端发展，可以分解到企业的实践层面来理解，产业的转型升级需具体落地到企业实践层面。

对企业升级的概念，最早明确提出企业升级（Upgrading）概念是在20世纪90年代末，Gereffi（1999）将其引入全球价值链（Global Value Chain，GVC）分析模式，认为企业升级是一个企业或经济体提高迈向更具获利能力的资本和技术密集型经济领域的能力的过程。其他的学者也对此进行了探讨。Poon（2004）指出企业升级就是制造商成功地从生产劳动密集型低价值产品向生产更高价值的资本或技术密集型产品这样一种经济角色转移过程。Kaplinsky（2001）认为企业升级就是企业制造更好的产品、更有效地制造产品或者是从事需要更多技能的活动。Humphrey & Schmitz（2000）认为，升级是指企业通过获得技术能力和市场能力，以改善其竞争能力，以及从事高附加值的活动。而新兴经济体对企业转型升级的定义和出发点与发达国家有所不同。中国台湾学者李玉春（1992）视升级为一种投入到产出的过程，是投入与产出的比率的提高，将企业升级的衡量指标分成投入面指标和产出面指标。毛蕴诗和吴瑶（2009）认为，从存量上看，企业升级是现有企业的能力和价值的提升；从增量上看，是升级企业的新创，是企业在技术、能力提升的基础上开发新产品、新服务、新品牌、新市场等的过程。

2.2.2　企业升级的影响因素

王吉发、冯晋、李汉铃（2006）认为企业转型既有外生动因，如外部环境的变化和企业在行业内的地位变化，也有内生动因，如其他行业的吸引和资源冗余。毛蕴诗（2010）提出我国企业转型升级的压力主要表现在以下六个方面：出口退税加工贸易政策调整、人民币升值、原材料价格上涨、生产附加值低与反倾销、质量环境认证等贸易、技术壁垒。对于发展中国家嵌入全球价值链的企业，其在价值链内升级的动力可归结为三种：企业所在集群的集聚效应、企业所嵌入的价值链领导企业推动，以及企业的技术创新。集聚效应间接推动企业升级，而后两种起直接推动作用（龚三乐，2011）。

国内外学者多从企业内外部两方面考察企业升级的影响因素。影响企业升级的内部决定因素主要是以资源基础理论为基础进行研究的，而外部决定因素主要是以权变理论为基础进行研究的。

资源基础理论关注企业竞争优势的来源，企业可以通过将它的有价值的、稀缺的、不可模仿的资源进行配置来获取竞争优势（Barney，1991）。关键资源的拥有和关键能力的获取为企业升级奠定基础（Makadok，2001）。关键资源包括资本积累（Forbes，2002；王一鸣，2005）和人力资源（Carayannis，2004；王一鸣，2005）。成功升级的企业具备良好的资金资源，凭借着充裕的资本积累，得以在研发设计、宣传推广等方面进行大力投入，从而提高技术创新水平、推广企业产品品牌形象，最终建立自主品牌。此外，人力资源也是企业转型升级的关键因素。成功升级的企业采取成立企业内部培训中心，与外部高校、培训机构进行合作等方法，创建了人才输送渠道，为企业培养高层次的技术人才和管理人才，注重外部人才特别是管理和技术人才的引进有利于优化企业人力资源质量。企业的关键能力包括自主创新能力（Amsden，1989；Gereffi，1999；刘常勇，1998；刘志彪，2005）和营销服务能力（Yam et al.，2006）。自主创新能力体现在自主创新成果、创新管理能力、研发机构与人员状况、产学研开展情况等多个方面。企业成功升级需有较强的自主创新能力，不断在研发、设计方面进行创新，不断提升产品的技术含量和品牌形象，才可摆脱残酷的成本和价格竞争，逐步实现企业升级。营销服务能力体现在销售、服务网络建设、销售队伍规模、宣传推广活动开展等方面。在营销推广上的强力投入，可以使OBM业务获得较为快速的发展。营销服务能力是影响企业升级的显著因素。

权变理论对企业升级的影响主要在于外部的环境变化和内部的企业家理念。一方面，市场前景广阔、消费者心理日渐成熟、市场竞争秩序日益规范（王一鸣，2005），为企业升级提供了广阔的外部空间，政府大力营造良好技术创新的外部环境，有利于推动企业快速实现升级（Gans & Stern，2003；路甬祥，2005；刘新民，2005；Vergrat & Brown，2006）。另一方面，企业家精神与品牌意识能加速企业建立自主品牌进程，企业的抱负是影响企业转型升级的重要因素，而企业抱负则是企业家精神和企业文化的外在表现形式（Cyert，March，1963），此外还包括勇于创新、积极进取、富于激情、坚持不懈的企业家精神，对民族和员工强烈的责任感，强烈的自主知识产权和品牌意识（Winter，2000；Barton，1992；王一鸣，2005；郭咸纲，2005；胡钰，2007），对企业选择不同升级路径有不同的影响。此外，与合作企业的良好关系有利于低端制造的企业"干中学"和"用中学"的开展（Carayannis，2004；Rycroft，2004；毛蕴诗、汪建成，

2006),为企业实施升级提供了不同模板和不同路径选择。

在经济全球化、信息技术和互联网迅速发展的时代,权变理论更加适用于分析动态环境下的企业升级,因此具有越来越大的影响力,被广泛应用于企业升级的研究。

毛蕴诗、郑奇志(2012)通过对中国十家企业的实地研究,综合企业资源与能力、动态能力理论和权变理论的分析,提出了企业升级路径的选择模型。该模型认为,企业(家)根据其自身资源与能力和对环境变化的判断,采取不同的升级路径。这些路径可以与微笑曲线、对偶微笑曲线相匹配。

表2-1为企业升级的内外部因素及其支持文献汇总。

表2-1 升级的内外部因素

一级条目	二级条目	文献支持
影响升级的内部因素	企业资源	Wernerfelt(1984);Barney(1991);王庆喜、宝贡敏(2004);王一鸣(2007)
	企业能力	Barney(1991);Teece(1997);杜晓君(2006);陈宏辉、罗兴(2008);毛蕴诗、姜岳新、莫伟杰(2009)
	企业家精神	Miller和Friesen(1983);赵优珍(2005);Zimmerer和Scarborough(2006);陈伟(2008);纳敏(2008)
影响升级的外部因素	市场变化	宋永鹏(2005);毛蕴诗、戴勇(2006);张亚萍(2006);沈壮行(2008);毛蕴诗、吴瑶(2012)
	全球价值链环境	Humphrey和Schmitz(2000);Morrison(2000);叶华光(2009)
	产业集群环境	Bell和Albu(1999);Morrison(2002);吴晓波(2003);阎金明(2008);刘冲(2009);龚三乐(2009)
	政府政策	范方志(2005);钱娟、郑文范(2003);罗光华(2008);
	制度环境	毛蕴诗、姜岳新、莫伟杰(2009)

2.2.3 企业升级的路径选择

通过对国内外学者的文献研究,关于企业升级的路径,许多新兴经济体的企业实现升级的路径是由简单的OEM、ODM并最终实现OBM(Amsden,1989)。Humphrey和Schmitz(2000)从GVC的角度出发明确指出阶梯形的企业升级路径:工艺流程升级,产品升级,功能升级以及跨产业升级。毛蕴诗、吴瑶（2009）较全面地总结了企业升级的六种路径，分别为替代跨国公司产品，技术跨越，技术累积，多重技术领域的嫁接，OEM—ODM—OBM，以产业集群、园区为载体。总的来说，前人对升级路径的研究大多基于价值链模式，围绕向微笑曲线两端——研发和营销延伸来展开。

Porter（1985）指出，"每一个企业都是在设计、生产、销售、发送和辅助其产品的过程中进行种种活动的集合体。所有这些活动可以用一个价值链来表明"。企业的任务是创造价值，公司的价值创造过程主要由基本活动和辅助活动两部分完成，这些互不相同但又相互关联的生产经营活动，构成了一个创造价值的动态过程，即价值链。在经济全球化的背景下，生产过程的"分割化"与生产"任务和活动"的"国际离散"（International Dispersion），导致"无国界生产体系"（Borderless Production Systems）逐步形成（Unctad, 2013），并在参与生产组织的各国（地区）之间形成一个"全球生产网络"（Ernst, 2002, 2004）。因此在各参与国（地区）之间同时也形成了一个基于产品的价值创造和实现GVC（Gereffi, 1999；Humphrey & Schmitz, 2000）。

GVC是指在全球范围内为实现产品或服务的价值而连接生产、销售、回收处理等过程的全球性跨国企业网络组织，涉及从采购与运输原材料、到生产与销售半成品及成品直至最终在市场上消费和回收处理的整个过程（Unido, 2002）。它包括了所有参与者以及生产、销售等活动的组织及其价值和利润分配机制，并且通过自动化的商业流程，以及通过供应商、竞争对手、合作伙伴以及客户的互动，来支持企业的能力和效率。GVC的提出提供了一种基于网络的、用于分析国际性生产的地理和组织特征的分析方法，揭示了全球产业的动态性特征，考察价值在哪里、由谁创造和分配的（汪斌、侯茂章，2007）。并不是GVC上的每一个环节都创造价值，价值链上的战略环节才是最重要的环节（Kaplinsky, Morris, 2001）。

根据GVC驱动方向的不同，可以将企业嵌入价值链分为生产者驱动型和购买者驱动型两种类型（Gereffi, 1994, 1999）。生产者驱动型是指价值链的主要战略环节在研发和生产领域，是以发达国家跨国制造商为代表的生产者通过投资形成全球生产网络的纵向分工体系，而发展中国家企业则是通过合资、合作或并购等方式参与到生产制造环节中；购买者驱动型是指以国际品牌制造商、国际零售商为代表的购买者通过全球采购或OEM、ODM等方式组织的国际商品流通网络。在国家产业分工体系中，发达国家主要处于价值链的上下游，掌握着高附加值的研发和营销环节。而大部分发展中国家则利用廉价的劳动力和低成本制造的能力，通过参与低端产品的制造参与全球价值链。图 2-1 说明了发达国家全球整合资源生产产品的国际分工布局。

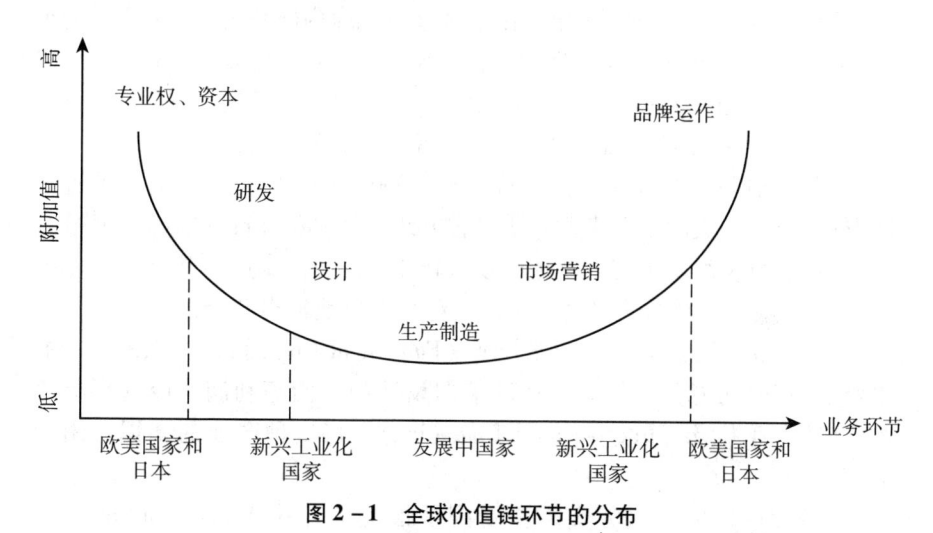

图 2-1 全球价值链环节的分布

资料来源：张娟. 中国企业对外直接投资的区位选择研究——基于价值链的视角 [M]. 上海：上海社会科学院出版社，2007.

对于企业升级战略的研究，国外学者主要是从关注核心竞争力和动态能力的角度开始的（张辉，2004）。Bell 和 Albu（1999）认为，要研究企业的升级，一是关注核心竞争力的研究，从核心竞争力角度关注企业所具备的而其他企业难以复制的、为最终消费者提供所需要价值的能力，具有适用性、价值性和难以模仿性；二是关注动态能力的研究（Teece 等，1997），动态能力是指企业组织长期形成的学习、适应、变化、变革的能力，强调企业必须努力应对不断变化的环境，更新发展自己的能力，而提高和更新能力的方法主要是通过技能的获取、知识和诀窍的管理、学习。如曹群（2006）运用动态能力的观点研究了产业集群的升级，他认为产业集群的动态能力主要由识别能力、学习能力、网络能力和整合能力有机结合构成。

然而从核心竞争力和动态能力的角度出发，较多关注的是企业内部的升级，往往忽略了企业所处的环境，以及企业与企业之间的关联与联系。GVC 的分析是在全球网络的视角下，研究国际分工、区域经济发展、产业升级和企业升级问题的理论，它给出了一条新的研究企业升级的线索，也是目前国外学者研究企业升级的主要理论依据。

Gereffi（1999）基于对亚洲纺织服装产业的研究，从 GVC 的资源配置角度将升级分为四个层面：①企业内部的升级——从生产低价到高价的商品，从简单到复杂的产品，从小量需求到大量订单；②企业间的升级——从生产标准化的产品到个性化的产品；③本土或国家内部升级——从简单的组装到更加复杂的 OEM 甚至是 OBM，在当地或者国内有更多的前向或者后向联系；④国际性区域升级——从双边的、非对称的、区域内的贸易到充分的区域间合作，在商品价值链上的各个环节都有充分的劳动合作。

在此基础上，Humphrey 和 Schmitz（2000，2002）从微观的角度进一步明确了企业升级的四种类型：①过程升级（Process Upgrading）。通过对生产体系进行重组，更有效率地将投入转化为产出。②产品升级（Product Upgrading）。引进更先进的生产线，比对手更快地推出新产品或改进老产品，增加产品的附加值。③功能升级（Functional Upgrading）。获取新功能或放弃现存的功能，比如从生产环节向设计和营销等利润丰厚的环节跨越。④跨产业升级（Inter-sectoral Upgrading）。将一种产业的知识运用于另一种产业。

这种四层次的升级分类方法受到了很多学者的认同。Kaplinsky 和 Morris（2001）还进一步探究了四种升级类型之间的内在联系。他们通过实例研究发现，很多企业在升级过程中表现出一种相近的阶梯式发展路线。即在一般情况下，企业升级是从过程升级开始，然后逐步实现产品升级和功能升级，最终到价值链的升级，不过中间也有跨越、甚至是倒退的情况（见表 2-2）。

表 2-2　　　　　　　　　企业升级的过程

企业升级	过程升级	产品升级	功能升级	跨产业升级
轨迹	↓	→	→	→
示例	OEA ↓ OEM	→ ODM	→ OBM	→ 链的移动
附加值	附加值增加			

资料来源：Kaplinsky R, Morris M. *A handbook for value chain research* [M]. Ottawa etc.: IDRC, 2001.

这种呈阶梯式发展的升级规律基本上可以通过东亚众多国家工业化进程来加以佐证，但也有学者指出，全球化的结果使得价值链条的升级轨迹变得并不是不可逆转的，例如当技术出现突破性创新的时候就是一个突破常规升级轨迹的好时机（张辉，2004）。

之后，还有学者提出，相较于其他三种升级类型而言，功能升级会带来更加持久和稳定的竞争优势。因为在生产制造环节的竞争要远远大于具有更多知识和组织深度环节（比如产品设计和创新、链管理、分销和零售等）的竞争，而通过功能升级可以降低企业生产专业化中的劣势（Giulian, Pietrobelli & Rabellotti, 2005）。

Amsden（1989）认为，对于新兴工业国家（地区）的企业来讲，实现升级和自主创新的路径便是由简单的 OEM 到 ODM，并最终实现 OBM，但对于每个企业个体来说，在进行实际的创新和升级过程中，又会根据企业的具体情况而采取不同的操作策略。朱海静、陈圻和蒋沁波（2006）认为，OEM 企业升级有以下三种途径。一是走技术路线，即从 OEM 转型到 ODM，甚至 DMS、EMS 等高级形态；二是走品牌路线，即从 OEM 与 ODM 相结合转型到 OBM，或直接从 OEM 转型到 OBM；三是基于技术关联性的 OEM 多元化，进入更具增值潜力的行业。余向平和吕宏芬（2006）提出了比较完整的我国 OEM 企业战略转型的路径，如向 ODM、OBM 转型，反向 OEM，或者多元化拓展，一体化向上游拓展等。值得注意的是，OBM 并不是企业转型升级的终极目标，把 OBM 作为产业垂直升级的最高境界是一种理论误区（陈明森、陈爱贞、张文刚，2012）。很多企业本身已具有相当的品牌知名度，但为了发展和利用生产能力或开拓市场，仍会从事 OEM 或 ODM 代工生产（于明超，2008）。而同时，OBM 企业也可以向着更高的国家或国际标准发展，以提高产品质量，增强国际竞争力，实现升级（毛蕴诗、吴瑶、邹红星，2010）。

聂正安、钟素芳（2010）则着重研究 OEM 企业升级的微观机制，将 OEM 阶段作为研究对象，提出"阶段内升级"的理论和策略，认为 OEM 内部存在一个不同附加值的等级或梯度。企业可通过工艺和产品创新进入更高附加值的 OEM 深化或高级阶段。

根据权变理论，企业升级没有固定的升级模式可以遵循。Amsden（1989）认为，每个企业个体来说，在进行实际的创新和升级过程中，又会根据企业的具体情况而采取不同的操作策略。Sturgeon 和 Lester（2002）发现企业自身条件和所处的环境因素决定了 OEM 企业具体选择哪条适合于自己的升级战略。程新章、胡峰（2005）认为企业是处于全球价值链不同治理模式中的单位，企业升级要根据其在全球价值链中所处的地位采取不同的战略。毛蕴诗、姜岳新、莫伟杰（2009）通过对东菱凯琴与佳士科技的比较案例研究，发现具有不同能力状况和组织准备的企业可以选择适应于自身的不同升级战略。企业的多种升级路径可同时存在或跨越，且不同升级路径对企业内部资源与能力的要求不同（毛蕴诗、吴瑶、邹红星，2010）。陈明森、陈爱贞、张文刚（2012）通过对我国221家制造业上市公司的实证分析，认为企业升级应采取与自身能力和行业特性相适宜的差异化策略。生产者驱动型产业应以技术路线为主，购买者驱动型产业应以营销路线为主，混合驱动型产业可选择技术路线或营销路线或二者兼而有之。表2-3为企业升级路径相关文献的梳理。

表2-3　　　　　　　　升级路径的相关文献梳理

序号	升级路径	文献支持
1	认识传统产业的新特点、新需求，重新定位市场，实现整体升级	李琼瑶（2007）；陈颖萱（2008）；李俊坤（2009）
2	从替代进口产品，到替代跨国公司在华生产的产品，再到国外市场替代跨国公司产品，实现升级	林武（1986）；Vanhonacke（1997）；Reid，等（2003）；毛蕴诗、李洁明（2005）；Tan，等（2008）；Lau，等（2008）；Meyer，等（2009）；贺大卓、董明珠（2010）
3	基于行业边界模糊与产业融合，创造新产品、新需求，实现跨产业升级	Humphrey和Schmitz（2000，2002）；毛蕴诗、周皓（2008）；毛蕴诗、吴瑶（2009）；毛蕴诗、温思雅（2012）
4	通过技术积累、能力演进，突破关键部件壁垒与限制，实现产业整体升级	Bell和Pavitt（1995）；Tran（1997）；Linsu Kim（1997）；Gil，Bong和Lee（2003）；Chen和Qu（2003）；安同良（2004）；毛蕴诗、徐向龙、陈涛（2014）
5	加大对生产服务的投入与延伸，提升附加值，实现升级	Poon（2004），Avdasheva（2005）；Robert，Fred和Eric（2007）；唐虹（2010）；毛蕴诗、金娅婷、吴东旭（2011）；刘阳春，李健睿，金娅婷（2013）
6	降低投入与消耗，降低成本，提升环保标准与附加值，实现升级	李玉春（1992）；Michael E. Porter和Claas van der Linde（1995）；Hart（1997）；Andrew A. King和Michael J. Lenox（2001）；Daniel C. Esty和Andrew S. Winston（2006）；毛蕴诗，熊炼（2011）；毛蕴诗、金娅婷、吴东旭（2011）

续表

序号	升级路径	文献支持
7	通过战略联盟和新型竞合关系,大企业带动小企业,带动产业集群整体升级	Tsai 和 Wenpin(2002);Dagnino 和 Padula(2002);Luo(2005);Gnyawali 和 Park(2009);毛蕴诗、林晓如、李玉惠(2011)
8	从 OEM 到 ODM 到 OBM 的多种方式组合	Amsden(1989);Sturgeon 和 Lee(2001);胡军、陶锋、陈建林(2005);汪建成、毛蕴诗(2007);吴作宾(2008)
9	收购 OBM 企业品牌,获取战略性资产,实现企业跨越升级	Hamel,Doz,和 Prahalad(1989);毛蕴诗、吴瑶(2009、2012)
10	以产业集群、园区为载体,促进企业升级	吴晓波(2003);Pietrobelli 和 Rabellotti(2004);Wolfe 和 Gertler(2004);高雁南(2006);阎金明(2008);刘冲(2009);龚三乐(2009)

2.2.4 企业升级的经验与案例研究

对于升级的经验研究,由于企业升级是近年来新兴经济体实践的独特产物,因此国内外学者对于企业升级路径的实证研究主要集中在新兴经济体和传统制造业。

在问卷研究方面,研究的数量和规模都比较小。如前面的文献概览部分所述,2002—2013 这 12 年间 SSCI 上对于企业转型或企业升级的问卷实证研究仅有 15 篇,而 CSSCI 上仅有 9 篇。相关的代表性研究主要集中于对企业升级动因的研究。张珉、卓越(2010)基于七个产业的 99 家跨国采购商、本国采购商和生产商的问卷调查,考察了 GVC 治理模式、升级和企业绩效三者的关系,包括不同 GVC 治理模式下采购商对代工企业升级的强调和支持、不同 GVC 治理模式下代工企业的升级,以及 GVC 治理模式与本国代工企业的绩效等。周长富、杜宇玮(2012)以国际代工特征显著的江苏省昆山市为例,选取了 500 家制造企业样本,从微观层面实证研究了代工企业转型升级的可能影响因素,包括出口倾向、企业规模、技术创新强度和工资水平等。顾慧君、杨忠(2012)通过对江苏地区 134 家企业的调研,探究了在金融危机背景下,企业转型过程中外部资源的影响,以及高管团队异质性对外部资源与企业转型两者之间的调节作用。周骏宇、杨军(2013)基于 369 家广东外贸企业的问卷调查,运用结构方程模型分析了当前广东外贸企业转型升级面临的困难、进行转型升级的意愿路径和对扶持政策的需求。

在案例研究方面，虽有一定的数量，但总体上不够充分。相关的代表性研究侧重于对企业升级路径的研究。梅丽霞和柏遵华等（2005）研究了中国台湾地区 PC 产业集群 20 年的升级发展历程，认为大陆的 OEM 企业应该效仿中国台湾 PC 产业的 OEM 企业，首先应该积极嵌入 GVC，再从 OEM 逐步发展到 ODM、OBM，从低成本导向转变为创新导向，从资本、技术的积累逐步向价值链的高端环节攀升，最终实现产品和工艺流程升级到功能升级的转换。黄永明等（2006）依据全球价值链升级框架，系统分析了我国纺织服装企业面临的升级障碍和路径选择问题，提出了基础技术能力、市场扩张能力，以及二者相结合的三种升级路径。张青（2007）以兖矿集团煤炭的横纵向延伸过程为案例，探讨了价值链延伸对企业升级的作用。杨桂菊（2010）比较分析了捷安特、格兰仕和万向集团在 OEM、ODM 和 OBM 三个不同阶段的核心能力、存在的问题和升级战略，发现合作研发是中小企业突破 OEM 阶段的有效手段，高层领导的企业家精神是实现 ODM 到 OBM 的关键因素，而自主品牌建设是 OBM 到 IBM 阶段的有效途径。毛蕴诗、姜岳新、莫伟杰（2009）选择了东菱凯琴和佳士科技两家采用不同升级战略的 OEM 企业进行了比较案例分析，探究了制度环境和组织资源与能力对 OEM 企业升级战略过的影响过程。毛蕴诗、温思雅（2012）以广东奥飞动漫有限公司为例，提出企业可以通过技术应用领域的扩展和产品使用领域的拓展，实现基于产品功能拓展的企业升级。

此外，现有的案例研究基本都是以成功企业作为对象，缺少对企业升级失败案例的研究，更没有针对成功案例与失败案例的比较研究。

2.3 企业成长理论

目前的企业成长理论主要可以分为五种理论视角，这五种理论包括：新古典理论（尤其是基于"最优规模"的观点）、Penrose（1959）[①] 的"企业成长理论"、管理学路径、演化经济学和"适当"增长原则、生态群种路径、价值链理论。

---

① Penrose E. T. . *The Theory of the Growth of the Firm* [M]. Oxford：Basil Blackwell；New York：Wiley，1959.

2.3.1 新古典基础：达到"最优规模"

尽管有大量的和多种多样的文献对"新古典"下了定义并进行了阐释，但是在本书的研究中，本书认为从传统新古典的角度来说，企业成长是为了寻求生产的"最优规模"(Viner，1952)[1]。这个最优规模是生产的最大化水平，在这个规模下，企业达到规模经济，并且避免出现由于企业扩张而带来的内部组织管理的官僚主义。从这个观点来说，企业成长仅仅是达到"最优规模"的方法，它本身并没有什么值得研究的价值。一旦企业达到了这个"最优规模"，那么企业也被认为不再成长，或者继续的成长只能带来规模经济效应的丧失。

与此相关的最著名的理论就是 Coase (1937)[2] 提出的企业交易费用理论。概括来说，这个理论认为企业的边界取决于内部组织管理成本与市场交易成本之间的权衡取舍。如果交易成本非常大，企业将会发现通过向上一体化或者向下一体化的扩张来获得战略性资产。这样，产业链被基于组织内部的层级和职权整合成内部组织部门。如果交易成本很低，企业的最优规模就比较小，这是因为企业可以通过市场机制与供应商和消费者实现互相作用。影响整合意愿的因素包括交易的频次、不确定性、资产专用性程度，以及产生机会主义行为的可能性。我们注意到以交易成本理论为基础的预测通常关注企业垂直一体化的成长 (Kay，2000)[3]。因此，交易成本经济学似乎对其他方面的企业成长关注范围有局限性。

另外对于"最优规模"理解有一些变化的研究来自 Lucas (1978)[4]，他通过假设管理才能按照对数分布，解释了企业规模的对数分布情况。其中的经理人员的能力水平被假设成与企业规模完全匹配。大企业之所以大，是因为它的经理人员具有特殊才能，以及能够通过完成困难任务来实现企业的理性成功。小企业被假定为小是因为经理人员在某些方面的能力是不完全的。尽管这个观点对于大企业的经理人员是非常有利的，但是该模型的实践性还需要更多的实证研究来加以佐证。

---

[1] Viner, J.. *Cost curves and supply curves* [J]. Zeitschrift Für Nationalökonomie, 1932, 3 (1): 23–46.
[2] Coase, R. H.. *The Nature of the Firm* [J]. Economica, 1937, 4 (16): 386–405.
[3] Kay, N.. *The Growth of Firms* [M]. Oxford: Oxford University Press, 2000.
[4] Lucas, R. E.. *On the Size Distribution of Business Firms* [J]. The Bell Journal of Economics, 1978, 9 (2): 508–523.

最优规模的概念引起了大量的关注，尽管缺少直接的实证依据。基于产业特质最优规模的概念和观点可能会获得广泛的支持，并且关于企业规模分布的显著偏离甚至可以在企业的聚集层面的分析中被发现。即使是基于产业特质最有规模的概念与基于时间序列模型分析企业成长的结果相违背（Geroski et al.，2003；Cefis et al.，2006）[①]。相反，Gibrat 模型对于企业规模的随机分析与经验现实更为吻合。基于此，新古典框架下"最优规模"的概念对于理解企业为什么成长，以及成长的边界在哪里，并没有做出相对明确的判断。

2.3.2 Penrose 的企业成长理论

Penrose 经典著作中包含了本书对于企业成长讨论的几个重要方面。Penrose（1959）关于企业成长的动态视角从根本上坚持认为企业成长是由"干中"学所导致的内部动力而引起的成长。经理人员随着时间的推移变得富有生产效率是因为他们习惯了他们的任务。主管能够顺利处理那些原来的问题是因为他们从不熟悉变得熟悉而富有程序化。在此期间经理人员获得了经验，因此，他们的管理任务就只需要付出少量的注意力和能量。因此，管理能力的资源就持续的得到释放。这种额外的管理能力过去被习惯于聚焦于新价值的成长机会（尤其是对新经理人员的培训）。企业面对强大的成长动机，这是因为"当知识被个体企业拥有了以后就倾向于自动地增加经验（1959，76）"，这就对充分利用有价值的产业特质知识提出了挑战。

成功整合企业内新的管理资源需要付出时间和努力，但是一旦整合成功，新的资源就能够去执行管理任务，并且能够培训经理人员本身。这样，企业能够从没有被利用的资源中创造新的价值来实现成长，并且紧接着还能创造新的资源。任何时期的成长都将受到能够被利用的管理聚焦（经理人员的注意力）的限制。经理人员花费大量的时间关注企业扩张将分散他们对于企业运营效率的关注。因此，在某个既定时点上，相当于所谓的"最优增长率"（Slater，1980）[②]，成长的加速将导致更高的运营成

[①] Geroski, P. A., S. Lazarova, G. Urga, C. F. Walters. Are dierences in Firm Size Transitory or Permanent？[J]. Journal of Applied Econometrics，2003（18）：47－59.

[②] Slater M.. The Managerial Limitation to the Growth of Firms [J]. Economic Journal，1980，90（359）：520－528.

本。尽管"经济增长"为企业提供了成长动机，快速成长企业相对于低速成长企业而言具有更高的运营成本。这个在后面通常被称为"Penrose 效应"。

　　Penrose 企业成长理论中另外一个关键的概念是企业成长是由企业特殊资源所组成的。这些资源能够确保企业的竞争优势，且这些资源是稀缺的、有价值的、难以模仿的以及不可替代的（Dierickx & Cool 1989；Eisenhardt & Martin，2000）[1]。这些资源包括商标名称、技术的秘密（隐）知识、雇员个人的技能、贸易合同、体系、程序效率等（Wernerfelt，1984）[2]。企业能够通过测度外部资源的优势和劣势来决定企业未来的成长规划（Barney，1986）[3]。经济增长可能产生于开发对于每个企业来说能够产生高产量的独特机会而得到。具有不可分性以及互相依存性的这些资源也能被看作企业成长的动力（Coad，2006a）[4]。不管怎样，在快速变化的市场中，企业的竞争优势可能会由于企业过度依赖某种特定资源而逐渐消失。在这样的环境中，企业的绩效依赖于它开发或者释放资源，并且重新配置这些资源组合的能力。这个能力被称为"动态能力"（Teece et al.，1997；Eisenhardt & Martin，2000；Winter，2003）[5]。

　　Penrose 关于企业成长的观点认为企业成长是因为"经济增长"，即一种内在的成长过程，而与企业规模本身相关的任何优势没有关系。企业的规模仅仅是企业过去成长的副产品。尽管它可能限制企业成长，但是对企业先前的成长并没有限制。Penrose 的路径与主流的新古典视角形成了鲜明的对照，在新古典视角中企业成长仅仅是为了达到一种静态均衡下的"最优规模"，并且是被企业规模所限制的（可以参见 Willianson 1967 年的模型）。可能正是因为这个原因，Penrose 的贡献在产业组织理论的文献中被排斥了。正如 Montgomery（1994）[6]所说："尽管企业成长理论在 1959

---

[1] Dierickx, Cool. *Asset stock accumulation and the sustainability of competitive advantage* [J]. *Management Science*, 1989, 35（12）：1504－1511.
[2] Wernerfelt, B.. *A Resource－Based View of the Firm* [J]. *Strategic Management Journal*, 1984, 5（2）：171－180.
[3] Barney, J. B.. *Strategic Factor Markets：Expectations, Luck, and Business Strategy* [J]. *Management Science*, 1986, 32（10）：1231－1241.
[4] Coad, A.. *Towards an Explanation of the Exponential Distribution of Firm Growth Rates* [J]. *Cahiers de la Maison des Sciences Economiques*, 2006.
[5] Teece, et al. *Dynamic capabilities and strategic management* [J]. *Strategic Management Journal*, 1997, 18（7）：509－533.
[6] CA Montgomery. *Corporate diversification* [J]. *The Journal of Economic Perspectives*, 1994, 18（3）：163－178.

年就出现了,但是对经济学论文的方向没有产生较大的影响"。但是,Penrose 的资源观视角对战略管理的文献却产生了相当大的影响。

尽管以前的工作已经确定组织资源对企业的成功至关重要(彭罗斯 1959),但直到 20 世纪 80 年代,企业的资源基础观才开始形成。那时,主导范式认为产业层面的因素决定了每个公司的利润潜力(波特 1979)。后来研究人员开始争辩说,公司内部的因素,即资源和能力,确实确定了其利润(Wernerfelt,1984)。Wernerfelt(1984)的开创性工作被广泛认为是对 RBV 的第一个主要贡献,但其他研究人员也帮助将 RBV 转变为完整的基于资源的理论。Lippman、Rumelt(1982)和 Barney(1986)的努力有助于推进理论;Barney(1991)对核心原则的概述,以及确定资源特征和竞争优势构成了一个关键的分界点。

然而,对于使用"基于资源的观点"还是"基于资源的理论"这个术语来说,是否更合适仍然存在一些混淆。尽管有证据表明这种观点已经演变为一种理论,但一些学者仍然提及 RBV(Barney, et al., 2011)。根据我们对 Business Source Premier 数据库的搜索,2010—2011 年,提及"资源基础理论"的文章摘要数量增加了一倍,而在同一时期,提及"基于资源的视角"的摘要数量减少了,反映了研究界的观点。另外,几项研究评估(Armstrong & Shimizu 2007;Crook et al., 2008)支持 RBT 的证据。

根据 Peteraf 和 Barney(2003),当企业能够在其产品市场中产生"比边际(保本平衡)竞争者更具经济价值"时,企业获得竞争优势。当企业创造更多的经济价值时,企业获得了持续的竞争优势(Sustaining Competitive Advantage SCA),而不是其行业中的边际企业。基于资源的逻辑依赖于关于基于公司的资源的两个基本假设,以解释它们如何产生 SCA,以及为什么有些公司可能会持续超越其他公司。首先,企业拥有不同的资源捆绑,即使他们在同一行业内运作(Peteraf & Barney,2003)。这种资源异质性假设意味着一些公司在完成某些活动方面更加熟练,因为他们拥有独特的资源(Peteraf & Barney,2003)。其次,由于企业之间的资源交易困难(资源不动假设),这种资源差异可能会持续存在,这使得异质资源的收益也会随着时间的推移而持续下去(Barney & Hesterly,2012)。基于资源的逻辑提出,如果一个公司拥有很少其他公司拥有的宝贵资源,并且如果这些其他公司发现模仿这些资源的成本太高或难以控制,那么控制这些资源的公司可能会产生 SCA(Barney & Hesterly,2012)。即使这两个假设都得到满足，但并非所有资源都是 SCA 的来源。

内部分析框架（Value Rarity Inimitability Organization，VRIO）框架包含评估资源是否有可能产生 SCA 的四个条件。具体来说，Barney 和 Hesterly（2012）认为，只有当资源同时有价值，稀缺，不完全可模仿和可被公司组织利用时，SCA 的结果才是有价值的。第一个条件，如果企业资源能够使公司制定和实施战略可以降低公司的净成本和（或）增加公司的净收入，那么超出"没有这些资源的情况"（Barney & Arikan，2001）。按照传统优势，劣势，机会和威胁（SWOT）框架的说法，如果公司能够利用外部机会和（或）抵消外部威胁（Barney & Hesterly，2012），那么资源就很有价值。然而，开发有价值的资源不足以实现竞争优势，因为其他公司也可能拥有它。

第二个条件，如果一个资源由少数竞争公司控制，那么资源就很少（Barney & Hesterly，2012）。如果一种资源是有价值的但并不稀少，那么利用它就会产生有竞争力的平价，因为拥有这种资源的其他公司也有能力利用它。

第三个条件，如果为竞争企业获取或开发成本相当昂贵（Barney & Hesterly，2012），资源是不完全可以模仿的。不完全可模仿的资源表明，没有这种资源的公司无法通过直接复制或替代获得。如果一种资源是有价值的，但很少模仿，而且开发成本很低，那么开发它将为公司带来暂时的竞争优势。一旦其他竞争企业获得并利用这种资源（以最小的成本劣势），任何竞争优势都会消失。但是，如果一种资源是有价值的，稀有的和不完全可以模仿的，那么利用它就会导致 SCA。根据 Barney 和 Clark（2007）的观点，由于独特的历史条件，因果模糊或社会复杂性，资源可能不完全可模仿。

最后一个条件与资源使用组织有关。即使资源是有价值的，稀缺的，不完全可以模仿的，企业也必须"组织起来，充分利用其资源和能力的全部竞争潜力"（Barney & Hesterly，2012）。也就是说，糟糕的组织过程，政策和程序可能会破坏资源的潜在竞争优势（Barney & Clark，2007）。因此，组织起到了"调整因素"的作用，能够或者阻止企业完全实现其宝贵，稀有和昂贵的模仿资源所带来的利益（Barney & Clark，2007）。

2.3.3 公司的资源和能力

资源和能力是 RBT（resource-based theory，资源基础理论）的核心构建。因此，理解这些构念之间的概念差异并将它们与最近进入 RBT 研究的动态能力区分开来是非常重要的。资源是指"企业用于构想和实施其战略的有形和无形资产"（Barney & Arikan, 2001）。"资源"一词是指组织可以利用来实现其目标的东西；Barney 和 Hesterly（2012）提出了四种主要的资源类别：物理，财务，人力和组织。

能力是公司资源的子集，它代表"组织上嵌入的不可转让的公司特定资源，其目的是提高公司拥有的其他资源的生产力"（Makadok, 2001）。它们通常是以信息为基础的，有形的或无形的流程，使企业能够更有效地部署其他资源，从而提高这些资源的生产力。因此，能力是特殊类型的资源，其目的是提高公司拥有的其他资源的生产力（Makadok, 2001）。

Teece 等人（1997）引入了动态能力的概念，它可以在不断变化的环境中"不断创建，扩展，升级，保护并保持企业独特资产基础的相关性"（Teece, 2007）。它们在"高速"或动荡市场中尤为重要（Eisenhardt & Martin, 2000）。与能力类似，动态能力是可用于修改其他资源并创造价值的资源，包括产品开发例程，传输过程，资源分配例程，联盟与获取能力，以及知识创建过程。一些研究人员认为动态能力需要他们自己的独立理论（Teece, 2007），而其他研究者则认为动态能力是将 RBT 扩展到动态环境的一种手段（Peteraf & Barney, 2003）。动态能力从根本上不同的观点源于 SCA 从部署"典型资源"获得的概念在动态市场中很少能实现，因为快速变化导致许多资源过时，因为公司很快并不断地重新配置，获取和处置他们的资源可以满足不断变化的市场需求（Eisenhardt & Martin, 2000）。但在实践中，RBT 可以处理具有短期优势和能力的资源，这些资源在特定环境（如高速市场）中更具价值，可以解释其对 SCA 的影响。根据 Peteraf 和 Barney（2003）的论点，"动态能力文献与 RBT 完全一致，不应被视为单独的理论"，我们认为动态能力是另一种可在 RBT 框架内进行评估的资源类型。

批评资源基础理论。正如大多数理论一样，RBV（资源观，Resource-based View）和 RBT 提出了批评，最普遍的是该理论是静态的和互动的，尽管这些批评主要是通过定义和理论的改进来解决的（Makadok, 2001; Peteraf & Barney, 2003）。例如，一些批评抱怨该理论是静态的，并且无法解决组织行为对资源有效性的影响，或者描述静态资源如何影响动态市场中的 SCA。作为回应，引入 VRIO 与 VRIN 框架已经认识到组织需要有效利用资源，而不是简单地由企业拥有。此外，将"动态能力"作为一种资源，以及集中于动态能力的巨大理论（Teece et al.，1997），有助于减轻对 RBT 描述动荡环境中资源影响能力的担忧。在营销领域，Day（2011）还提出了适应性营销能力，使企业能够在趋势和事件完全得到显示之前进行预测，然后"有效地适应"。

另一个批评认为，RBT 是一个重复理论或自我验证理论，因此不是经验可验证的（Priem & Butler，2001），可能适用于一些质量不佳的 RBT 研究。巴尼（2001）承认，当"能够产生持续战略优势的资源通过其产生持续战略优势的能力来确定"时，我们显然面临着同义反复。研究人员可以用三种主要方式来解决这种批评。首先，资源不应该根据结果变量来定义，如绩效或 SCA（Lockett & Thompson，2001），必须用与感兴趣的因变量分离的外生变量来定义宝贵的，稀有的和不完全可模仿的资源。其次，研究人员可以通过描述用于开发资源的组织过程来解耦 VRI 资源和结果之间的直接联系（Barney & Clark，2007；Peteraf & Barney，2003）。因此，VRI 资源是实现 SCA 的必要条件，但并不是充分条件。最后，纵向分离独立变量和因变量的研究人员增加了对因果效应排序的信心。因此，RBT 本身不是重言式（又称永真式，逻辑学名词）的，但是之前的研究往往以使其经验不可测试的方式操作 RBT。

2.4　Marris 和"管理学派"

管理学派理论中关于企业的基础性观点是经理人员对他们企业的规模有效用。之前关于管理学派视角的工作，包括 Marris（1963，1964）[1]，以及 Baumol（1959)[2] 和 Williamson（1964）[3]。一个经理人员的报酬、红利，以及其他额外的收入通常随着企业规模的增长而增长。此外，非物质激励，例如声誉、升迁的可能性、社会地位，以及职权也与企业规模相关。因此，企业规模（企业成长）与企业的财务绩效被看作"管理效用函数"的重要因素。对于一些企业来说，例如年轻的小企业，对于最大化成长的追逐可能与利润最大化一致，使得经理人员在个人对于股东的责任

---

[1] Marris, R.. *The Economic Theory of Managerial Capitalism* [M]. London：Macmillan, 1964.
[2] Baumol, W. J.. *Business Behavior, Value and Growth* [M]. New York：Macmillan, 1959.
[3] Williamson, Oliver E.. *The economics of discretionary behavior：Managerial objectives in a theory of the firm*, Thesis—Carnegie Institute of Technology.. Bibliography：174 – 182.

和个人目标之间并没有利益冲突（Mueller，1969）[①]。可是，在另外一些企业中，经理人员不得不在满足利益相关者对于利润最大化的关注（为股东服务）或者追逐他们自身目标——"成长最大化"之间做出选择。依据管理理论，效用最大化的经理人员被假定为在满足满意的利润率条件下实现成长率最大化，这样能够最大限度地避免被股东开除或者被股票市场中的"袭击者"所取代。

在 Marris（1963，1964）提出的一个有影响的管理模型中，企业被假定为仅仅通过差异化（多样化）实现成长。在一个既定的成长水平上，额外的差异化将产生较低的期望收益率，这是因为经理人员只有相对较少的时间和注意力去致力于提升现有活动和开发新活动的运营效率。管理理论也被扩展到关于企业兼并（合并）成长的研究领域中（Mueller，1969）。兼并是一种比内部成长要更快（更昂贵）的成长路径，所以管理上关于这种类型的成长一直是大家争论的焦点。

检验"管理假设"是一个困难的任务，这是因为理论模型提出了在成长率和利润率之间的存在"S"形的非线性关系，另外，企业成长对利润的负影响只发生在一个既定的"利润最大化"水平之上。虽然如此，一个基本的可以预期的情况是经理人员控制的企业的成长率将会比所有者控制的企业高，同时利润率相对较低。一些早期的研究试图发现所有者控制企业和经理人员控制企业的绩效差别。然而，结果是没有提出明确支持理论预期的证据。Radice（1971）[②] 检验了所有者控制企业相对于经理人员控制企业具有低成长率和高利润率的假设，他使用了 1957—1967 年 89 家英国大企业作为观察对象。令人惊讶的是，他发现所有者控制企业同时具有较高的增长率和利润率。Holl（1975）[③] 的研究也聚焦于英国大企业，但是他并没有发现所有者控制企业和经理人员控制企业之间绩效的显著差别。然而，如果中小企业是值得研究的，仍然有一些调研的证据发现经理人员控制企业相对于所有者控制企业具有更好的成长绩效（Hay & Kamshad，1994）[④]。更明确的来说，经理人员控制企业和所有者控制企业之间

[①] Mueller, D. C.. A Theory of Conglomerate Mergers [J]. Quarterly Journal of Economics, 1969, 83 (4): 643-659.

[②] Radice, H.. Control Type, Profitability and Growth in Large Firms [J]. Economic Journal, 1971 (81): 547-562.

[③] P. Holl. Effect of Control Type on the Performance of the Firm in the UK [J]. The Journal of Industrial Economics, 1975, 23 (4): 257-271.

[④] Hay, Kamshad. Small Firm Groth: Intentions, Implementation & Impediments [J]. Business Strategy Review, 1994, 5 (3): 49-68.

的巨大差别与企业地理区域范围有关系。

另外一个脉络的研究，主要来自于金融经济学的文献，它们通过评估多元化企业的绩效调查了管理假设。这对于调研管理流派是一个有益的方法，是因为 Marris 的原始模型认为成长仅仅只发生在多元化的过程中。还有，理论的预期认为高的多元化程度与低的绩效有关。这个研究更多的细节在下一部分中，将要关注通过多元化导致的成长。总的来说，多元化通常对于金融绩效是有坏处的，这也在部分程度上间接支持了管理假设。这个实证来自于股票市场对多元化实现宣告的"事件研究"，以及多元化企业过去的利润分析。相反，过度多元化企业所有的持续资源被看作能提高他们的绩效。此外，通过收购实现的成长似乎与企业财务绩效呈负关系（Dickerson et al.，2000）[1]。

2.5 演化经济学和"适当成长"的原则

现代经济越来越多地呈现出激烈竞争和技术快速变革的特征，以及动态竞争优势理论可能对于理解相关的产业组织相对于新古典中关于均衡与静态最优化具有更相关的含义。演化经济学能够对产业组织思维产生显著影响，是因为它首先是一个关于经济的动态概念。演化理论的基础可以追溯到 Schumpeter 关于"破坏性创新"过程的阐述，并且借鉴了多样化创造的概念和经济发展的动态选择概念。Alchian（1950）[2] 认为选择的演化机制设置了经济发展的路径，同样适当的企业生存和成长同时伴随着成长的企业失去市场份额并退出市场。通过差异化成长实现的选择的概念也是 Downie（1958）、Nelson 和 Winter（1982）等书中讨论的中心话题。Downie（1958）[3] 建立了产业发展模型，他通过假设企业成长是通过企业利润的再投资实现的。成长率随着收益率的增长而增长。Nelson 和 Winter（1982）[4] 的著名著作提出了一个微观基础形式上的仿真模型，在模型中

---

[1] Dickerson, A. P., H. D. Gibson, E. Tsakalotos. *Internal vs External Financing of Acquisitions: Do Managers Squander Retained Profits?* [J]. *Oxford Bulletin of Economics and Statistics*, 2000, 62 (3): 417–431.

[2] Alchian, A. A.. *Uncertainty, Evolution and Economic Theory* [J]. *Journal of Political Economy*, 1950 (28): 211–222.

[3] Downie, J.. *The Competitive Process* [M]. London: Duckworth, 1958.

[4] Nelson, Winter. *An evolutionary theory of economic change* [M]. New York: Harvard University Press, 1982.

企业之间的竞争发生在一个复杂的市场环境中。在这个模型中,企业可以从发现降低成本的创新或者模仿产业中的最佳实践来获得竞争优势。企业获得更多的利润就被认为是成长,同时企业被认为不成功的表现是失去市场份额。代理基础的仿真模型保留了在演化文献中的一个核心工具。除了计算仿真模型以外,"适当成长"的原则也被作为演化模型分析的基础之一(Winter,1964,1971[1];Metcalfe,1993,1994,1998)[2]。

这个模型脉络下的产业演化通常是由"动态复制"的机制所指引的,这个机制中成长是由收益率来推动的。这个机制可以被表示为 Fisher 的"基本方程",形式为

$$\delta M_i = \rho M_i(F_i - \bar{F})$$

这里 δ 代表微小时间间隔 $(t,t+\delta t)$ 的变化;M_i 代表企业 i 在所有竞争企业总体中的市场份额;F_i 是既定企业的"适当度"水平;ρ 是参数;$\bar{F}$ 是总体的平均适当度。从中可以清晰地看到这个方程利于市场份额递增的"适当的"企业,同时不利于那些"弱小"的企业。

这个"动态复制"模型从直觉上来说非常引人入胜,因为其中毫无疑问选择的压力被精确定义,包括由于资金约束组织了企业成长的低效率,这样企业就"得到了他们应当得到的"。然而,这些假设可能由于多种原因找不到经验事实的支持。首先,不能假设所有的企业都有相同的成长倾向。一些高科技企业可能并不关注商业机会从而被那些费心需求机会的企业所获得。例如,Freeland(2001)[3] 记录了通用的股东抵制企业投资于另外的商业机会并且寻求限制企业成长的开支,即使通用是一个高利润的企业,严格的内部选择将导致高利润企业忽视机会从而这些机会被利润率低的企业所获得。这样,成长可能与利润率呈负相关。关于这个想法的扩展研究出现在很多管理学的文献中,这些研究识别出了利润和企业成长之间的紧张关系,这发生在当经理人员需求高于对于一个企业而言的"最优"成长率的时候,结果是成长率被来自股东的监管限制了。因为股东近距离的监管管理活动,成长率将可能较低但是利润率可能较高。其次,高利润率可能会使企业具有限制企业产出的而去需求更高单位价格的市场势

---

[1] S. G. Winter. *Satisficing, selection, and the innovating remnant* [J]. *The Quarterly Journal of Economics*, 1971, 85(2): 237–261.

[2] Metcalfe J. S.. *Some Lamarckian Themes in the Theory of Growth and Economic Selection: Provisional Analysis* [J]. *Revue International de Systemique*, 1993, 7(5): 487–504.

[3] R. F. Freeland. *The struggle for control of the modern corporation* [M]. London: Cambridge University Press, 2001.

力。在这种情况下，如果企业提供的商品是缺乏需求弹性的话，企业减少产量将使企业获得更高的利润。同样在这样的情况下，利润增长可能与成长负相关。再次，如果一个企业占领了一个高利润的利基市场，它可能没有机会去扩张，即使企业具有高利润。最后，企业由于为了有效率地获取较高的利润率而缩小规模，以及聚焦于它的核心能力。这样，我们也没有理由可以认为在利润和企业成长之间存在正相关的关系。因此，在利润率和成长之间存在的关系是一个经验事实的问题。

"适当成长"的原则也好像没有获得来自实证分析的有力支持。按照上部分研究的经验工作的调研，我们将两个通行的标准作为"适度性"，分别为利润率和生产率。首先，当我们考虑到来自法国和意大利制造业的实证研究的结果时，我们注意到利润率和销售增长似乎互不相关。类似的，基于美国、英国和意大利制造业企业数据的研究也没有找到更多的证据证明生产率高的企业具有比其他企业更快的成长率。尽管利润率和生产率可能是最明显的"适度性"指标，其他的例如产品质量或者成本水平也有一定的意义。这些后面的变量通常很难去观察，并且他们也很少被用于实证研究中。然而，我们在这里要提到 Hardwick 和 Adams（2002）[1] 的研究工作。同时这些学者并没有发现利润率对企业成长的任何效应，但他们观察到了成本投入相对于成长的负影响。但是，通过对现有实证的衡量，我们必须承认对"成长适度性"原则的实证研究并没有带来令人激动地结果。可能更好的假设是选择工作只在于消除劣势，即成长与任何有关于"发育成长"的概念并没有关系，取而代之的是经理人员的随意经营的结果。按照这个观点，我们提出"生存的适度性"，而不是"成长适度性"。

对于"成长适度性"原则的不成功的研究也产生了一些有益的影响（Baily & Farrell，2006）[2]。如果高绩效的企业被观测到具有高的成长率，那么选择过程将造成某种企业之间经济资源有效率的动态配置。稀缺的生产力资源将被配置给那些能够最好的开发他们的企业。然而，既然"成长适度性"通常不能被观察到，经济体可能远离它所能达到的最大生产潜力。这可能是政策干预的好机会。

---

[1] Hardwick, P., M. Adams. *Firm Size and Growth in the United Kingdom Life Insurance Industry* [J]. *Journal of Risk and Insurance*, 2002, 69 (4): 577-593.

[2] Baily M. N., D. Farrell. *Breaking Down Barriers to Growth* [J]. *Finance & Development*, 2006, 43 (1): 1-9.

2.6 群种生态

"群种生态"或者"组织生态"的视角是来自于社会学,以及 Hannan 和 Freeman(1977)的开创性研究。这个理论中与组织成长相关的基础性观点是这些后来需要的资源是仅限于利基中的,并且这些利基具有独特的"承载能力"。如果一个企业发现了一个新的具有丰富资源池的利基,那么这个企业将没有任何障碍地成长。利基中的很多企业也将成长,这是由于新组织的进入。然而,如果群种成长到利基中的资源达到饱和的水平,企业之间的竞争将限制企业的成长率。这种在特定的利基中组织成长和资源竞争者成长之间的联系被称为"依赖密度"。

生态群种视角以此方式将组织成长放置于利基特制的成长模式情境中,而不关注组织间所处利基的异质性。这不能被定义为学者们定义组织间生存的差异性。取而代之的是,这是由于分析的根本因素是组织群种在一个利基中,在一定程度上是指个体组织组成了群种。结果是,群种生态学者倾向于利用有关同一利基中所有组织的共同特征来解释组织绩效。当然,一个仅仅基于产业范围特质的关于企业成长的理论是有其明显局限性的,这是因为能够被观察到的相同产业中的企业间的成长率有巨大差异。

一般来说,在"生态群种"文献中的经验研究是通过收集同一利基中组织群种的发展历史数据进行经验研究。这个利基可能指的是产业特质,产业中的利基,甚至是非商业形态的组织。大多数的研究通过测度企业的出生和死亡率聚焦于组织特质、群种,以及环境对于组织绩效的效应。无论如何,努力的结果是为了解释在相同产业中企业间成长率的差异。Baron 等(1994)[①] 分析了纽约信贷联盟 1914—1990 年的数据,并且观察到相对于那些小企业,大企业具有较低的期望成长率。他们提供的解释认为大组织变得越来越没有效率,并且很难适应当前的商业环境,这样相对年轻的竞争者就显得比较脆弱。这里建立了生态群种理论中的一个关键原则,即企业从根本上来说是天生惰性的,同时也讨厌实行相关策略或者组织变革。

---

① James N. Baron, Michael T. Hannan. *The Impact of Economics on Contemporary Sociology* [J]. *Journal of Economic Literature*, 1994, 32 (3): 1111 – 1146.

第 3 章

中国房地产市场改革开放 40 年发展回顾

改革开放后,我国房地产产业发展速度与规模持续增长,房地产长期成为社会中的热门词汇。伴随着中国经济持续快速增长和发展,房地产与社会经济发展联系愈加密切。以下,我们通过统计数据的线索回顾我国房地产产业发展的 40 年历程。

3.1 总体情况

3.1.1 房地产业的行业分类

根据《国民经济行业分类》(GB/T4754—2002),房地产业属于第三产业。第一产业是指农、林、牧、渔业。第二产业是指采矿业,制造业,电力、燃气及水的生产和供应业,建筑业。第三产业是指除第一二产业以外的其他行业。第三产业包括:交通运输、仓储与邮政业,信息传输、计算机服务与软件业,批发与零售业,住宿与餐饮业,金融业,房地产业,租赁与商务服务业,科学研究、技术服务和地质勘查业,水利、环境和公共设施管理业,居民服务和其他服务业,教育,卫生、社会保障和社会福利业,文化、体育和娱乐业等。需要指出的是,我国的行业划分标准和联合国有关机构的划分标准不太一致。根据联合国经济和社会事务统计局制定的《全部经济活动国际行业标准分类》,把国民经济划分为 10 个门类。其中房地产业与金融、保险、工商服务业共同划归为第 8 类。

3.1.2 房地产市场运行情况及主要指标

依照国家统计局每年发布的"房地产市场运行情况",反映房地产市场运行情况的主要有四个方面:房地产开发投资完成情况,商品房销售情况,房地产开发企业资金来源情况,70个大中城市房屋销售价格指数与全国房地产开发景气指数(简称"国房景气指数")。

(1)房地产开发投资完成情况主要指标有:房地产开发投资及增长情况;房屋施工面积、新开工面积、竣工面积及增长情况;房地产开发企业完成土地购置面积和土地购置费及增长情况。

(2)商品房销售情况主要指标有:商品房销售面积及增长情况,其中包括商品住宅、办公楼、商业营业用房的销售面积及增长情况;商品房销售额及增长情况,其中包括商品住宅、办公楼和商业营业用房的销售额及增长情况。

(3)房地产开发企业资金来源情况主要指标有:房地产开发企业本年资金(金额)来源及增长情况,其中包括国内贷款及增长情况;利用外资及增长情况;自筹资金及增长情况;其他资金来源及增长情况。在其他资金中包括定金及预收款及其增长情况;个人按揭贷款及增长情况。

(4)房屋销售价格指数主要指标有:价格及增长情况,其中包括新建住宅销售价格和二手住宅销售价格同比、环比情况。新建住宅销售价格主要是指商品住宅销售价格及上涨情况,其中包括普通住宅、高档住宅、经济适用房销售价格及上涨情况。国家统计局抽样选取的70个大中城市是:北京、天津、石家庄、呼和浩特、太原、沈阳、大连、长春、哈尔滨、上海、南京、杭州、宁波、合肥、福州、厦门、南昌、济南、青岛、郑州、武汉、长沙、广州、深圳、南宁、海口、重庆、成都、贵阳、昆明、西安、兰州、西宁、银川、乌鲁木齐、唐山、秦皇岛、包头、丹东、锦州、吉林、牡丹江、无锡、扬州、徐州、温州、金华、蚌埠、安庆、泉州、九江、赣州、烟台、济宁、洛阳、平顶山、宜昌、襄阳、岳阳、常德、惠州、湛江、韶关、桂林、北海、三亚、泸州、南充、遵义、大理。

3.1.3 房地产产业中的市场主体分部

根据国家统计局经济普查统计口径,我国把房地产产业又进一步划分为以下五个细分行业。

(1) 房地产开发经营。
(2) 物业管理。
(3) 房地产中介服务。
(4) 自有房地产经营活动。
(5) 其他房地产活动。

房地产企业,是指从事房地产开发、经营、管理和服务活动,并以营利为目的进行自主经营、独立核算的经济组织。其中,房地产开发企业属于房地产业中的"房地产开发经营"业。

第三次全国经济普查主要数据公报显示,到 2013 年末,全国共有房地产业企业法人 35959 个,其中,房地产开发经营业企业法人 7849 个,物业管理企业法人 12191 个,房地产中介企业法人 13054 个,自有房地产经营活动企业法人 1175 个,其他企业法人 1690 个,如表 3-1 所示。

表 3-1　　　　我国房地产业企业法人数量变化情况　　　　单位:个

指标	1949 年及以前	1950—1977 年	1978—1991 年	1992—1995 年	2000 年	2005 年	2010 年	2013 年
合计	65	2195	6596	13814	8796	16369	35205	35959
房地产开发经营	6	42	1793	7231	4054	6913	14957	7849
物业管理	12	192	970	2616	2654	5258	10320	12191
房地产中介服务	3	66	349	772	924	2495	7519	13054
自有房地产经营活动	36	1601	2878	2411	834	1165	1050	1175
其他房地产	8	294	606	784	330	538	1359	1690

资料来源:第三次全国经济普查数据 (2013)。

第三次全国经济普查主要数据公报显示,到 2013 年末,全国房地产企业法人单位从业人数 411743 人,其中,房地产开发经营企业从业人数 144750 人,物业管理企业从业人数 151442 人,房地产中介服务企业从业人数 84169 人,自有房地产经营活动企业从业人数 9758 人,其他房地产企业从业人数21624人。

表3-2　　　　　我国房地产法人企业从业人数变化情况　　　　单位：个

	1949年及以前	1950—1977年	1978—1991年	1992—1995年	2000年	2005年	2010年	2013年
合计	2898	54914	209478	618986	383489	487739	711330	411743
房地产开发经营	55	6695	75366	214733	110491	178904	366535	144750
物业管理	1027	7256	50270	322017	220943	244556	251201	151442
房地产中介服务	49	1269	7057	20487	33475	43738	62013	84169
自有房地产经营活动	1628	30958	62946	44940	12232	11702	11666	9758
其他房地产	139	8736	13840	16809	6358	8839	19915	21624

资料来源：第三次全国经济普查数据（2013）。

3.1.4 房地产企业的经营业绩

根据2012年上半年沪深两市上市房企的资产负债表、利润表和现金流量表，上市房地产业的经营业绩情况总体平稳。

总体来说，2011年有超过70%的房企依然延续了业绩增长态势，但增速明显放缓，期末存货、货币资金、一年内到期负债指标普遍不太乐观。同时，房地产市场依然延续了企业业绩分化加剧，市场集中度进一步提高的态势。数据显示，百强房企2011年全年实现销售总额1.66万亿元，销售面积1.67亿平方米，同比分别增长17.5%和11.2%，均高于全国平均水平5个百分点左右。百强房企市场占有率从2003年的13.52%增长至2011年的28.05%，百强房企的销售额均值也从2003年的10.37亿元增长至2011年的165.83亿元，9年间增长了15倍。其中，万科2003年的市场销售额为63亿元，市场占有率0.82%，2011年的销售额增长至1215.4亿元，增长了18倍，市场占有率2.06%。

综观176家全部上市房企的2011年业绩表现，并进而扩展到所有房地产企业，按照销售额高低，大致可以划分为五个梯级。

第一梯级是300亿元以上。2011年房地产销售额在300亿元以上的，共有14家企业，分别是万科、万达、中海、恒大、绿地、保利、碧桂园、龙湖、华润、绿城、雅居乐、金地、世茂、富力。这14家企业，又明显划分为两个"重量级"：前六家销售额均超过700亿元，后8家都是三、四百亿；排名第六的保利和排名第七的碧桂园相差了整整 300 亿元。

第二梯级是 100 亿~300 亿元。2011 年销售额在这一区间的有 28 家。其中，上市房企有 13 家，分别是招商、远洋、SOHO 中国、融创、华侨城、佳兆业、恒盛、华夏幸福、新城、首创、瑞安、金科、合景泰富。其余几家都是非上市公司。因为非上市公司可以不发布业绩年报，所以其业绩资料来源只能依据各家所公布的资讯。

第三梯级是 30 亿~100 亿元。年销售额在 30 亿~100 亿元区间的企业，有 130 家左右。其中，建业、万通、亿达、花样年、禹州、中骏、鲁商等。处于这一梯级的非上市公司较多，大都是二、三线城市中排名居前的企业。通过查阅公开资讯，并与各地客户和记者进行多方面核实，概算数量是 130 家，误差范围是 ±20 家。

第四梯级是 10 亿~30 亿元。处于这一梯级的企业数量约有 1100 家。

第五梯级是 10 亿元以下。这类企业通常有 1~3 个项目，基本属于项目法人或单一城市型房地产企业，即通常所说的小型企业。这一梯级的企业数量最多，占总数的 90% 以上。

3.2 统计数据描绘

3.2.1 房价

改革开放以来，尤其是中国特色社会主义市场经济体制建立以来，随着我国商品房市场改革的不断深入，房价持续上涨的趋势在过去 20 余年中被定格。1993 年以来，我国商品房平均价格持续上涨，从 1993 年初的 1000 元/平方米上涨到 2016 年的接近 8000 元/平方米（见图 3-1）。如果以 1993 年的 1000 元/平方米为基数，每次翻番的周期大概为 8 年，从约 1000 元/平方米~2000 元/平方米，经过了 8 年（1993—2000）；从约 2000 元/平方米~4000 元/平方米，经过了 8 年（2001—2008）；从约 4000 元/平方米~8000 元/平方米，又经过了 8 年（2009—2016）。我国房价收入比基本呈现下降趋势，2007—2009 年间出现短期的先下降后上升趋势，2010 年后，我国房价收入比基本稳定在 6 左右，其中中等收入户的房价收入比稍大于全国平均水平（见图 3-2）。

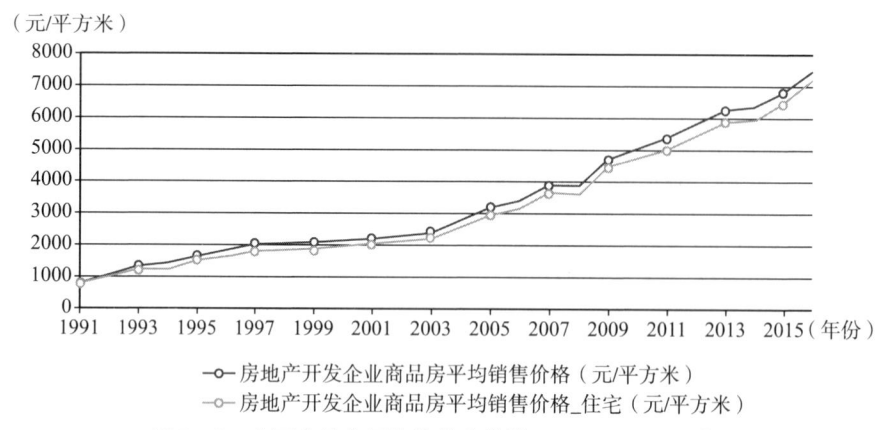

图 3-1　中国商品房平均价格变化情况（1993—2016 年）

资料来源：中经网统计数据库全国宏观年度库。

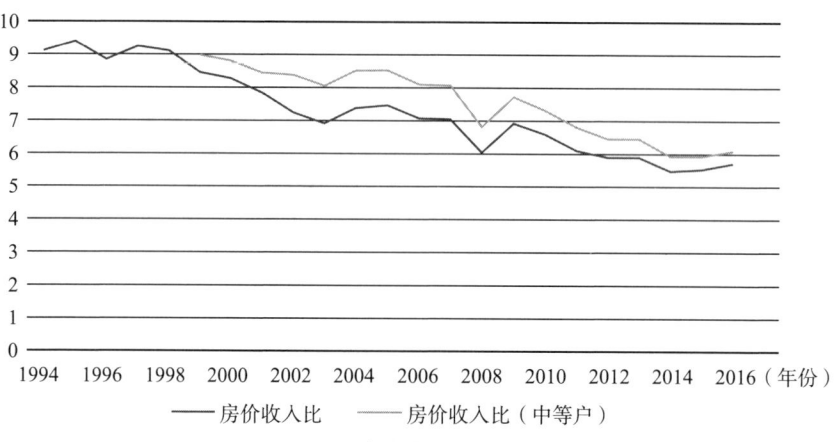

图 3-2　房价收入比变化情况

资料来源：中经网统计数据库全国宏观年度库。

与房价保持持续增长走势的是我国城镇居民的收入增长。如果从 1993 年开始计算城镇居民可支配收入翻番的周期，1993—2000 年，是第一个翻番周期，共计 8 年；2001—2007 年，是第二个翻番周期，共计 7 年；2008—2014 年，是第三个翻番周期，共计 7 年。从翻番周期来看，城镇居民可支配收入的翻番周期与房价翻番周期基本一致，时间差在 1 年左右。房价持续增长与我国城镇居民可支配收入的增长趋势基本一致（见图 3-3）。

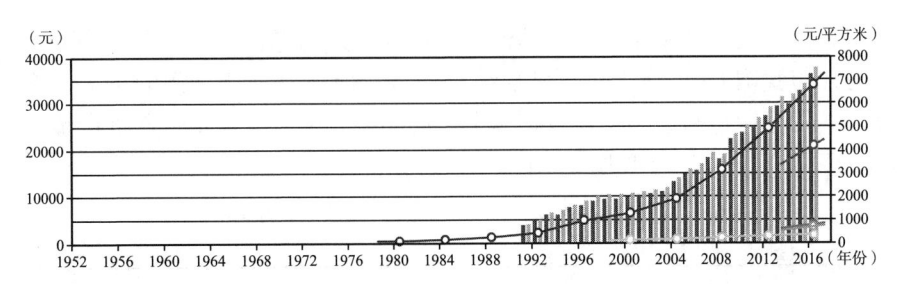

图 3-3 我国商品房平均价格变化与城镇居民可支配收入变化情况

资料来源：中经网统计数据库全国宏观年度库。

3.2.2 房地产开发企业

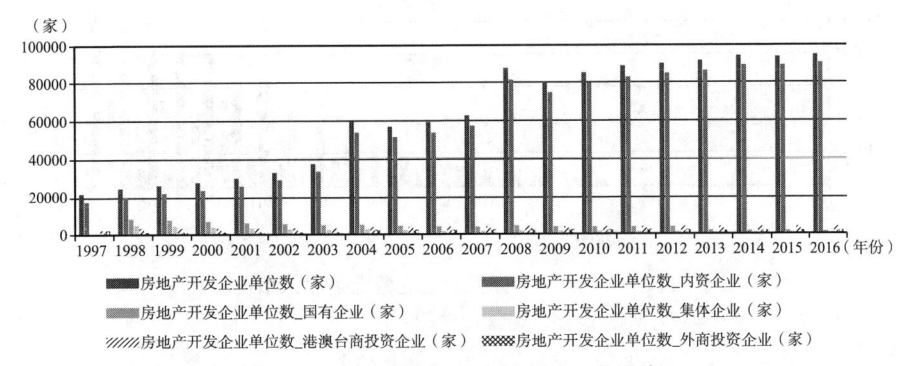

我国房地产开发企业数量在 1997 年为 21286 万家，到 2001 年达到 29552 家；之后房地产开发企业数量迅速增长，到 2008 年达到 87562 家，8 年内增长了 1.96 倍。2008 年后，房地产开发企业数量增长明显放缓，稳定在 9 万多家的规模水平上。内资企业是我国房地产开发企业的主要力量，占全部房地产开发企业数量的 90% 以上。房地产开发企业中国有企业、集体企业数量呈现逐年下降趋势，港澳台投资企业数量基本稳定，外商投资企业数量呈现先下降、后上升、然后再下降的趋势（见图 3-4）。

图 3-4 我国房地产开发企业数量变化情况

资料来源：中经网统计数据库全国宏观年度库。

我国房地产开发企业资产总额呈现持续上升趋势，房地产开发企业资产总额与我国 GDP 总值差距呈现缩小趋势。伴随着资产总额的扩大，房地产开发企业负债总额也呈现持续上升的趋势，房地产开发企业资产负债率处于 70%~80%（见图 3-5）。

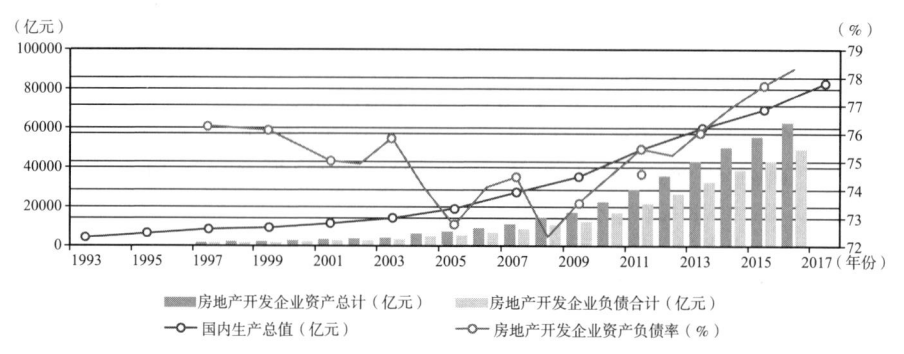

图 3-5　房地产开发企业总资产与负债情况

资料来源：中经网统计数据库全国宏观年度库。

我国房地产开发企业主营业务收入呈现快速增长趋势，从 1994 年的 1288.19 亿元增长到 2016 年 90091.51 亿元，23 年内翻了 6 番。房地产开发企业实际到位资金也从 1997 年的 3807.17 亿元增长到 2017 年的 156052.62 亿元，21 年内翻了 5 番多（见图 3-6）。

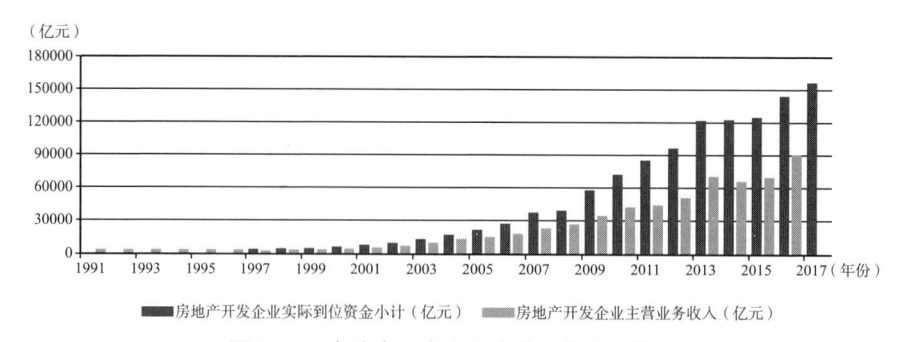

图 3-6　房地产开发企业主营业务收入情况

资料来源：中经网统计数据库全国宏观年度库。

中国房地产开发企业平均就业人数在 2001 年超过 100 万人；到 2008 年超过 200 万人，平均就业人数在 8 年中翻了一番；2008—2013 年，平均就业人数增长到 260 万人左右；2014 年后，平均就业人数保持在 270 万人左右。在我国房地产开发企业就业中，内资企业提供的就业岗位占 90% 以上，其中国有房地产开发企业就业人数自 2010 年后呈现持续下降趋势（见图 3-7）。

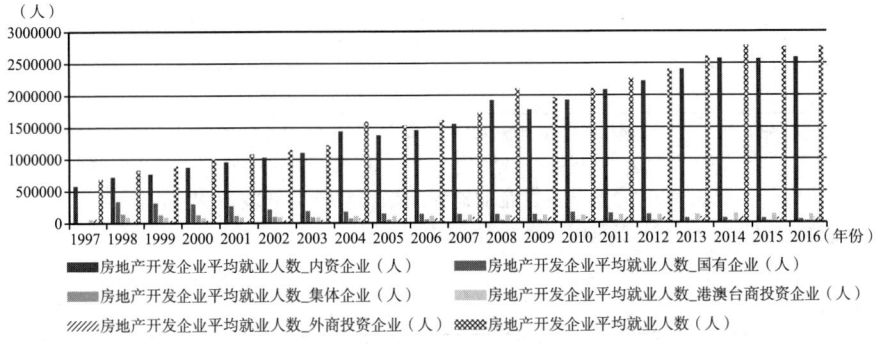

图 3-7　房地产开发企业平均就业人数变化情况

资料来源：中经网统计数据库全国宏观年度库。

我国房地产开发企业购置土地面积在 2004 年之前，呈现快速增长趋势，这期间，房地产开发企业购置土地面积大于待开发面积。2004—2011 年，房地产开发企业土地购置面积在 40000 万平方米附近波动，这期间，待开发面积围绕土地购置面积波动。2011 年后，房地产开发企业购置土地面积呈现下降趋势，这期间，待开发土地面积超过土地购置面积（见图 3-8）。从房地产开发企业投资完成额情况来看，总体呈现持续上升趋势，2003 年，房地产开发企业投资完成额突破 1 万亿元，达到 10153.8 亿元；2006 年，突破 2 万亿元；2008 年，突破 3 万亿元；2010 年接近 5 万亿元；2011 年突破 6 万亿元；之后以每年接近 1 万亿元的规模增长，直到 2014 年后，增长规模缩小，基本稳定。在房地产开发企业投资完成的类型来看，住宅占主要部分，约为 70%；别墅、高档公寓投资完成情况在 2011 年后稳定在 3400 亿元左右水平（见图 3-9）。

房地产产业的发展对我国改革开放以来的经济增长也产生了重要的作用。1997 年以来，房地产产业增加值占 GDP 的比重呈持续增长趋势，2003—2005 年，房地产业增加值占 GDP 的比重甚至超过金融业。与房地产业密切相关的金融业和建筑业增加值占 GDP 的比重总体高于房地产业，但金融业和建筑业增加值占 GDP 的比重都曾经历过先下降、后上升的发展过程，其中，建筑业在 1998—2008 年主要呈现下降趋势，金融业在 1997—2005 年主要呈现下降趋势（见图 3-10）。

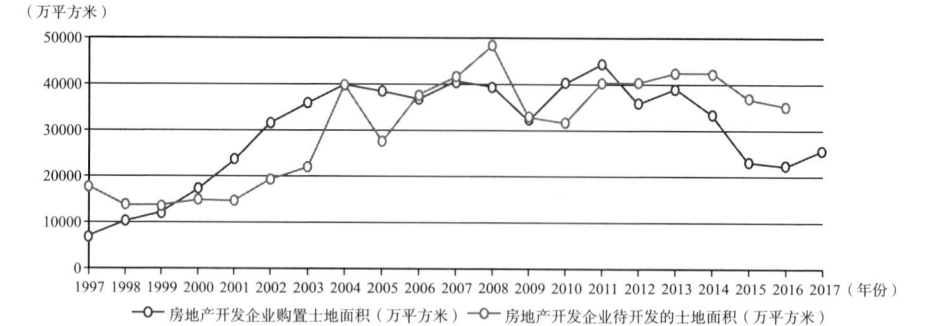

图 3-8 房地产开发企业购置土地面积与待开发面积情况

资料来源：中经网统计数据库全国宏观年度库。

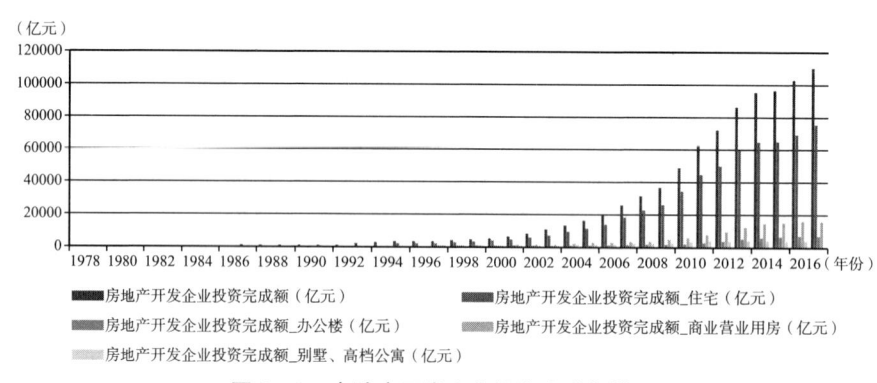

图 3-9 房地产开发企业投资完成额情况

资料来源：中经网统计数据库全国宏观年度库。

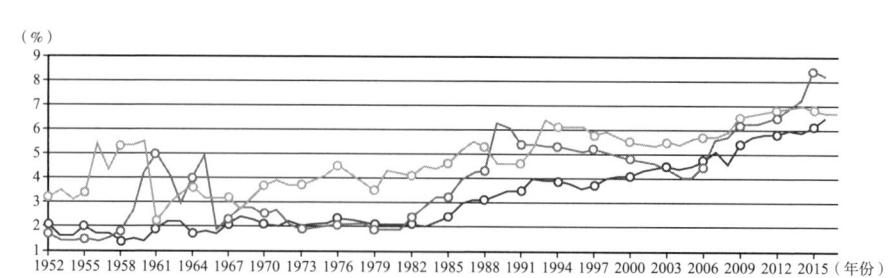

图 3-10 房地产业增加值占 GDP 比重变化情况

资料来源：中经网统计数据库全国宏观年度库。

3.3 房地产企业成长历程

我国房地产市场从改革开放开始,最早出现在改革开放特区,随后随着商品房制度改革,房地产市场发展到全国城镇地区(我国农村土地是不能进行房地产开发的),房地产企业也随着我国房地产市场的发展不断成长,并在产品、区域、商业模式等方面不断创新,成为我国市场主体中的重要组成部分,也是支撑房地产市场发展的主要微观主体。

3.3.1 新中国成立—改革开放前(1949—1978年):房地产概念与房地产企业尚未出现

1949—1978年,房地产还未成为行业。1978年之前,在高度集中的计划经济体制下,房地产在中国并未成为一个产业。国家经济发展的若干个"五年"计划中也从未出现"房地产"的发展规划与计划。

彼时,城市住房由国家统一建设,建好后按照不同标准对城市居民进行实物分配,住房是工作单位的员工福利之一,并没有形成房地产市场。在农村,由于中国实行包括土地制度、户籍制度、福利制度在内的城乡二元管理结构,农村的农民住房是以集体土地所有制的宅基地自建房为主。

1978年之前,中国的城市数量是193个,城市面貌、城市环境(商业)的改善等全部依赖于国家主导的城市建设规划、建设、运营等,几乎没有主营房地产的企业或机构。由于缺乏市场要素,城市缺乏足够的发展动力和活力。城市居民居住环境的改善也主要依赖于家族传承、住房分配等,居住环境较差、拥挤不堪。1978年人均居住面积是12平方米。

3.3.2 房地产市场萌芽(1978—1992年):房地产企业开始在改革开放特区和沿海地区出现

1978年,中国实施"改革开放"的国家发展战略。作为重要的一环,房地产首次进入决策层的视野,1981年,作为重要的"改革开放特区"城市,深圳和广州开始搞商品房开发的试点。1982年,中央政府开始推动实施实质的住房改革,截至1991年,中央政府决策通过了24个省份的住房改革方案。房地产的市场化之路开始起步,代表性企业:万科。

以下是万科的发展历程。①

阶段一:万科的成立,一个非房地产公司(1983—1987年)。

1983年5月,深圳经济特区发展公司下属的贸易部成立饲料科,主要业务是为现代化养殖农业提供饲料生产原料。通过这项业务,完成了未来万科的原始资本积累。1984年5月30日,"深圳现代科教仪器展销中心"(万科前身)在深圳市工商局正式注册。公司为国营性质,"中心"是深圳经济特区内最大的摄录像专业器材供应商。9月21日,"深圳现代科教仪器展销中心"正式对外营业,营业地址位于深圳市罗湖区建设路1号。1985年,全国进口机电产品市场开始出现萎缩,公司抓紧市场机会,多方拓展销售业务,公司营业额一度占国家计划外市场的60%。1986年,为摆脱国有企业经营管理的僵化体制,加快业务的规模化发展,公司与中国香港商人张恭泰共同投资成立第一家中外合资企业"深圳国际企业服务有限公司"。主要业务为:为国外客商来中国投资提供各项服务,包括各类展览会、展示会的展陈服务。1987年,与日本索尼等公司建立了密切联系,并与中国仪器进出口总公司合办了"日本索尼技术服务中心深圳分站",这一过程中开始接触并学习客户服务,为未来房地产业务的物业管理服务奠定了良好的基础。

阶段二:初入房地产,但房地产不是主营业务(1988—1993年)。

1988年11月18日,公司以2000万元人民币,通过公开竞标的方式获取了威登别墅地块。同年又与深圳市宝安县新安镇合作,投资第一个土地发展项目"深圳市宝安县新安镇固戍村皇岗岭万科工业区",从此公司进入房地产行业。11月21日,深圳市政府批准公司的股份化改造方案,公开募集社会资金2800万元。上市后的公司定名为"深圳万科企业股份有限公司",股票代码000002。1990年,公司决定向商业连锁零售、电影制片及激光影碟生产等新的领域投资,初步形成了商贸、工业、房地产和文化传播"四大支柱"的经营架构。8月,深圳天景花园竣工,这是万科的第一个住宅房地产项目。

1991年4月,公司提出"人才是万科的资本"的理念。8月,与中国香港仲盛联合投标上海古北新区,建造"西郊花园别墅",万科地产进入上海市场。1992年1月,深圳市万科物业管理有限公司成立,标志着万科

---

① 资料来源:万科官网及相关公开报道。

物业公司法人地位的正式确立。8月，公司开发上海七宝镇万科城市花园项目，这是公司历史上第一个集居住、商业、教育、娱乐和休闲为一体的郊区大型社区。1993年1月，公司高层在上海召开务虚会，对自1988年底公开发行A股以来的发展进程进行了总结反思，决定放弃以"综合商社"为目标的发展模式，提出了加速资本积累、迅速形成经营规模的发展方针，并确立以城市大众住宅开发为公司主导业务。

阶段三：立足深圳的专业房地产企业发展（1994—2002年）。

1994年3月30日，公司拥有子公司24家，涉及房地产、物业管理、商业贸易、咨询服务、影视文化、饮料食品、广告经营、印刷品设计和电分制版等行业，被深圳市资信评估公司评为AAA级企业。1995年11月，公司开发的深圳天景花园、青岛银都花园被评为"全国物业管理优秀住宅示范小区"。1996年5月，在全国首次物业管理公开招标中一举夺魁，获得了深圳"鹿丹村"小区的物业管理权，从而打破了"谁开发，谁管理"的市场封闭局面。1997年，公司于上半年顺利实施配股计划，共募集资金3.83亿元人民币，为深圳房地产项目开发及土地储备，提供了有力的资金支持。11月，时任国务院副总理的朱镕基到深圳进行企业调研，期间听取了王石关于分税制和房地产行业情况的报告，会上朱镕基聘请王石担任房地产顾问。1998年4月，公司调整房地产业务的投资地域，决定减持中国香港银都置业有限公司股份，增持深圳海神置业有限公司股份。1999年2月，董事会接受王石辞去公司总经理职务的辞呈，并聘任姚牧民为总经理。7月，为进一步丰富万科品牌内涵，提高万科地产开发水平，增加项目开发科技含量，公司成立了万科建筑研究中心。2000年1月，万科物业公司签约国家建设部大院办公楼、住宅楼的物业管理服务，为万科物业服务的市场化探索迈出关键的一步。2001年2月，公司专业化战略调整全部完成。2002年11月，公司竞得佛山市南海区黄岐泌冲岗地块，由此进入深圳之外的珠江三角洲市场。

阶段四：覆盖全国，致力成为卓越的房地产企业（2003—2012年）。

2003年5月22日，王石登顶珠穆朗玛峰。12月，公司在怀柔国家登山队训练基地召开务虚会，确定"学习帕尔迪"，以其为标杆企业。帕尔迪是当时全美最大的住宅开发企业，保持连续53年盈利纪录，在跨地域经营、土地储备方式、持续盈利能力、市场占有率、客户细分及客户关系管理等诸多方面都有良好表现。年内，公司积极开拓以深圳为中心的珠江三角洲区域、以上海为中心的长江三角洲区域、以沈阳为中心的东北区域,形成深圳、上海和沈阳区域管理中心(后分别演变为南方区域本部、上海区域本部和北方区域本部,2010年3月,成都区域本部成立)。2004年4月,决定实施"均好中加速"策略,提出未来十年,万科的战略目标是"有质量增长",计划2014年实现1000亿元的销售额。11月,成都万科与新加坡主权基金GIC下属子公司签署合作协议,共同开发成都魅力之城项目。两次成功的海外融资,标志着公司开始与国际资本合作,为集团继续寻求海外资金的支持积累了经验。同时,经商务部批准,公司第一个境外融资平台——万科地产(中国香港)有限公司设立。2005年3月,公司董事会批准了与南都集团的战略合作协议,公司以18.57亿元受让了南都集团下属的上海南都70%的权益、苏州南都49%的权益和浙江南都20%的权益。6月,"万科"商标被国家工商行政管理总局正式认定为驰名商标,成为中国房地产界第一个国家认定的驰名商标。2006年1月18日,公司受让北京市朝阳区国资委持有的北京市朝万房地产开发中心60%的股权,公司以万科集团的名义,在国家建设部取得房地产一级开发资质。2007年1月,万科成立"集团装修房推进小组",自此万科在全国所进入城市开始有节奏地推行"装修房"战略(至2010年底,万科主流住宅已全部实现装修后交房,2012年、2013年每年交付装修房超过10万套)。2008年7月,公司特别规划设计的"万汇楼"建筑被广东省建设厅列为"广东省企业投资面向低收入群体租赁住房试点项目"。2010年12月1日,公司销售额突破1000亿元,提前实现了2004年制订的千亿目标,成为国内首家年销售额超过千亿元的房地产公司。2012年7月,万科完成收购中国香港上市公司南联地产控股有限公司75%的股权,并在同年内将其更名为万科置业(海外)有限公司。自此,万科旗下拥有了一家中国香港上市公司,成为拓展海外业务的重要平台。

阶段五:成为全球性的房地产领头企业(2013年至今)。

2013年1月与中国香港新世界联手,投中中国香港荃湾西六区项目,这是万科在中国香港的第一个开发项目;4月,万科与新加坡吉宝置业签署战略合作协议,开发林曦阁住宅项目,进入新加坡市场;6月,万科在美国的第一个项目——旧金山富升街201号地块奠基,合作方是铁狮门。确立了继续贯彻"均好中提效"是贯穿未来十年的业务方针,并提出了"城市配套服务商"的转型目标。年内,万科商业项目集中开业,如北京金隅万科广场、深圳龙岗万科广场、苏州美好广场、东莞松湖生活中心、沈阳浑河天地生活中心等。2014年4月23日,公司召开事业合伙人创始大会，事业合伙人机制将会彻底改变万科现有的管理方式，面向未来解决发展问题，并更好地实现利益分享。6月25日，公司完成B股转H股，在中国香港联交所挂牌上市。2016年7月20日，《财富》"世界500强"企业排行榜出炉，万科凭借2015年度1843.18亿元（293.29亿美元）的营收首次跻身《财富》"世界500强"，位列榜单第356位。2017年，深圳地铁集团成为公司基石股东，7月20日，《财富》"世界500强"企业排行榜出炉，万科继续跻身《财富》"世界500强"，位列榜单第307位。

3.3.3 房地产市场逐渐覆盖全国，进入成长初期（1993—1998年）：国有资产企业主导

1993年，中央政府陆续颁布实施了住房公积金制度、发放住房债券等，在宏观经济过热的经济环境背景下，直接催生了连续两年的第一轮房地产投资泡沫。此轮泡沫的特点是在带着鲜明时代特征——"特区"的局部市场（海南、北海、广州、深圳）供应过大、消费需求不足，金融体系不完善带来的土地炒作催化泡沫等。在中央政府强制停止银行贷款、清理土地等行政干预下，刺破了海南、北海、广州、深圳等局部市场的泡沫。

1993—1998年，中国的GDP总量在20万亿元的基础上，以每年8%的速度递增。中国人均GDP在1000美元左右，在全球排200名以外。因此，中国的城市居民消费仍停留在吃、穿等日常生活层面，房地产市场由于消费能力的不足，市场规模有限。全国每年竣工面积仅有500万平方米，针对8亿城市人口、12平方米的住房面积、较差的住房环境而言，存在巨大的潜在缺口。

这一时期，中国诞生了以万科为代表的第一批房地产开发企业，数量在2万家左右。但由于自有资金不足、金融政策对民资的限制，这一时期的房地产市场主要由国资企业主导，代表性企业：保利地产，华侨城，北京华远。

以下是保利地产的发展历程。①

阶段一：创业起步期（1992—2002年）。

1992年9月，广州保利房地产公司正式注册成立。1995年3月，保利地产开发首歌大型住宅小区保利红棉花园，容纳住户2200余户。1996

---

① 资料来源：保利官网及相关公开报道。

年6月,保利物业公司成立。2000—2002年,保利地产连续三年位列广州市1000多家房地产企业前三强。

阶段二:立足广州,逐渐走向全国(2002—2006年)。

2002年8月,保利地产完成股份制改制,更名为"保利房地产股份有限公司"。2003年9月,保利地产开始在北京、上海、武汉、重庆、沈阳、长沙、包头、佛山等尝试进行规模性房地产开发。2005年9月,成为中国房地产品牌价值五强。

阶段三:成功上市,成为全国性大型综合性房地产企业(2006—2011年)。

2006年4月,正式更名为保利房地产(集团)股份有限公司。2006年7月,保利地产在沪市A股上市,股票代码600048。2009年10月,保利地产在佛山开发首个大型购物中心"保利水城"。2010年4月,保利地产在佛山开发首个五星级酒店"保利洲际酒店",计划到2020年建成50家酒店。

阶段四:进入成熟发展期(2011年至今)。

2012年1月,保利地产已布局45个城市,年销售额超过1000亿元。2013年,保利地产年销售额达到1200亿元,市场占有率达到1.54%。2013年,保利地产通过旗下子公司恒利置业在中国香港成功发行5亿美元的五年期固息债券。2015年,保利地产跻身福布斯世界五百强企业,位列332位。

3.3.4 进入商品房时代,房地产市场进入成长中前期(1993—1998年):房地产企业开始进入第一次选择

1998—2003年,房地产发展蓄力期:取消福利分房、按揭消费、土地收储、银根宽松。

1998年对中国房地产业来说是关键之年,很多开发商在1998年上半年都熬不下去了,把土地纷纷卖掉退出市场。但是到了1998年6月左右,在东南亚金融危机的影响下,中国经济硬着陆,连续8个季度经济增速下滑。为了遏制进一步下滑的危险,中央政府决心培育新的经济增长点。房地产市场进入了决策层的视野,政策面开始发生变化。中央政府在当年出台了一系列的刺激房地产发展的政策,最具代表的是取消福利分房、按揭贷款买房政策,通过市场、个人信用来解决住房及住房的消费能力不足问

题，系列政策使得有效需求在短期内爆发，并大幅快速上升。

代表性企业：万科，保利地产。

3.3.5 土地财政形成，房地产市场进入快速成长期（1998—2003年）：民营企业开始崭露头角

2003年，中国实行统一收储并出让的土地管理政策，再加上中国在1993年形成的地方财权与事权分开的财税管理体系，地方拥有有限的财权，却必须承担更多的地方事权。这一体系下，地方政府无限制追求以土地出让为主的预算外财政收入，以填补地方事务的财政支出不足。另外，建立在房地产开发之上的城市建设、招商、税收及GDP等恰恰是中国行政体制下的官员考核主要指标。这样房地产成为地方发展的主要或唯一发动机，在随后的十年里，"土地财政"愈演愈烈，地方实业萎缩，房地产在地方政府的拥护下获得了空前的发展。

1998年东南亚金融危机之后，为了提振萎靡的经济，中国结束了稳健紧缩的货币政策并进入宽松轨道。在加入世贸组织后，为了刺激出口，货币宽松政策得以延续。货币超发也成为推动房地产投资的重要力量。在宽松的货币政策环境下，大量的民营房地产企业开始焕发活力，房地产市场由国资企业统领的局面得到扭转。万科、合生创展、顺驰等大量民营企业获得第一轮快速发展，房地产企业数量猛增到8万家左右。

当然，这一时期房地产发展离不开中国整体经济环境和消费能力的改变。2002年，中国加入世贸组织，中国参与到世界经济分工之中，大量的农业人口进入城镇成为产业工人，大量的大学毕业生、海外留学生在城市就业，中国经济发展提速，GDP增速进入两位数时代。在经济快速发展的前提下，城市居民的消费结构发生了改变，从日常的吃穿消费升级到大宗商品、情感需求的旅游等消费，汽车开始进入普通市民的家庭，住房改善普遍被提上家庭消费规划。

在此房地产市场启动阶段，市场的典型特征是计划经济向市场经济过渡，建立市场化发展的根本动力，以自主需求为主导的市场交易结构。代表性企业：恒大，碧桂园，金地，万达。

以下是恒大地产发展历史。[①]

---

① 资料来源：恒大官网及相关公开报道。

阶段一：艰苦创业，高速发展（1996—2002 年）。

1996 年，恒大在广州成立。公司从零开始，在亚洲金融风暴中逆市出击，凭借"小面积、低价格、低成本"的策略抢占先机，1997 年开发的第一个楼盘金碧花园两个小时抢购一空，实现销售额 8000 万元，获得了公司起步发展极其宝贵的第一桶金。经过三年艰苦奋斗，1999 年恒大从 2000 多家广州房企中脱颖而出，成为广州地产 10 强。从 2000 年开始，公司进一步夯实发展基础，着力于整合资源、规范流程、提升管理，陆续开发"金碧"系列精品楼盘，企业品牌和实力突飞猛进，位居广州房地产最具竞争力 10 强企业第一名。

阶段二：二次创业，跨越发展（2003—2005 年）。

2003 年开始，公司实施紧密型集团化管理模式，采用统一规划、统一招标、统一采购、统一配送的标准化运营模式，确立了全精装修交楼的民生地产定位。2004 年 5 月，公司砸掉金碧世纪花园耗资千万但不符合精品标准的中心园林，开始实施精品战略，不断实现产品升级换代。到 2005 年底，公司实现跨越发展，为在全国拓展奠定了坚实基础。

阶段三：拓展全国，迈向国际（2006—2014 年）。

2006 年开始，公司布局全国，从广州迅速拓展到上海、天津、武汉、成都等全国 20 多个主要城市，开发项目从 2 个增至 50 多个，跻身中国房企 20 强。同时，成功引进了淡马锡、德意志银行和美林银行等国际投资者，成为中国房地产企业迈向国际的标杆。2008 年底，恒大各项核心经济指标较 2006 年都实现了 10~20 倍的超常规增长，创造了公司跨越发展的奇迹。2009 年，恒大在中国香港成功上市，成为在港市值最高的内地房企。到 2011 年末，公司已在全国 120 多个主要城市开发项目 200 多个，土地储备、在建面积、销售面积、竣工面积、利润指标等重要经济指标均列行业第一，品牌价值突破 210 亿元，规模与品牌进一步取得大幅跨越。2013 年，公司销售额首次突破千亿元。到 2014 年末，公司销售额、销售面积、净利润、开工面积、竣工面积等各项核心指标连续五年实现平均 30% 以上的增长，再创高速增长的新纪录。

阶段四：夯实基础，多元发展（2015 年至今）。

2015 年，公司在进一步夯实房地产主业的基础上，拓展金融、文化旅游及健康等多元产业。2016 年，恒大跻身世界 500 强，并成为全球第一房企。到 2016 年底，公司完成了多元化发展的产业布局，实现了由"房地产业"向"房地产+服务业"的转型，即由"房地产业"向"房地产+

健康+旅游+金融"的转型,也就是由"房地产"向"房地产+服务老人+服务儿童+服务社会"的转型。2017年,公司战略转型成效明显,位列世界500强第338名,相比2016年一举跃升158位,成为世界500强排名提升最快的企业之一。

3.3.6 房地产市场波动,房地产调控频繁,结构性差异显著(2004—2013年):宏观调控中,房地产市场爆发式增长和衍生结构不良的行业局面

由于1998—2003年,中国房地产市场发展的各种动力被牢牢确立,中国房地产在之后的10年获得了空前速度的发展。巨大的投资需求、消费需求、政府驱动、取消价格管制等使得房地产产业像脱缰的野马一样野蛮发展。中国的各大城市都成为"巨大的工地"。从2004年起。中国房地产投资连续保持20%的同比增长率,价格涨幅200%,每年的竣工面积达到500万平方米,是1998年之前总和的1.5倍,是美国房地产全年竣工面积的1.2倍。在此期间,房地产为中国绝大多数的城市居民解决了住房问题,城市人均居住面积从12平方米上升到32平方米。房地产为中国城市的升级改造提供了机会和样板,城市数量从1949年的50座增加到150座,大量的城市面貌获得显著改观,由市场主导的商业地产蓬勃发展,人均商业面积在2012年达到20平方米。

在这10年的发展周期中,中国逐渐形成了消费、投资和出口贸易这三驾经济"马车"。其中,投资和出口构成了中国增长的核心,而房地产是投资中的重要力量。所谓"中国模式"就是出口形成了国内实体经济的发展,解决了就业,增加了居民收入,也给国家带来了巨额的外汇储备和税收收入,政府转而将这些收入转化为政府投资用于基础设施和民生建设;实体经济发展、基础设施建设和人民收入水平的提高形成了对城市化的需求,从而推动了房地产的快速发展,进而又推动了经济的增长。所以,可以说,在"中国式增长"的动力中,出口、政府投资和房地产是三大重要力量。房地产产业经济自2010年以来,占GDP 25%以上。而房地产带来的各项收入普遍占到地方财政的70%以上,被当成支柱产业,这一系列即是所谓的房地产"绑架中国经济"说。

虽然中国房地产伴随中国总体经济获得了空前的发展,也解决了积累的住房问题。但行业发展过程中也暴露了更多的问题。比如,消费主导的

市场变成消费与投资并重；城镇化率从 1978 年的 22% 提高到 2012 年的 51%，但是贡献绝大多数统计口径的进城农民没有获得产权住房；城市家庭因为购房导致的家庭负债过高，一套房耗掉了三代人的积蓄且背负沉重的债务；以房地产为代表的社会财富再分配导致了阶层分裂，社会不公平；与房地产有关的社会问题诸如拆迁、纠纷、群体事件愈演愈烈。社会中逐渐出现质疑中国房地产发展模式、抱怨房价过高、上涨幅度过快的声音，各种社会矛盾出现，房地产业成为社会关注的焦点。

2004—2013 年，在一系列社会压力下，中央政府开始实施调控，主要手段是对于供给端的土地供应、房屋供应和需求端的挤压投资需求，及行政类的市场管制。但由于未触动房地产发展的根本动力（前文已述），历次调控以失败告终。2008 年，美国爆发金融危机，全球经济衰退，中国为了刺激经济发展推出更为宽松的货币政策，更为直接地推动了房地产价格的上涨。房地产市场反而由于行政对于市场的干涉，一次次地爆发式增长，价格快速上升。截至 2012 年，以国际通用衡量房价水平的指标，中国一线城市的房价收入比达到 25 倍，高于纽约、东京等国际大城市，二、三线城市，大量房屋空置。因此，历次的房地产调控都是舍本逐末，由中央政府推动形成了一个畸形的房地产市场，给民众留下了房地产发展的负面印象。

此阶段，中国房地产市场的特征是发展不平衡。表现在沿海与内地市场的不平衡，市场主要聚焦于长三角地区（上海、浙江、江苏）、珠三角地区（广州、深圳及周边城市群）、环渤海地区（京津冀辽鲁等），内地及中西部地区市场占比小；城市与农村的不平衡，房地产主要在城市中发展；客户群体的不平衡，客户主要是先富起来的城市富裕阶层，占绝大多数的城市中低收入者没有获得住房；房地产产品品质的不平衡，普通住宅品质量低下，高档住宅过于奢华。

中国房地产企业在此轮发展周期中，伴随市场规模的增大，企业数量急剧上升，但随着调控也进一步兼并整合，行业集中度快速提高。2005 年，房地产前 100 强仅占 11% 的市场份额，而截至 2012 年底，房地产行业前 50 强占据了 21% 的市场份额，企业竞争导致的优胜劣汰现象明显。代表性企业：卓尔集团。

以下是卓尔集团的发展历史。[1]

---

[1] 资料来源：卓尔官网及相关公开报道。

阶段一：立足武汉，聚焦商业地产（2004—2011年）。

2004年，组建卓尔集团。2005年，投资建设中部第一个总部基地项目。NO.1企业社区，成为武汉城市新名片。2006年，武汉第一企业社区隆重开盘，它的开盘标志着武汉成为继北京之后第二个实施建设总部基地的中心城市。2009年，明确定位为"公用物业提供商服务商"，以在适当时候将公用物业的商业项目服务内容商业化。同年荣膺中国服务企业500强、中国湖北企业100强。2010年，荣膺中国民营企业500强、武汉市房地产开发企业综合实力10强。

阶段二：成功上市，走出武汉（2011—2014年）。

2011年，卓尔发展在中国香港主板上市，成为湖北省首家在港交所上市的民营企业。卓尔控股收购中国香港上市港口公司，成为武汉阳逻港第一大股东，其打造的汉口北国际商品交易中心再获港口物流系支撑。2012年，"武汉客厅"特色文化街区封顶，卓尔四季公寓开盘一房难求。2013年，卓尔（天津）国际商贸城，荆州卓尔城相继开工。2014年，天津卓尔电商城、荆州卓尔城相继开盘，承接传统批发市场商户搬迁、转型。汉口北电商联合阿里巴巴搭建1688"武汉产业带"。

阶段三：转型升级，多元发展（2015年至今）。

2015年卓尔全面启动互联网转化型升级。11月，卓尔云市场卓尔购、卓尔金服、卓集送三大应用陆续上线，致力于打造中国最大的线上线下集成批发交易平台。2016年卓尔互联网化转型深入。3月17日，卓尔集团与兰亭集势签订《股份购买协议》，拟通过定向增发方式购买兰亭集势股份。交易完成后，卓尔集团持有30%的兰亭集势股份，成为兰亭集势第一大股东。10月，卓尔集团以26亿港元收购中国最大的农产品B2B电商中农网60%的股权，进入千亿级产业互联网阵营。2017年5月18日，湖北省首家民营银行武汉众邦银行正式揭牌营业，成为中国第12家民营银行，卓尔控股为主发起人、第一大股东。开业当天，湖北省副省长曹广晶、武汉市市长万勇考察调研众邦银行，并出席银企签约仪式，高度肯定众邦银行专注服务中小微企业的普惠金融定位，鼓励银行用全新的模式和机制助力湖北武汉中小企业发展。10月11日，卓尔集团宣布收购行业领先的化工及塑料原材料电商平台"化塑汇"，成为控股股东。布局市场前景较大的化工交易平台，将拓展卓尔交易生态的客户基础，进一步提升交易规模，令卓尔集团向着中国最大B2B电商目标再迈大步。

3.3.7 十八大报告后，供给侧结构性改革拉开序幕（2013年— ）：地产市场集中度提升，房地产企业面临转型升级，房地产二手市场逐渐形成

2012 年底，中国新一届政府确立了"城镇化"的发展思路。中国试图要改变以往以"土地"为核心的房地产发展模式，转变到以"人"为核心的发展模式。在旧的模式下，依附于土地的城市居民并没有分享真正的经济发展成果，城市棚户区泛滥；农村居民的土地、住房资源等没有获得统筹发展的机会；户籍制度阻碍城市化、劳动力自由流动；地方政府定位偏差等。在新的发展模式指导下，中央政府将开展一系列的变革，旨在促进房地产市场健康发展，而不是被动的"调控"。在未来若干年，改革释放的房地产发展红利可能有以下几方面。

从培育世界级中心城市到与城市群发展并举带来的二三线城市、小城镇房地产发展需求。城市品质升级带来的将近 100 个城市的棚户区改造、旧城改造将带来数以万亿计的房地产发展机会；新一轮土地改革，城市用地模式、农村建设用地（宅基地）产权确认等带来的城市与郊区统筹发展机遇；住宅地产的产品升级，伴随经济发展带来的商业地产、旅游地产、养老地产的发展潜力；旨在调节以房地产为主的财产税——房产税出台，调节房地产存量，挤压泡沫，促进社会公义；由于沿海产业内迁、城市自主产业发展带来的房地产市场发展重点从沿海到中西部城市；户籍制度、城乡二元管理体制终结带来的农民工在城市置业的大量需求，城镇化发挥真正的动力；一系列的房地产发展趋势将引领房地产朝着更健康的方向发展，使房地产由以投资主导向以消费主导转变、由短期投资向中长期投资转变、由以土地为中心向以产品为中心转变、由以增量市场为主向增量与存量并举发展转变、由普涨普跌现象向有涨有跌现象转变、由笼统市场向细分市场转变。总之，房地产将成为中国"城镇化"发展战略的引擎，是民生为主的产业模式，而不是投资家的乐园。

在新一轮改革红利刺激下，中国房地产产业必将进行良性的结构调整，提升住宅地产的品质，众多企业纷纷布局国际化，走向中国以外的地区和国家进行包括投融资、项目开发、项目合作等在内的发展道路。在中国第三产业快速发展背景下，大量的中国企业也开始培育发展商业地产、旅游地产、养老地产，借鉴优秀的国外行业、企业经验，走出一条独特的

中国模式发展道路，为中国经济发展贡献力量。代表性企业：北京链家房地产经纪有限公司。

以下是北京链家房地产经纪有限公司的发展历程。①

阶段一：租赁代理业务起家，立足北京市场（2001—2004年）。

2001年11月12日链家·宝业（北京链家房地产经纪有限公司前身）正式成立。2002年6月成为中国建设银行指定按揭代理机构。2003年7月与中国建设银行合作首家推出"二手房交易资金托管业务"，创建了京城二手房交易新规则，提升了经纪行业信誉与品牌。9月成为"中央在京单位已购公房上市出售定点交易"代理服务机构，公司开始迈上发展的新台阶。2004年4月公司正式更名为"北京链家房地产经纪有限公司"。5月成为北京市房管局指定的首批房屋租赁代理经纪机构。8月与中国银行合作"年付月租"业务，即"个人租房消费贷款业务"，开创了个人出租房业务引入到银行信贷消费贷款的先河。10月链家地产的透明交易操作日渐成熟，形成了买卖双方见面，签订三方协议，同时法务人员进行协助的阳光交易模式。从第一家店安贞店，37名员工发展到30家店200名经纪人。

阶段二：加速扩张，快速发展（2005—2012年）。

2005年3月成立专业金融服务中心。2006年6月成立交易中心，打造权证及贷款服务专业团队。9月20家社区店齐开，店面数量突破300家。2007年12月北京链家、大连好旺角房屋、大连链家、天津链家强强合并。2008年10月链家地产互助金启动。2009年3月北京链家首次单月过亿。2010年8月链家地产与中国光大银行北京分行签订战略合作协议。10月链家地产与中国建设银行天津分行举行了"战略合作签约仪式"。2011年5月链家地产开展真房源行动，携手中国消费者协会启动百万保证金先行计划，成为第一家在中国消费者协会建立先行赔付金的房地产中介企业。2012年3月业内首家承诺真房源。从105家店发展到1000间店面。

阶段三：全国发力，并购扩张（2014年至今）。

2014年6月，链家网成立，大批"BTA精英+链家在线"核心团队共同主导链家集团O2O战略落地，线上平台进入飞速发展期。2015年2月，链家与伊诚地产全面合并。3月，链家与上海德佑地产正式宣布合并，未来将构建长三角经济圈更大、更完善的房产服务平台。3月，链家

---

① 资料来源：链家官网及相关公开报道。

与深圳中联地产在全国范围内全面合并。5月，链家合并高策机构，全面发力新房市场，成为业内具备产业链服务能力的综合型房产服务平台。6月，链家与杭州盛世管家合并，继续深耕华东市场。6月，链家举行战略发布会，将"链家地产"正式更名为"链家"并发布新LOGO"lianjia.链家"。7月，链家与重庆大业兴合并，加码"长江经济带"房产市场。9月，链家宣布与济南房地产中介机构"孚瑞不动产"达成战略合作，深度布局环渤海经济圈房产业务。9月，链家宣布与大连"好旺角"达成战略合作，打造为大连乃至整个东北地区的消费者提供的完善交易体系和服务体系。9月，链家宣布与广州满堂红达成战略合作，深度布局环渤海经济圈房产业务。10月，链家宣布合并烟台元盛，进一步巩固公司环渤海区域房产服务的领先优势。2016年5月，链家旗下O2O长租公寓品牌"自如友家"宣布独立，成立北京自如生活资产管理有限公司。7月，链家进驻合肥，至此链家已经进驻全国28个城市及地区。2017年1月，链家旗下分公司北京链家融盛咨询顾问有限公司与京投发展股份有限公司共同出资建立合作平台公司，开启城市更新业务。10月，链家以内部信件形式在内部宣布，成立第二品牌"中联事业部"，试图通过加盟店模式扩张。

第 4 章

房地产业的转型升级发展

4.1 市场集中趋势分析

我国的房地产业从 20 世纪 80 年代开始起步，至今一直保持着较快的发展速度。如今，房地产业已成为我国国民经济发展中的重要产业，它与我国的整体经济发展有着十分密切的联系。然而，房地产市场的发展中也出现了很多严重的问题，诸如，房价居高不下，老百姓买不起房子，房地产暴利说广为流传；房地产市场结构性供求矛盾突出，企业热衷于开发高档住宅，对经济适用房开发热情不足，导致我国部分地区高档住宅空置高，而经济适用房供不应求；法律法规不完善，尤其表现在土地市场上，企业寻租行为与官员受贿问题严重。房地产行业具有资金密集，开发规模大，建设投资周期长等特点，因此房地产市场从来不是完全竞争市场，也打破了完全垄断的局面。本书将结合所学产业经济学中产业组织理论的相关知识，基于房地产市场 80 家上市企业的数据，分析房地产市场的结构以及市场集中度的变动趋势，验证市场集中度与利润率的关系，得出结论并提出政策性建议。

从目前来看，国内外均有部分学者对房地产市场做过相关研究。Buzzelli（2001）以 1996—1998 年加拿大安大略省房屋建筑业为样本，同样以企业年产量进行分类，测算其企业的从业人员和年产量的市场份额，并进一步采用 CR4 和 IR80 指标分析了 1978 年、1988 年和 1998 年的市场集中度。研究结果表明，安大略省的房屋建筑业的市场集中度很低，并呈现下降趋势，属于竞争型市场结构。Eddo Coiacetto（2006）以 1988—1993 年巴伦纳和拜伦的房地产业为研究对象，主要采用 CR4、IR80 和 HI 测算了两个城市房地产业的市场集中度。

国内学者对我国近年来的房地产市场结构进行了较多的研究，包括基于 SCP 范式的定性分析和采用市场集中度、勒纳指数等指标的定量分析。况伟大（2003）近似地测算 1996—2002 年各年北京、深圳、上海和天津四城市的勒纳指数，结果表明北京市的勒纳指数均在 0.6 以上，是四个城市中垄断程度最高的，上海市的勒纳指数则在 0.4 左右，是四个城市中垄断程度最低的，但是这一部分研究只局限于四个城市，缺乏对整个房地产市场整体性的把握。苗天青（2004）探讨了中国的房地产市场是区域性的寡头垄断，"产业分散化"和"过度竞争"的理论难以经得起推敲，指出我国内地房地产产业的产业政策是维护和提高房地产市场的竞争性。另外有国内学者的研究表明，我国房地产业的市场集中度很低。周刚，孙尧，许远明（2001）测算了我国房地产业的行业集中度 *CR*4 和 *CR*8 并认为企业规模过小、产业市场集中度低是我国当前房地产市场结构的显著特点。罗先智（2006）发现，2004 年全国前 300 家最大的房地产企业的市场占有率不足 25%，而中国香港最大的九家房地产集团所占有的市场份额就达到 80%。因此不少学者认为我国的房地产业属于竞争过于激烈的行业。

关于市场集中度与利润率的关系，自 20 世纪 50 年代末，美国学者贝恩开始进行产业组织结构与企业利润率关系研究工作以来，已经成为各国产业组织理论研究的焦点问题。大量的研究表明，集中度与利润率之间存在着某种程度的相关性。一些学者认为，较高集中度的产业有较高的利润率是因为产业内寡头企业相互合谋，抬高价格而导致高利润率；另外一些学者认为在高集中度的产业内部企业的高利润率不是来自寡头企业的合谋，而是来自于企业生产效率的提高。

以下是市场集中度的实证分析。

本书所用数据来自国家统计局编制的各期《中国统计年鉴》相关内容和上市公司公开财务分析表，其中 80 家房地产上市企业的主营业务收入数据和利润总额数据来自"同花顺"软件中"公司资讯—财务分析表"，2001—2010 年房地产行业的总营业收入来自《中国统计年鉴》中"固定资产投资"项下的"商品房销售情况数据"。

产业组织理论 SCP 分析范式中，市场结构的影响因素包含市场集中度、规模经济、产品差异化和进入壁垒，其中市场集中度是指特定产业的生产经营集中程度，一般用该产业中最大的主要的厂商所拥有的生产要素或其产销量占整个产业的比重来表示，也是衡量产业组织市场结构最常用的指标。市场集中度是决定市场结构最基本、最重要的因素，经常使用的集中度计量指标有：行业集中度（CRn）、赫尔芬达尔—赫希曼指数（Herfindahl – Hirschman Index，HHI，以下简称赫希曼指数）、洛伦兹曲线、基尼系数、逆指数和熵指数等。实际操作中测量行业集中度比较容易，而且这一指标又能较好地反映产业内生产集中的状况，显示市场的垄断和竞争的程度，因此本书选用 CRn 值来对目标市场进行研究分析。

市场集中度指标，通常用在规模上处于前几位企业的生产、销售、资产或职工的累计数量（或数额）占整个市场的生产、销售、资产、职工总量的比重来表示。其计算公式为

$$CRn = \frac{\sum_{i=1}^{n} X_i}{\sum_{i=1}^{N} X_i}$$

式中，CRn 表示市场上规模最大的前 n 家企业的市场集中度；X_i 为按照资源份额大小排列的第 i 位企业的生产额或销售额、资产额、职工人数；N 为市场上卖方企业数目；$\sum_{i=1}^{n} X_i$ 表示前 n 位企业的生产额、销售额、资产额或职工人数之和。

根据经济学家贝恩的市场结构划分，依据 $CR4$ 和 $CR8$ 的不同取值，可将市场划分为以下 6 种类型（见表 4 – 1）。

表 4 – 1　　　　　　　　贝恩的市场结构划分标准

市场结构	$CR4$	$CR8$
寡占 I 型（极高寡占）	$75 \leq CR4$	—
寡占 II 型（高集中寡占）	$65 \leq CR4 < 75$	$85 \leq CR8$
寡占 III 型（中上集中寡占）	$50 \leq CR4 < 65$	$75 \leq CR8 < 85$
寡占 IV 型（中下集中寡占）	$35 \leq CR4 < 50$	$45 \leq CR8 < 75$
寡占 V 型（低集中寡占）	$30 \leq CR4 < 35$	$40 \leq CR8 < 45$
竞争型（原子型）	$CR4 < 30$	$CR8 < 40$

植草益根据 $CR8$ 的不同取值和产业规模状况,又对市场结构作了以下划分(见表 4-2)。

表 4-2　　　　　　　　植草益的市场结构划分标准

市场结构		$CR8$(%)	产业规模状况(亿日元)	
粗分	细分		大规模	小规模
寡占型	极高寡占型	$70 \leq CR8$	年生产额≥200	年生产额<200
	高、中寡占型	$40 \leq CR8 < 70$	年生产额≥200	年生产额<200
竞争型	低集中寡占型	$20 \leq CR8 < 40$	年生产额≥200	年生产额<200
	分散集中型	$CR8 < 20$	年生产额≥200	年生产额<200

CRn 值的测算采用主营业务收入为衡量标准,搜集 2002—2016 年 15 年房地产市场 80 家企业的财务表中主营业务收入项数据,并根据收入大小依次排名,分别计算前四位、前八位、前十位的主营业务收入和,同来自《中国统计年鉴》中商品房销售总额做比较;各期利润率由《中国统计年鉴》中房地产开发企业营业利润/主营业务收入计算得出,汇总为表 4-3。

表 4-3　　　2001—2010 年房地产市场集中度和利润率的比较　　　单位:万元

年份	2002	2003	2004	2005	2006
产业前 4 位主营业务收入和	1447375.5	1777434.97	1895493.03	2145382.9	3090221.81
产业前 8 位主营业务收入和	2152644.93	2601089.07	2812937.08	3126350	4329920.37
产业前 10 位主营业务收入和	2368549.16	2937471.89	3210122.29	3577283.5	4775519.24
总营业收入	60323413	79556627	103757069	175761325	208259631
$CR4$	2.40%	2.23%	1.83%	1.22%	1.48%
$CR8$	3.57%	3.27%	2.71%	1.78%	2.08%
$CR10$	3.93%	3.69%	3.09%	2.04%	2.29%
利润率	3.57%	4.70%	6.45%	7.51%	9.25%
年份	2007	2008	2009	2010	2011
产业前 4 位主营业务收入和	5933447.1	7186878.38	9410349.39	11998292	11998292

续表

年份	2007	2008	2009	2010	2011
产业前8位主营业务收入和	7523291.79	8737408.39	11294914.1	14736565	14736565
产业前10位主营业务收入和	8086754.08	9361937.07	12039377.3	15788697	15788697
总营业收入	298891189	250681830	443551695	525000000	585888600
$CR4$	1.99%	2.87%	2.12%	2.29%	2.73%
$CR8$	2.52%	3.49%	2.55%	2.81%	3.20%
$CR10$	2.71%	3.73%	2.71%	3.01%	3.22%
利润率	10.41%	12.86%	13.66%	14.21%	13.03%
年份	2012	2013	2014	2015	2016
产业前4位主营业务收入和	3090221.81	5933447.1	7186878.38	9410349.39	11998292
产业前8位主营业务收入和	4329920.37	7523291.79	8737408.39	11294914.1	14736565
产业前10位主营业务收入和	4775519.24	8086754.08	9361937.07	12039377.3	15788697
总营业收入	644557900	814282800	762924100	872808400	1176270500
$CR4$	3.61%	3.65%	4.54%	6.59%	6.00%
$CR8$	4.62%	4.75%	5.87%	8.05%	7.49%
$CR10$	4.83%	4.95%	6.17%	8.49%	7.89%
利润率	11.76%	13.52%	9.24%	8.78%	9.62%

按营业收入测算的2002—2016年房地产市场集中度，$CR4$、$CR8$、$CR10$具有相同的走势，具体可以分为以下三个阶段（见图4-1）。

第一阶段：2002—2005年CRn值呈下降趋势。由表4-3可知，在此阶段总营业收入整体呈现30%以上的快速上涨趋势，产业前n（$n=4,8,10$）位企业的营业收入虽然也呈上升趋势，但明显总营业收入的增长幅度远大于产业前n位企业的营业收入和，因此在此阶段CRn值呈明显的下降趋势。

第二阶段：2006—2013年CRn值呈缓慢上升趋势。由表4-3可知，在此阶段大多数年份的房地产总营业收入的增长率维持在较低水平，小于

产业前 n 位企业营业收入的增长率（2009 年房地产总营业收入大幅增长除外）。因此在此阶段 CRn 值呈缓慢上升趋势。

第三阶段：2014—2016 年 CRn 值呈现快速上升后下降的波动特征，由表 4-3 可知，2014 开始产业前 n 位企业的营业收入增长率开始放缓，而总营业收入经过了 2014 年的衰退后开始加速上涨。因此在此阶段 CRn 值呈现先升后降的波动特征。

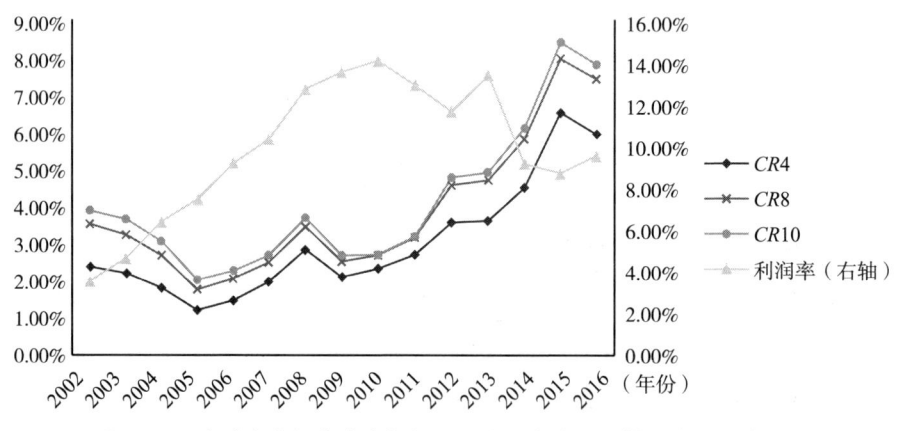

图 4-1　房地产市场集中度与行业平均利润率（左轴为市场集中度）

我国房地产业起步较晚，房地产企业数量多，规模较小，尚处于发展的初级阶段。从总体上看，2002—2016 年间我国房地产市场的 CRn 值很低，即使 $CR10$ 也只在 2%~4% 波动，直到 2014 年才开始超过 5%。根据贝恩的划分，房地产市场结构为竞争型（原子型），根据植草益的划分，其为竞争分散集中性结构。在房地产市场排名前十的企业十年来只有微小变动，高居榜首的万科，全国的市场占有率仅为 1.99%，而美国前三名的房地产企业的市场占有率达到 45%。可见，我国房地产业还没有形成规模效应，不存在垄断。

通过对房地产业市场集中度的比较，可以看出中国房地产业每年都在较大幅度的增长，尽管如此，房地产业市场集中度仍然很低，体现出房地产开发企业小、散、差和住房建设的规模化程度低等问题，这样房地产商之间的竞争容易形成一种自杀性、破坏性的竞争格局，导致规模经济效益的丧失，不利于我国房地产业的良性发展。

为了验证市场集中度与利润率的关系，本书采取最小二乘法（OLS），分别用 Eviews 3.1 软件对 2002—2016 年房地产市场的 CRn 指数和利润率的混合数据（见表 4-3）进行回归，其中 Y 为利润率，X_n 为 CRn 值，具体结果如下（括号内为 t 值）：

$Y = 0.0931 + 0.1945X_4 \quad R^2 = 0.0086$
(4.7167) (0.3353)

$Y = 0.0999 - 0.0214X_8 \quad R^2 = 0.00015$
(4.7674) (-0.0442)

$Y = 0.1034 - 0.1058X_{10} \quad R^2 = 0.0039$
(4.8371) (-0.2267)

通过相关性分析我们发现，房地产市场集中度与利润率之间的线性相关性不显著。根据产业组织理论的相关研究，市场集中度与利润率的正相关关系是有条件的，即要求市场集中度达到一定的水平。而房地产市场集中度过于偏低，其与利润率的相关性非常不显著。

4.2 房地产宏观调控

4.2.1 存款准备金对房价的影响

实行住房制度改革后，特别是从 2002 年以来，房地产行业投资金额和新建住宅销售价格开始高速增长，全国整体出现房地产价格虚高、房地产投资过热的现象。据统计，2005—2016 年，我国房地产开发投资和商品房平均销售价格年均增长 18.46% 和 8.12%。2009 年房地产完成投资额 3624 亿元，约占当年全社会固定资产投资总额的 16.136%；商品房平均销售价格 4681 元/平方米，房价收入比达到 8.03，京、沪、深、杭四地房价收入比甚至超过 14，这说明城市居民购房压力明显过大，房价远远超过了人们收入的可承受范围。为了促进房地产市场可持续发展，实现我国经济的有效运行，国家于 2009 年 12 月 14 日启动房地产调控，2009—2012 年 2 月连续上调法定存款准备金率 12 次，累积上调达到 6 个百分点。其后房价快速上涨的趋势得到遏制，2013—2015 年间商品房平局销售价格增长率下降到 8% 以下。不过伴随经济下行压力的增强，国家渐进地采取宽松的货币政策,特别是从 2015 年 2 月开始央行加快了降低准备金的步伐,上海、深圳等一线城市开始于 2015 年底出现了房价爆发性的上涨,并逐渐向二三线城市蔓延。截至 2018 年年初,房地产市场在两年多的时间里一直处于国家严控之中,各地政府出台的限购、限价以及限贷等政策已多达数百条。

对于我国房地产市场的宏观调控,国内很多学者都进行了大量卓有成效的研究。林泽斌(2011)的研究表明,利率对房价的调控是无效的,而货币供应量的调控是有效的,货币供应量的连年猛增,是房价暴涨的根本原因。赖一飞等(2012)的研究结果表明,货币供应量和房地产市场价格之间存在较为显著的正相关关系,且在滞后 3~6 个月时货币供应量是房地产市场价格的格兰杰原因。曹国华、喻震(2011)研究表明,银行贷款利率的连续调整比政府行政政策有更强的效力。顾巧、马永开(2008)采用 VAR 模型实证分析表明,信贷、货币供应量、利率在当期不会对房价产生显著影响,其有效性分别要滞后 3 期、4 期和 6 期才显现出来。影响房地产价格因素是多方面的,货币政策对房价的调控有一定效果,但收效甚微。任木荣、苏国强(2010)实证结果表明:我国自 2003 年以来的房价上涨与供给不足是有关的;宏观政策环境的宽松以及乐观情绪的弥漫可以导致房价的上涨;房价表现出很强的预期性。徐晓军等(2007)研究表明政府对房地产的调控政策对各个市场的影响不同,且住宅市场受到的影响要大于商业地产市场。胡晓(2010)实证结果表明收入差距对房地产价格具有显著的正向影响,中国当前较大的收入差距是房地产价格上升的重要影响因素。

本书在现有研究的基础上,从法定存款准备金率的视角,采用 2009 年 1 月—2016 年 12 月的月度数据对宏观调控政策对房地产价格的影响进行了 GMM 分析。研究的结果表明,政府上调法定存款准备金率对于抑制房地产价格快速上涨的效果是显著,只不过房地产价格不会出现自由落体的下跌,而是先下跌后上涨,上涨、下跌交替的运行轨迹;而且,房地产价格下跌的轨迹呈现区域性差异特征,即在房地产价格下跌的过程中,东部地区价格波动的幅度要大于中西部地区,而中西部地区的反弹幅度则要大于东部地区。

据统计,2009 年 12 月、2010 年 12 月、2012 年 12 月全国商品房平均销售价格分别为 4681 元/平方米、5220 元/平方米、5306/平方米,2009 年、2010 年,以及 2011 年—2012 年 5 月,房价月均增长率分别为

1.75277%、1.91235%、1.11679%，这说明我国的一系列房地产调控的政策对于抑制房地产价格快速增长的作用显著，其中，2011年10月到2012年5月我国全国新建住宅价格环比分别为 -0.1%、-0.2%、-0.2%、-0.1%、-0.1%、-0.3%、-0.2%、-0.1%，房地产价格出现了连续8个月的下跌。

为了控制房价上涨的速度，中央政府从2006年7月开始就上调法定存款准备金率，截至2008年6月底，累积上调的次数为19次，上调幅度达10个百分点。由于2008年美国金融危机的爆发，为了实现加快经济增长速度和增加就业的目标，政府在2008年10月，以及2008年12月累积3次下调准备金率，下调幅度到3个百分点，并且，在2009年度，法定存款准备金率既没有上调，也没有下调，一直保持在16%的水平。由于物价的快速攀升，从2010年1月开始，截至2011年6月中旬，政府又累积上调准备金12次，累积上调6个百分点。

由于国内物价基本得到了控制，政府在2011年11月底、2012年2月以及2012年5月下调法定存款准备金3次，每次为0.5个百分点。然后从2015年2月开始到2016年3月开始，连续5次调低存款准备金率，累计降低3%降低幅度达到15%。而房地产价格在2016年年后开始进入快速上涨通道。2016年，一线城市房地产价格累计增长25%，二线城市累计增长17.6%，三线城市累计增长5.9%，直到2018年房地产价格仍未得到完全控制。

将上述分析结合起来，可以看出，全国商品房平均销售价格变化趋势与法定存款准备金率变化趋势基本一致，但是两者之间存在一定的滞后效应，即全国商品房平均销售价格变化滞后于法定存款准备金率的调整。从分区域的情况来看，东部地区商品房销售均价变化相对于中西部地区，更为匹配法定存款准备金率的调整步伐，其受到法定存款准备金率的影响更大。从这个意义上来说，法定存款准备金率的上调对于调整房地产价格的效果具有影响作用，只不过，法定准备金率的变化，是通过对房地产企业的贷款投放来实现的。因此，法定存款准备金率对于控制房价具有显著性的影响，但存在一定的滞后期。见图4-2和图4-3。

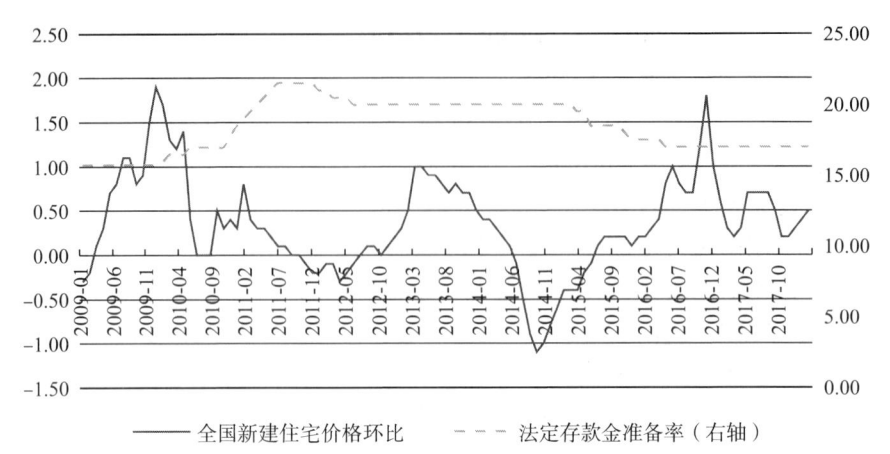

图 4-2 法定存款准备金率与全国新建住宅销售价格的互动

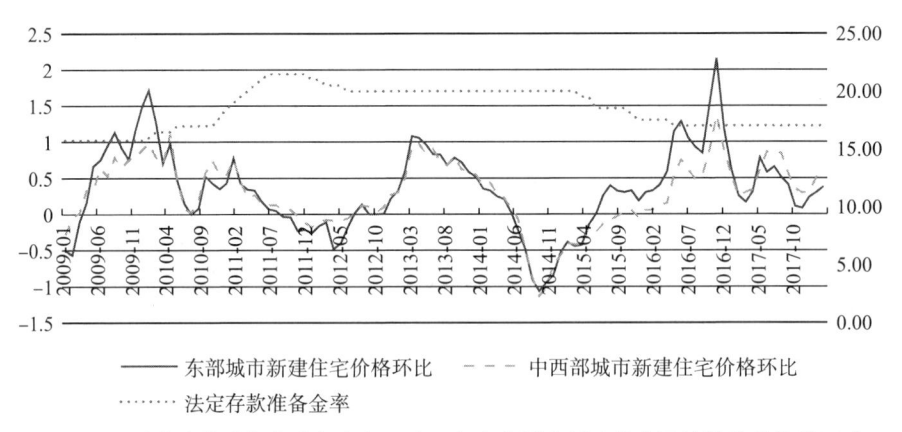

图 4-3 法定存款准备金率与东部、中西部大中城市新建住宅平均销售价格的互动

由于法定存款准备金率的变动对房地产价格的影响具有时滞性、长期性的特点，是一个动态的过程。法定存款准备金率的变动，不仅对当月房地产价格有影响，而且对其变动有时间上滞后的作用，因此，本书将房地产价格环比和法定存款准备金率的若干滞后期引入模型作为解释变量，从而形成动态面板数据模型（1）。

$$Y_{i,t} = \alpha_0 + \alpha_1 Y_{i,t-1} + \alpha_2 X_{i,t-1} + \alpha_3 X_{i,t-2} + \alpha_4 X_{i,t-3} + \mu_i + \eta_i + \varepsilon_{it} \quad (1)$$

式中 $i = 1, 2, 3, \cdots, 70$ 代表我国 70 个大中城市；$t = 1, 2, 3, \cdots$，代表 2009 年 1 月至 2017 年 12 月（月份）；$Y_{i,t}$、$X_{i,t}$ 分别为第 i 个大中城市第 t 期的房地产价格环比以及法定存款准备金率；$Y_{i,t-1}$ 为第 i 个大中城市第

t 期的房地产价格环比的一期滞后值；$X_{i,t-1}$、$X_{i,t-2}$、$X_{i,t-3}$ 分别为第 i 个大中城市第 t 期法定存款准备金率的一期、二期、三期滞后值。μ_i、η_i、ε_{it} 分别为个体效应、时间效应与随机误差干扰项，其中，$\mu_i \sim i.i.d(0, \sigma_u^2)$，$\varepsilon_{it} \sim i.i.d(0, \sigma_\varepsilon^2)$，$E[\mu_i \cdot \varepsilon_{it}] = 0$。本书 70 个大中城市 2009 年 1 月至 2017 年 12 月的新建住宅价格指数资料来源于国家统计局网站发布的 70 个大中城市住宅销售价格指数，法定存款准备金率资料来源于东方财富网。

在动态面板回归模型（1）中，被解释变量与随机扰动项相关，$E(\Delta g_{i,t-1}^k \cdot \Delta \varepsilon_{it}) \neq 0$，存在严重的内生性，动态项 OLS 估计量严重上偏，固定效应 OLS 估计量严重下偏，随机效应 GLS 估计量也有偏差。此外，其他解释变量也存在潜在的内生性。为了解决以上的计量问题，本书采用 Blundell 和 Bond（1998）提出的广义矩（Generalized Method of Moments，GMM）方法对动态面板模型进行估计。GMM 估计方法所产生的估计值具有一致性和稳健性，如果模型经诊断设定无误，则可以根据系数估计值分析行业法定存款准备金率对房地产价格的影响。

从表 4-4 可以看出，从全国整体来看，$X_{(-1)}$、$X_{(-2)}$、$X_{(-3)}$ 的 t 值分别为 -3.045、1.885、-1.886，系数分别在 5% 或 1% 的水平上显著，系数显著异于 0，这说明随着政府不断上调法定存款准备金率、宏观调控的深入，房地产价格下月会跌 0.109 个百分点，两个月后会报复性反弹 0.113 个百分点，三个月后会下跌 0.067 个百分点。显然，政府上调法定存款准备金率对于抑制房地产价格快速上涨的效果是显著，房地产价格不会出现自由落体的下跌，而是先下跌、上涨、下跌交替的运行轨迹。东部地区，$X_{(-1)}$、$X_{(-2)}$、$X_{(-3)}$ 的 t 值分别为 -2.07、0.729、-0.3326，只有系数分别在 5% 的水平上显著，系数显著异于 0。中西部地区，$X_{(-1)}$、$X_{(-2)}$、$X_{(-3)}$ 的 t 值分别为 -2.39、2.42、-3.15，系数分别在 5% 和 1% 的水平上显著，这说明中西部地区法定存款准备金率的上调对房价影响与全国基本上是一致的，而东部地区房价对于准备金变动的反应更加迅速，滞后期也更短。

表 4-4　　　　　法定存款准备金率对房地产价格环比的影响

变量	全国	东部	中西部
自变量	(1)	(2)	(3)
$Y_{(-1)}$	0.6532 (74.47)***	0.6546 (53.66)***	0.6429 (50.36)***

续表

变量	全国	东部	中西部
自变量	(1)	(2)	(3)
$X_{(-1)}$	−0.109 (−3.045)***	−0.1237 (−2.07)**	−0.091 (−2.39)**
$X_{(-2)}$	0.113 (1.885)**	0.0729 (0.729)	0.1541** (2.42)
$X_{(-3)}$	−0.067 (−1.886)**	−0.0196 (−0.3326)	−0.1189*** (−3.15)
常数项	1.2853 (30.29)***	1.4371 (10.23)***	1.145 (12.57)***
R^2	0.48	0.485	0.496
DW 统计量	1.935	1.85	2.157

注：括号内为 t 统计值，*、**、*** 分别表示在10%、5%和1%的水平上显著。

本书以2009年1月至2017年12月70个大中城市为研究样本，对样本按东中西三大经济地带划分的方法大致分为东部、中西部两个组别，从法定存款准备金率的视角将宏观调控政策对房地产价格的影响进行了GMM分析。研究的结果表明，政府上调法定存款准备金率对于抑制房地产价格快速上涨的效果是显著，房地产价格不会出现自由落体的下跌，而是先下跌，上涨、下跌交替的运行轨迹；而且，准备金对于房价变动影响的轨迹呈现区域性差异特征，即中西部地区法定存款准备金率的变动对房价影响与全国基本上是一致的，而对于东部地区存款准备金的变动对于房价的影响会有更强的短期效果，滞后期的影响效果并不显著。为了更好地抑制我国房价快速上涨的势头，本书认为：第一，在面对东部地区房价快速上涨的时候需要及时地甚至连续地上调法定存款准备金率，直到房价得到完全的控制。因为东部地区对于法定存款准备金变动的反应会最为迅速，而且后期反弹的效果也不明显。第二，对于中西部地区，采用了提升存款准备金率的方法抑制房价往往会带来后期房价的报复性反弹，这时候就要注意存款准备金的调整节奏，不可一蹴而就，需要缓慢地、逐步地提升。如果大多数东部城市的房价得到控制了，即使中西部城市的房价仍在上涨甚至加速上涨的时候，也不应过急地继续提高提升存款准备金率，可以维持现有的存款准备金率不变，以观后效。

4.2.2 利率水平对房价的影响

利率上下浮动对房产供求会同时产生影响。首先，从需求方面来说，利率变化对房产市场具有直接的影响。对于购房者来说，无论其购买动机是刚性的，或是投机性、投资性的，其购买资金的主要来源还是通过商业银行贷款。从微观经济学角度来分析，利率变化会产生相对应的替代效应和收入效应。当利率升高时，银行存款利息就会相应有所提高，人民的储蓄收入提高，从而有能力进行房地产的购买，因此收入效应使得利率与消费需求同方向变化。而替代效应，可从存贷利率两个角度分析。利率升高时，居民与房地产投资相比，购买储蓄，以及债券等投资替代品的意识增强，房地产收益减弱，居民更倾向于把货币资金存入银行，从而削弱了对房地产的需求，逐渐导致房地产价格的下降。因此替代效应表现为利率与消费需求的反向变化。但购房的价格远远的大于居民的储蓄财富，从这点来看替代效应应该大于收入效应，利率对住房的供给需求的影响取决于抵消收入效应之后的替代效应。总的来看，利率与住房需求存在反向变化，从而导致房价的反向变化。

其次，从供给方面来说，房地产行业是个资金密集型行业，其对资本的需求很大很敏感，而房地产商资金的来源主要靠银行贷款，那么利率的变化就会直接影响房地产商获得贷款资金的难易程度。当贷款利率提高时，房地产商从银行获得贷款后的压力变大，财务成本相继增高，使得房地产商的收益降低，从而进一步使其投资建设意愿降低或者进度减慢，导致房地产价格下降，最终导致房价下跌。

综上所述，这些都是理论上的分析，在社会生活实践中，利率变化对房地产行业的供求关系的影响时滞长度还未确定。到底是需求变动敏感还是供给变动敏感，还要看时间的长短。从短期看，房地产供给是缺乏弹性的，房产商不能短期内改变成本，提高利率只会使得购房者贷款成本上升，需求下降，从而导致成交量下降，房价下降。从长期来看，房产市场供给是有弹性的，利率提高使得开发商成本上升，供给下降，成交量也逐渐减少。要想知道房价上涨或在下跌，要同时看房地产的供给需求对利率的敏感程度，以及两者相比较后的减少程度。最终，不管时间长短多少，利率提高的政策都会使得房地产成交量减少，但房价是涨是跌，不确定的因素还有很多。

本部分即开始用Eviews3对搜集的数据进行实证检验，看存贷款利率对房价的弱影响程度。需要说明的是，由于时间跨度长，样本在选择的时候，并没有选择季度数据来分析，取而代之地选择了4个利率变量来进行，因此所计算出来的时滞长度，可能会存在误差，得出的结论只能做个参考意见。

4.2.2.1 指标的选择与数据的选取

利率数据和选择见表4-5，其中有的年份一年多次调利率，采用多次利率后取平均数得到该年利率。房价的选取则直接采用，全国商品房销售价格比全国商品房销售面积的方法，由Y表示，具体数据见表4-6。

表4-5　　　　　　　1998—2010年银行各期利率

年份	R_1：一年期存款利率（%）	R_2：一年期贷款利率（%）	R_3：五年期存款利率（%）	R_4：五年期贷款利率（%）
2005	2.25	5.76	3.60	6.12
2006	2.35	6.04	3.80	6.47
2007	3.21	6.89	4.99	7.34
2008	3.92	7.26	5.58	7.59
2009	2.25	5.40	3.60	5.94
2010	2.30	5.44	3.73	5.98
2011	3.28	6.42	5.26	6.85
2012	3.24	6.39	5.10	6.79
2013	3.00	6.15	4.75	6.55
2014	2.97	6.13	4.75	6.51
2015	2.12	5.37	4.75	5.52
2016	1.50	4.75	3.25	4.90
2017	1.50	4.75	3.25	4.90

资料来源：中国人民银行网站。

表4-6 全国商品房销售情况

年份	全国商品房销售额（亿元）	全国商品房销售面积（万平方米）	Y：全国商品房平均销售价格（元）
2005	18080.3	64827.18	2789.99
2006	20509.68	68274.57	3004.865
2007	29603.87	82485.01	3589.395
2008	24071.41	69031.86	3487.924
2009	43994.54	104574.6	4207.602
2010	52478.72	104290	5032.149
2011	58588.86	109366.75	5357.10
2012	64455.78	111303.65	5790.99
2013	81428.28	130550.59	6237.00
2014	76292.40	120648.54	6324.00
2015	87280.83	128494.97	6792.55
2016	117627.05	157348.53	7476.00
2017	133701.3	169408.00	7687

资料来源：塔塔统计数据库。

在做实证分析前，先来观察房价和利率的走势是否方向大致相同（见图4-4和图4-5）。

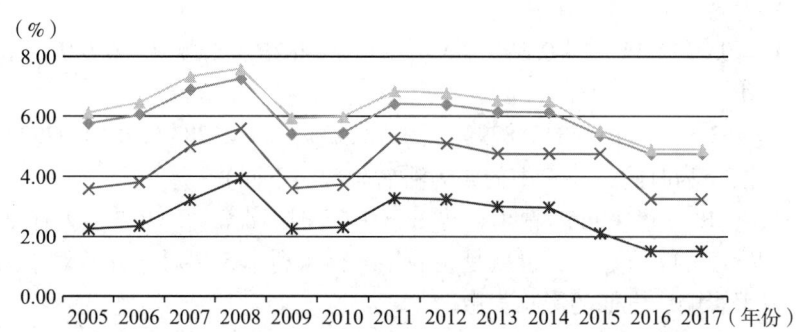

图4-4 1998—2017年银行各期利率走势图

注：2014年起停止公布5年期存款基准利率，因此2014年后的5年存款利率为在所公布的3年存款基准利率上加0.5%。

资料来源：中国人民银行网站。

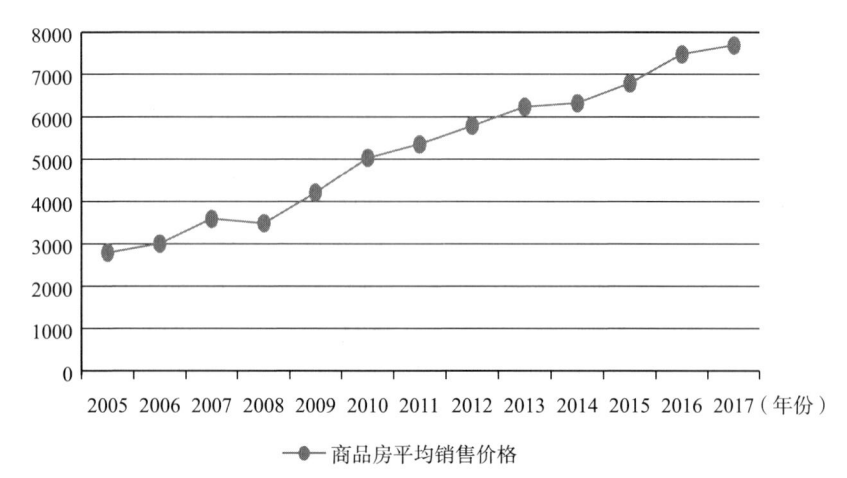

图 4-5 全国商品房平均销售价格走势（单位：元）

资料来源：塔塔统计数据库。

由趋势图可以看出，房价走势是向上的，波动的时间和利率波动的时间大致相同，但变化幅度与利率相比，就比较小了。

4.2.2.2 实证检验

用一年期的存款利率 R_1 对房价 Y 进行多次回归分析后，选择了最小的 AIC 值的一组，即下面这组 4—5 阶的 VAR 模型参数估计值和结果见表 4-7，数据分析有以下结果。

VAR 模型中，Y 方程式为

$Y_t = 0.377291 Y_{t-4} + 0.396557 Y_{t-5} + 6.403482 R_{1(t-4)} + 304.0892 R_{1(t-5)} + 2071.754$

$t = (3.67170), (3.55879), (0.12292), (9.23283), (10.9792)$

（注：t 为时间，$t-4$ 中的 4 为滞后阶数，下同）

从 VAR 方程中可以看出，当 $\alpha = 0.05$ 时，$t_{0.025(8)} = 2.306$，有 Y_{t-4}、Y_{t-5}、$R_{1,t-5}$ 的 t 值显著，也就是说一年期存款利率 5 年后才开始对于房价产生显著影响，之前的影响甚微。

表 4-7　　　　　R_1 对 Y 的 4—5 阶回归分析结果

Sample (adjusted): 2010 2017

Included observations: 8 after adjustments

Standard errors in ( ) & t-statistics in [ ]

	Y	R_1
$Y_{(-4)}$	0.377291 (0.10276) [3.67170]	0.00141 (0.00098) [1.43229]
$Y_{(-5)}$	0.396557 (0.11143) [3.55879]	-0.002053 (0.00107) [-1.92343]
$R_{1(-4)}$	6.403482 (52.0931) [0.12292]	0.730758 (0.49896) [1.46457]
$R_{1(-5)}$	304.0892 (32.9356) [9.23283]	0.077818 (0.31546) [0.24668]
C	2071.754 (188.698) [10.9792]	2.182426 (1.80738) [1.20751]
R-squared	0.998583	0.78517
Adj. R-squared	0.996695	0.49873
Sum sq. resids	8922.535	0.818565
S.E. equation	54.53603	0.522355
F-statistic	528.6805	2.74113
Log likelihood	-39.41908	-2.23293
Akaike AIC	11.10477	1.808233
Schwarz SC	11.15442	1.857884
Mean dependent	6337.099	2.48875
S.D. dependent	948.5691	0.737785

注: ( ) 内为标准差, [ ] 内为 t 统计量。

同理用一年期的贷款利率 R_2 对房价进行多次回归分析后，选择了最小的 AIC 值的一组，即下面这组 4—5 阶的回归，VAR 模型有以下估计结果（见表 4-8）。

$$Y_t = 0.373985 Y_{t-4} + 0.451524 Y_{t-5} + (-51.13319) R_{2,t-4} + 284.1428 R_{2,t-5} + 1301.734$$

$$t = (2.88135), (3.40634), (-0.87227), (7.31454), (2.62342)$$

当 $\alpha = 0.05$ 时，$t_{0.025(8)} = 2.306$，发现 Y_{t-4}、Y_{t-5}、$R_{2,t-5}$ 的 t 值是显著的。也就是说一年期贷款利率在滞后 5 期才开始对房价产生显著影响，之前影响甚微。

表 4-8 R_2 对 Y 的 4—5 阶回归分析结果

Sample (adjusted): 2010 2017		
Included observations: 8 after adjustments		
Standard errors in ( ) & t-statistics in [ ]		
	Y	R_2
$Y_{(-4)}$	0.373985	0.001059
	(0.1298)	(0.00116)
	[2.88135]	[0.91209]
$Y_{(-5)}$	0.451524	-0.001525
	(0.13255)	(0.00119)
	[3.40634]	[-1.28644]
$R_{2(-4)}$	-51.13319	0.420963
	(58.6208)	(0.52419)
	[-0.87227]	[0.80308]
$R_{2(-5)}$	284.1428	0.116299
	(38.8463)	(0.34736)
	[7.31454]	[0.33481]
C	1301.734	3.805671
	(496.198)	(4.437)
	[2.62342]	[0.85771]

续表

	Y	R_2
Sample (adjusted): 2010 2017		
Included observations: 8 after adjustments		
Standard errors in ( ) & t – statistics in [ ]		
R – squared	0.997828	0.674299
Adj. R – squared	0.994932	0.240032
Sum sq. resids	13679.88	1.093833
S. E. equation	67.52748	0.60383
F – statistic	344.5646	1.552729
Log likelihood	– 41.12847	– 3.392494
Akaike AIC	11.53212	2.098123
Schwarz SC	11.58177	2.147774
Mean dependent	6337.099	5.675
S. D. dependent	948.5691	0.692655

注：( ) 内为标准差，[ ] 内为 t 统计量。

随后 R_3、R_4 对房价的回归（见表 4 – 9 和表 4 – 10）。

表 4 – 9　　　　R_3 对 Y 的 4—5 阶回归分析结果

	Y	R_3
Sample (adjusted): 2010 2017		
Included observations: 8 after adjustments		
Standard errors in ( ) & t – statistics in [ ]		
	0.406061	0.001606
$Y_{(-4)}$	(0.07382)	(0.00143)
	[5.50068]	[1.12496]
	0.34889	– 0.002225
$Y_{(-5)}$	(0.08239)	(0.00159)
	[4.23472]	[– 1.39623]
	– 10.36161	0.79025

续表

Sample (adjusted): 2010 2017

Included observations: 8 after adjustments

Standard errors in ( ) & t – statistics in [ ]

	Y	R_3
$R_{3(-4)}$		
	(29.5577)	(0.57162)
	[-0.35056]	[1.38248]
	240.3764	-0.068548
$R_{3(-5)}$	(19.5076)	(0.37726)
	[12.3222]	[-0.18170]
	1999.625	2.904287
C	(158.769)	(3.07044)
	[12.5946]	[0.94589]
R – squared	0.999202	0.597653
Adj. R – squared	0.998137	0.06119
Sum sq. resids	5029.145	1.880892
S. E. equation	40.94364	0.791811
F – statistic	938.5473	1.114062
Log likelihood	-37.12576	-5.560727
Akaike AIC	10.53144	2.640182
Schwarz SC	10.58109	2.689833
Mean dependent	6337.099	4.355
S. D. dependent	948.5691	0.817208

注：( ) 内为标准差，[ ] 内为 t 统计量。

表 4 – 10　　R_4 对 Y 的 4—5 阶的回归分析结果

Sample (adjusted): 2010 2017

Included observations: 8 after adjustments

Standard errors in ( ) & t – statistics in [ ]

	Y	R_4
	0.3653	0.000971
$Y_{(-4)}$	(0.13335)	(0.00109)

续表

	Sample (adjusted): 2010 2017	
	Included observations: 8 after adjustments	
	Standard errors in ( ) & t – statistics in [ ]	
	Y	R_4
	[2.73944]	[0.89355]
	0.452726	-0.001563
$Y_{(-5)}$	(0.13582)	(0.00111)
	[3.33335]	[-1.41192]
	-69.64747	0.398435
$R_{4(-4)}$	(66.5061)	(0.54197)
	[-1.04723]	[0.73516]
	304.177	0.166159
$R_{4(-5)}$	(45.3425)	(0.36951)
	[6.70843]	[0.44968]
	1226.398	4.274117
C	(591.053)	(4.81661)
	[2.07494]	[0.88737]
R – squared	0.99745	0.766121
Adj. R – squared	0.994051	0.454282
Sum sq. resids	16059.26	1.066489
S. E. equation	73.16479	0.596235
F – statistic	293.4019	2.456785
Log likelihood	-41.76991	-3.291229
Akaike AIC	11.69248	2.072807
Schwarz SC	11.74213	2.122458
Mean dependent	6337.099	6
S. D. dependent	948.5691	0.807111

注：( ) 内为标准差，[ ] 内为 t 统计量。

这两组数据是回归中 AIC 最小的一组。当 $\alpha = 0.05$ 时，$t_{0.025(8)} = 2.306$。这两组数据中，均可以看出与 R_1、R_2 类似的结论，滞后 5 期的

R_3、R_4 对 Y 有显著的正影响，而之前的影响都甚微。

另外，为了检验短期内利率对于房价的影响，对 R_1、R_2、R_3 和 R_4 再次采用 1—2 阶的 VAR 模型进行参数估计，结果如表 4-11 至表 4-14 所示。

表 4-11　　　　　　R_4 对 Y 的 1—2 阶的回归分析结果

	Y	R_1
	Sample（adjusted）：2007 2017	
	Included observations：11 after adjustments	
	Standard errors in（ ） & t-statistics in［ ］	
$Y_{(-1)}$	0.2923	0.001646
	(0.34573)	(0.0007)
	[0.84546]	[2.36257]
$Y_{(-2)}$	0.64758	-0.001872
	(0.33967)	(0.00068)
	[1.90650]	[-2.73541]
$R_{1(-1)}$	-300.7358	0.907237
	(151.132)	(0.3045)
	[-1.98989]	[2.97940]
$R_{1(-2)}$	285.3915	-0.536341
	(128.994)	(0.2599)
	[2.21243]	[-2.06364]
C	1037.27	2.064491
	(686.836)	(1.38385)
	[1.51022]	[1.49184]
R-squared	0.984987	0.789547
Adj. R-squared	0.974978	0.649246
Sum sq. resids	316392.3	1.284396
S. E. equation	229.6346	0.462673
F-statistic	98.41042	5.627496
Log likelihood	-72.07596	-3.796487
Akaike AIC	14.01381	1.599361
Schwarz SC	14.19467	1.780223
Mean dependent	5634.701	2.662727
S. D. dependent	1451.686	0.781218

注：( ) 内为标准差，[ ] 内为 t 统计量。

表 4–12　　R_2 对 Y 的 1—2 阶的回归分析结果

		Y	R_2
		Sample (adjusted): 2007 2017	
		Included observations: 11 after adjustments	
		Standard errors in ( ) & t–statistics in [ ]	
$Y_{(-1)}$		0.144344	0.001336
		(0.34602)	(0.00077)
		[0.41715]	[1.73907]
$Y_{(-2)}$		0.774931	−0.00161
		(0.32834)	(0.00073)
		[2.36015]	[−2.20954]
$R_{2(-1)}$		−384.4993	0.816937
		(148.76)	(0.33022)
		[−2.58470]	[2.47394]
$R_{2(-2)}$		216.8058	−0.624007
		(117.711)	(0.2613)
		[1.84184]	[−2.38813]
C		2166.188	5.544608
		(1376.11)	(3.05469)
		[1.57414]	[1.81511]
R–squared		0.987144	0.804909
Adj. R–squared		0.978574	0.674848
Sum sq. resids		270923.8	1.334983
S.E. equation		212.4946	0.471696
F–statistic		115.1782	6.188717
Log likelihood		−71.22266	−4.008953
Akaike AIC		13.85867	1.637991
Schwarz SC		14.03953	1.818853
Mean dependent		5634.701	5.904545
S.D. dependent		1451.686	0.827217

注：( ) 内为标准差，[ ] 内为 t 统计量。

表 4–13 R_3 对 Y 的 1—2 阶的回归分析结果

	Y	R_3
	Sample (adjusted): 2007 2017	
	Included observations: 11 after adjustments	
	Standard errors in ( ) & t-statistics in [ ]	
$Y_{(-1)}$	0.45567	0.000854
	(0.42044)	(0.00108)
	[1.08378]	[0.78952]
$Y_{(-2)}$	0.496059	-0.000977
	(0.43175)	(0.00111)
	[1.14896]	[-0.88043]
$R_{3(-1)}$	-146.1142	0.452116
	(151.874)	(0.39053)
	[-0.96207]	[1.15769]
$R_{3(-2)}$	167.9656	-0.654541
	(134.919)	(0.34693)
	[1.24493]	[-1.88665]
C	784.6208	5.617181
	(987.821)	(2.5401)
	[0.79429]	[2.21140]
R-squared	0.976583	0.536339
Adj. R-squared	0.960971	0.227231
Sum sq. resids	493497.7	3.263097
S.E. equation	286.792	0.737461
F-statistic	62.55477	1.73512
Log likelihood	-74.5209	-8.924621
Akaike AIC	14.45835	2.531749
Schwarz SC	14.63921	2.712611
Mean dependent	5634.701	4.455455
S.D. dependent	1451.686	0.838908

注：( ) 内为标准差，[ ] 内为 t 统计量。

表 4–14　　R_4 对 Y 的 1—2 阶的回归分析结果

Sample (adjusted): 2007 2017

Included observations: 11 after adjustments

Standard errors in ( ) & t-statistics in [ ]

	Y	R_4
$Y_{(-1)}$	0.22656	0.001394
	(0.3096)	(0.00067)
	[0.73179]	[2.08860]
$Y_{(-2)}$	0.680638	-0.001675
	(0.29159)	(0.00063)
	[2.33425]	[-2.66473]
$R_{4(-1)}$	-380.8948	0.932844
	(134.973)	(0.29103)
	[-2.82201]	[3.20533]
$R_{4(-2)}$	258.5337	-0.592156
	(117.086)	(0.25246)
	[2.20807]	[-2.34554]
C	1953.893	4.895681
	(1299.01)	(2.80093)
	[1.50414]	[1.74788]
R-squared	0.988201	0.857959
Adj. R-squared	0.980335	0.763265
Sum sq. resids	248645.4	1.156
S.E. equation	203.5704	0.438938
F-statistic	125.6324	9.060329
Log likelihood	-70.75071	-3.21721
Akaike AIC	13.77286	1.494038
Schwarz SC	13.95372	1.6749
Mean dependent	5634.701	6.260909
S.D. dependent	1451.686	0.902136

注：( ) 内为标准差，[ ] 内为 t 统计量。

当 $\alpha = 0.05$ 时，$t_{0.025(8)} = 2.201$，从表 4-11 至表 4-14 的模型结果可以发现，一年期的存款利率 R_1 会对 2 年后的房价有显著的正向影响；而一年期的贷款利率对于 1 年后房价的影响是显著的负的效果；长期的存款利率对于房价的影响不显著；5 年期的贷款利率首先会在 1 年后对房价有个较大的负的影响，然后在 2 年后会有一个较小的正的影响。

从以上理论与实证分析的结果可以初步得出，短期内房地产价格受到利率因素的影响。短期存款利率，以及贷款利率对于房地产的波动存在显著的影响。短期存款利率表现出更多的收入效应，正向影响房地产价格；贷款利率则表现为替代效应，负向调节房地产价格。而从长期来看，我国利率水平对房地产价格的影响是同方向变动的，并且均在第 5 年才会有显著的效果，利率工具对房地产价格长期的调节效果无效。

第 5 章

"华发股份"成长案例

5.1 "华发股份"的发展情况

珠海华发实业股份有限公司（简称华发股份），隶属于华发集团，为该集团的房产开发业务板块。经过不断整合之后，华发集团目前形成了"4+1"的业务格局，包括核心支撑业务（城市运营、房产开发）、核心突破业务（金融产业、产业投资）以及综合配套业务（商业贸易、文教及现代服务）（见图5-1）。其中，自1980年华发集团组建以来，房产开发一直是其传统主业，以此为基础，华发股份组建于1992年，并于2004年在上海证券交易所上市。

5.1.1 华发股份基本情况

华发股份成立于1992年4月，由珠海经济特区华发集团公司联合珠海市投资管理公司、珠海特区房地产开发总公司和深圳投资基金管理公司作为法人股东，经中国人民银行珠海分行发行内部职工股，以定向募集方式成立。公司成立时名称为"珠海经济特区华发房地产股份有限公司"，后经珠海市经济体制改革委员会批准更改为"珠海华发实业股份有限公司"。

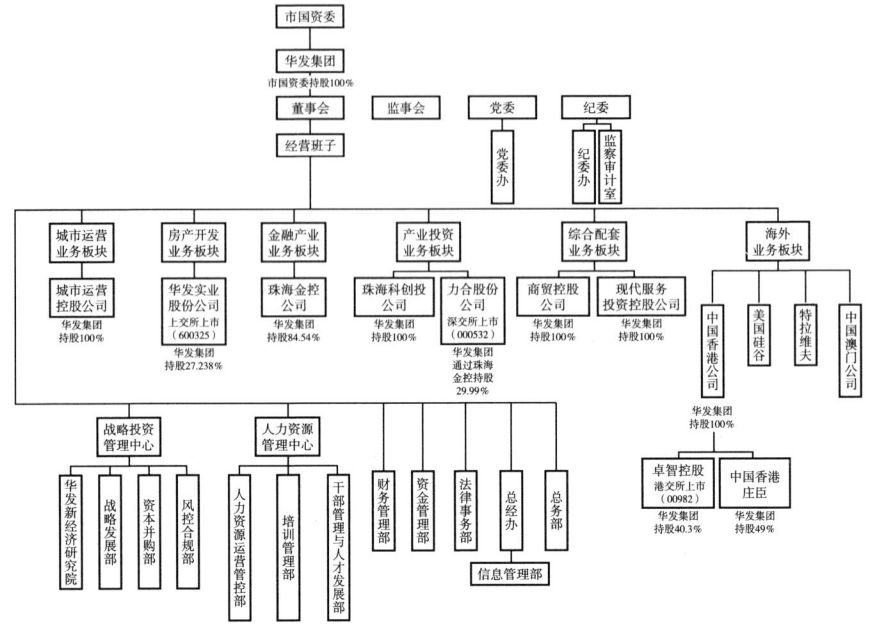

图 5-1 华发集团组织架构

5.1.1.1 公司股东情况

截至 2018 年 3 月 31 日,华发股份 A 股持股人数为 66920 人,环比增长 13.21%。自 2004 年公司上市以来,以 2010 年为界,可以划分为两个阶段,2010 年之前,股东人数基本在 3 万人左右,并且变化较大,尤其是 2007 年、2008 年,分别环比增长 -28.52%、56.82%;2010 年急剧增长 25.59% 之后,除 2016—2017 年外,股东人数较为稳定,变化较小,基本在 6.2 万人左右。其中,华发股份上市以来,控股公司华发集团持股比例基本上维持在 20%~30%,目前持有 24.19%。其他股东中,全国社保基金是主要股东之一,自 2006 年新进之后,除 2009 年短暂退出外,持股比例基本维持在 1%~2% 左右(见图 5-2)。

5.1.1.2 华发公司主要荣誉

从公司实力排名来看,2010 年同样是华发股份发展的转折点。目前对中国企业的排名主要有两个榜单,一个是由中国企业联合会、中国企业家协会

图 5-2 华发股份股东人数变化

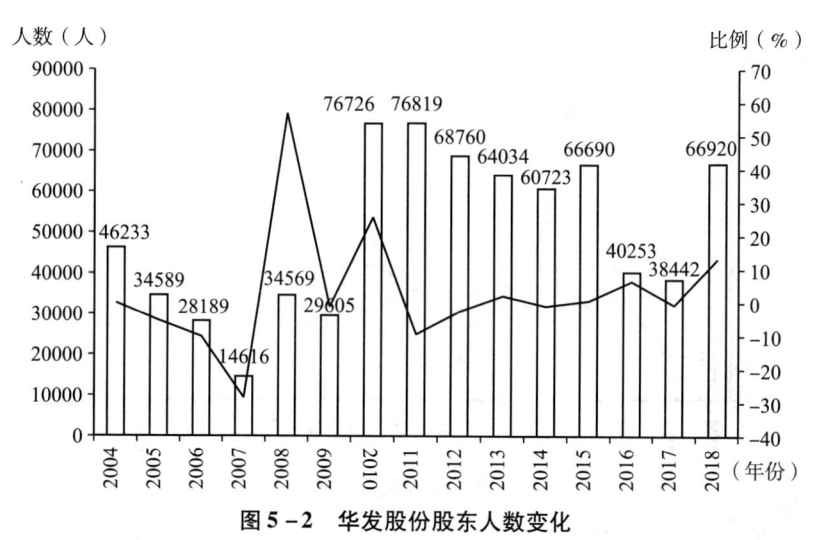

资料来源：Wind 数据库。

联合发布的，一个是由世界知名财经杂志《财富》（中文版）与中金公司合作编制的，其中后一个榜单覆盖了包括在中国境内外上市的所有中国公司，所依据数据为上市公司在各证券交易所正式披露的信息。2010 年华发股份首次进入这一榜单《财富》"中国 500 强排行榜"，位列 451，2011 年位列 428，其后直至 2017 年再次进入该榜单，位列 449。

由中国房地产业协会与中国房地产测评中心联合发布的"中国房地产开发企业 500 强"，是衡量房地产开发企业行业实力的重要依据。华发股份自 2014 年入围该榜单后，连续 5 年位列其中，排名从 2014 年的 133 升至 2018 年的 73，成为中国房地产业的百强企业。

5.1.1.3 华发股份股价变化

华发股份为珠海房地产业的龙头企业，目前业务范围覆盖珠海、上海、广州、武汉、苏州等 16 个一二线城市，并于 2015 年成立了美国公司，业务类型从单纯的住宅逐步转向精品住宅、商业地产、旅游地产、土地一级开发、保障性住房等。

根据年股票综合数据，截至 2018 年，华发股份股票复权价由 2014 年的 1.18 元增加至 2017 年的 7.36 元，上涨了 5.24 倍，但同行业相比整体上股价偏低（见图 5-3）。

图 5-3　华发股份股价变化

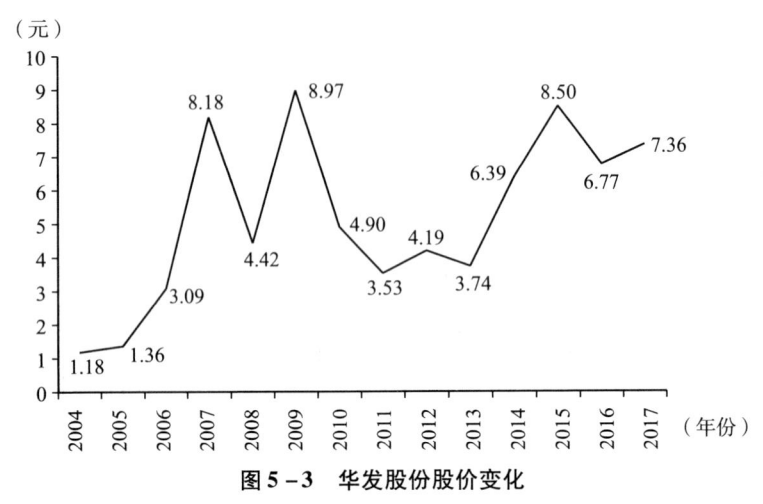

资料来源：Wind 数据库。

5.1.2　华发股份经营状况

5.1.2.1　华发股份收入情况

根据年报数据，华发股份的收入规模变化可以划分为三个阶段。第一个阶段（2004—2006 年），华发股份的营业收入增长非常缓慢；第二个阶段（2007—2015 年），华发股份的营业收入有了较为显著的增长，年均增长 22%；第三个阶段（2016—2017 年），华发股份的营业收入规模发生了质的改变，不仅突破百亿，并且增长迅速，年均上涨超过 50%。2007 年之后，我国房地产市场经历了两大外生力量的冲击，一是美国次贷危机的爆发，在造成房地产市场短暂下滑的同时，也改变了中央政府的调控方向；二是这一时期政府频繁且不稳定的政策干预，加大了房地产市场的波动，导致了房地产企业增长的不确定增加。但从图 5-4 可以看出，华发股份保持了较为稳健的增长，尤其是 2015 年至今，营业收入出现了爆发性增长。

图 5-4 华发股份营业收入变化

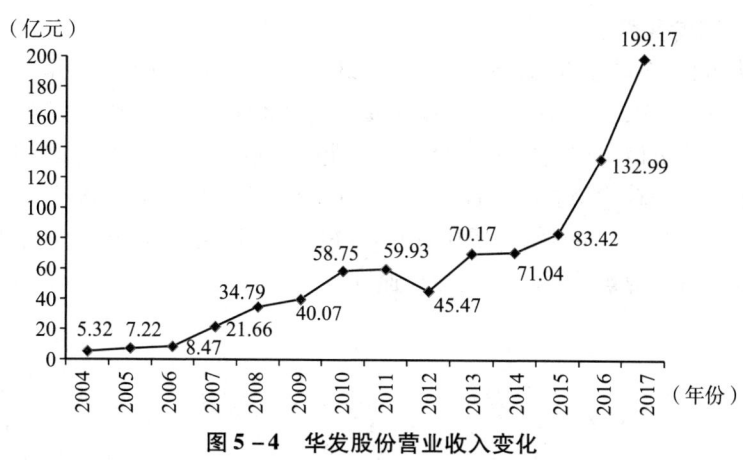

资料来源：Wind 数据库。

5.1.2.2 华发股份成本费用情况

1. 营业成本

从图 5-5 可以看出，2004—2017 年华发股份营业成本与营业收入的变化保持了非常显著的一致性，营业收入年均增长 38%，营业成本年均增长 41%，基本上是一样的。从两者的环比增长率来看，营业收入增长率与营业成本增长率之间的差值，除 2013 年达到 -40.56% 外，其他年份的差值基本维持在（-10%，10%）之内，也反映了华发股份较为稳健的发展态势。

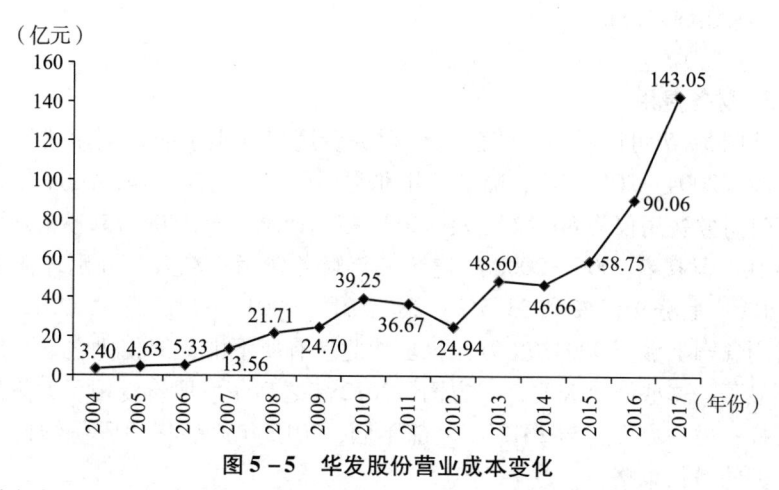

图 5-5 华发股份营业成本变化

资料来源：Wind 数据库。

2. 销售费用

从图5-6可以看出,华发股份在2004—2017年的销售费用变化幅度较大,例如2012年、2017年的销售费用环比增长速度在10%以下,2009年更是跌至负值。但使用销售费用比营业收入指标来看,华发股份的销售费用表现出了较为稳健的特征,大多数年份内该指标位于(4%,6%)之内,均值为5%。同时销售费用的年均环比增长速度为30%,大大低于营业收入和营业成本的年均环比增长速度。

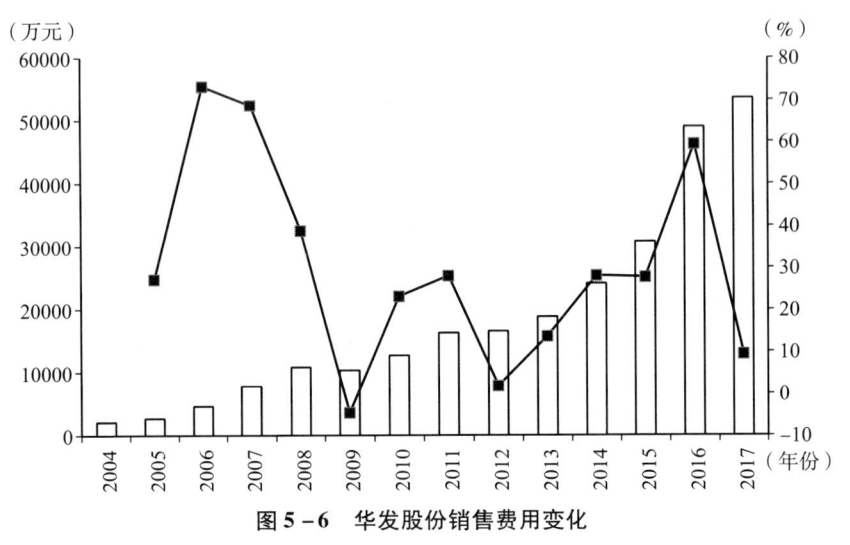

图5-6 华发股份销售费用变化

资料来源:Wind数据库。

3. 财务费用

从图5-7可以看出,华发股份财务费用表现出了明显的阶段性。第一阶段(2004—2011年),财务费用非常不稳定,波动显著,2004年公司上市时财务费用仅为80.42万元,2005年迅速增加至1406.75万元,增长16.5倍,紧接着2006—2008年连续三年财务费用净流入,分别环比下降144.4%、上涨91.7%和53.5%。第二阶段(2012—2017年),2012年财务费用急剧上涨至9094.79万元,虽然此后有所下滑,但相比之下,波动并不显著。这些结果表明,一方面,2012年之后华发股份动用了大量的财务杠杆;另一方面,与2012年之前不同,2012年之后华发股份维持了较为稳健的增长策略。

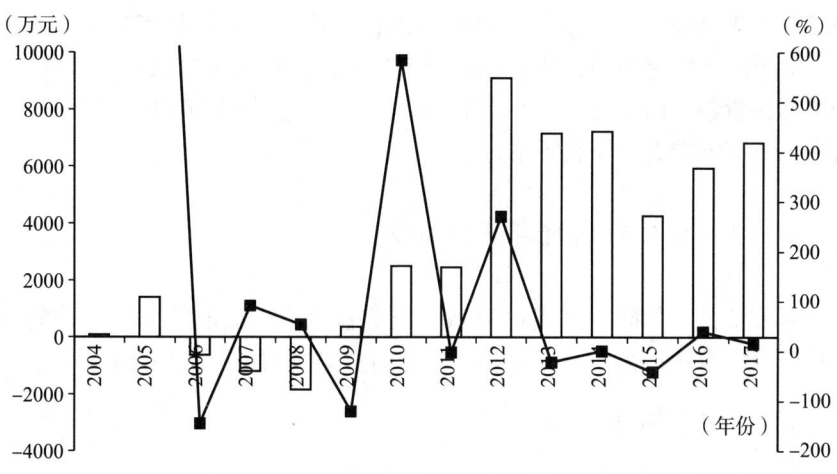

图 5-7 华发股份财务费用变化

资料来源：Wind 数据库。

5.1.2.3 华发股份利润情况

以 2012 年为界，华发股份经历了两个利润增长周期（见图 5-8）。结合上述图 5-7 华发股份财务费用的变化情况可以看出，2012 年前后华发股份实施了两种不同的增长策略。2012 年之前，多数年份内财务费用保持在低支出水平或净流入状态，华发股份更加重视财务风险的控制。

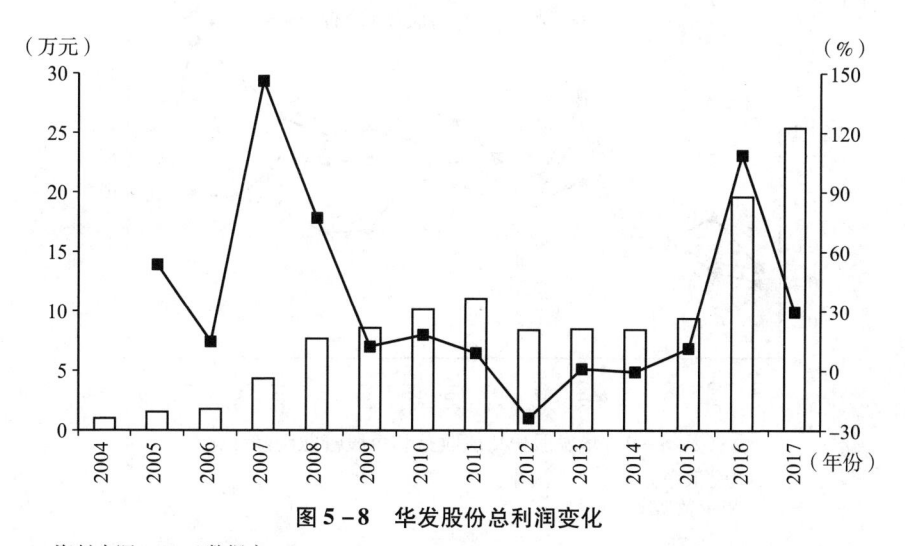

图 5-8 华发股份总利润变化

资料来源：Wind 数据库。

2012年董事会换届之后,华发股份转向扩张策略,尤其是2013—2016年,在房地产市场低迷阶段,华发股份逆市扩张,获得了大量低价格地块,在2016年房价新一轮上涨时,获得丰厚的回报,这也是2016年华发股份利润猛增108.85%的重要原因所在。

5.1.3 华发股份财务表现情况

对上市公司的财务状况可以从每股收益表现、盈利能力、偿债能力、成长能力、营运能力、资本结构、收益质量等方面进行描述分析。

5.1.3.1 股票收益

对股票收益能力的衡量可以通过每股收益、每股营业利润、每股净资产等指标加以反映(见图5-9)。从每股收益及其营业利润来看,华发股份2004年上市后经历了一个较为快速的增长期,并于2007年达到峰值,分别为1.22元/股和1.39元/股。其后10年间,除2016年每股营业利润出现爆炸式增长之外,其余年份基本上保持了比较稳定的收益水平,2008—2017年每股收益和每股营业利润年均0.82元/股和1.14元/股,分别占每股复权价的15.37%、21.63%。

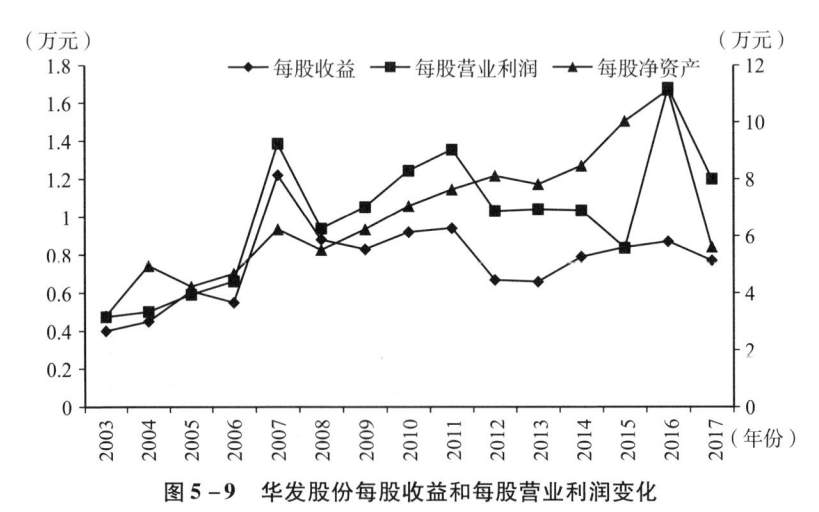

图5-9 华发股份每股收益和每股营业利润变化

注:次纵轴为每股净资产。
资料来源:Wind数据库。

每股净资产反映了每股股票所拥有的资产现值,这一指标值越高,股东拥有的每股资产价值越多,是判断企业内在价值的重要指标之一。从图中曲线可以看出,除了 2017 年,华发股份的每股净资产一直趋于增长,尤其是 2015—2016 年,平均为 10.72 元/股,但也可以看到,2017 年急剧下滑,仅为 5.61 元/股,2018 年第一季度仍然处于低位。

5.1.3.2 盈利能力

盈利能力是企业获取利润的能力,表现为一定时期内企业收益数额的多少及其水平的高低,通常可以通过营业利润率、成本费用利润率、总资产报酬率、净资产收益率等指标加以反映。

虽然华发股份资产规模持续增长,营业收入和总利润额不断增加,但从盈利能力上来看,华发股份的表现并不理想。2008 年之前,成本费用利润率和营业利润率表现出了较为明显的增长,净资产收益率在 2007 年出现了短暂的大幅增长,资产报酬率先降后升。此后至 2015 年,净资产收益率、资产报酬率、成本费用利润率和营业利润率四个衡量指标均处于下跌之中,跌幅分别高达 202%、554%、116%、88%。2015 年之后,净资产收益率和资产报酬率连续上涨,尤其是前者由 7.6% 涨至 12.65%,表现出了较好的收益能力。但成本费用利润率和营业利润率均先升后降,表现并不稳定(见图 5-10)。

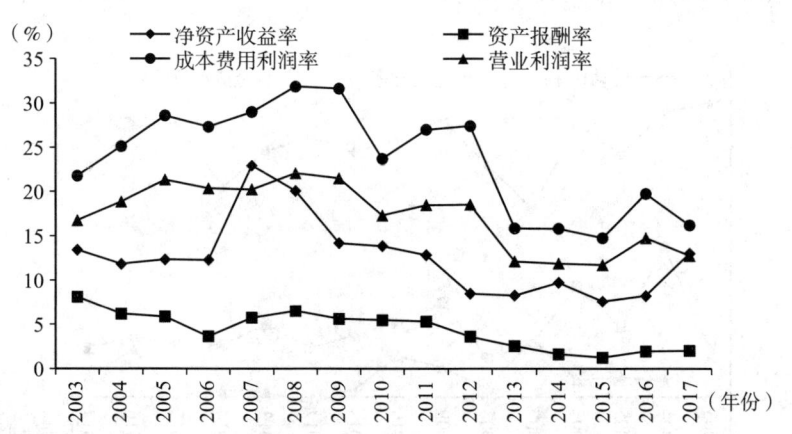

图 5-10 华发股份净资产收益率、资产报酬率、成本费用利润率和营业利润率变化

资料来源:Wind 数据库。

5.1.3.3 偿债能力

偿债能力是企业偿还其长期债务和短期债务的能力，是反映企业财务状况和经营能力的重要标志。反映上市公司偿债能力的指标主要有流动比率、速动比率、现金流动负债比、长期负债与营运资金比、利息保障倍数等。

1. 短期偿债能力

流动比率、速动比率，以及现金流动负债比等是通常用来反映短期偿债能力的指标。

从图5-11和图5-12可以看出，2004—2017年华发股份的流动比率基本保持在200%左右，反映了较强的偿债能力。但该指标的使用需要结合存货的周转速度进行综合考量，一直以来，华发股份的存货周转率都非常小，低于0.4次，并且持续降低，2015年降至0.1次，虽然2016年、2017年有所好转，但也仅为0.12次、0.15次。周转速度慢使得资产变现能力弱，将导致公司的实际短期偿债能力变弱，偿债风险增大。与流动比率不同，2008年之后，华发股份的速动比率持续下跌，2017年降至0.44，远低于合理值1，表明短期偿债能力不断恶化。同时运用速动比率指标需要结合应收账款的周转速度进行综合分析，2012年之前，华发股份的应收账款周转天数不断降低，但2012年之后该指标趋于增长，同样反映了华发股份的短期偿债能力并不理想。

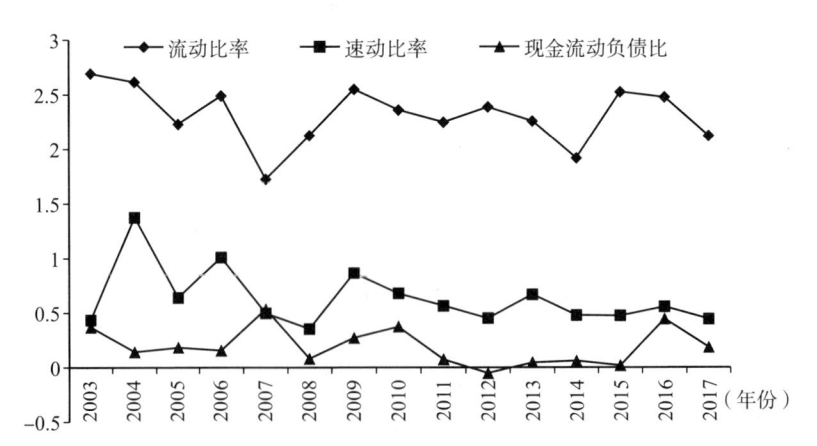

图5-11 华发股份流动比率、速动比率、现金流动负债比变化

资料来源：Wind数据库。

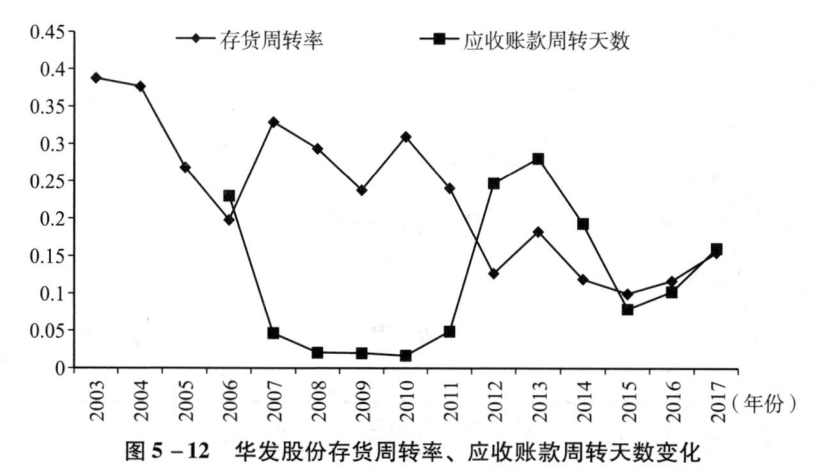

图 5-12 华发股份存货周转率、应收账款周转天数变化

资料来源：Wind 数据库。

现金流动负债比的变化也反映了华发股份短期偿债能力的弱化，2010年之后，该指标一直处于较低水平，2012年甚至跌至负值，虽然2016年由于营业收入的暴涨有所改善，但2017年再次降低至0.19。

总体来看，华发股份的实际短期偿债能力较弱，尤其是2009年之后的实际状况，使得该公司偿债风险不断增大。

2. 长期偿债能力

衡量上市公司长期偿债能力的指标主要包括资产负债率、利息保障倍数、长期负债与营运资金比等指标。

资产负债率是衡量企业负债水平及风险程度的重要标志，保持一定程度的负债比率能够为上市公司带来财务杠杆、所得税抵等好处，但负债越多，即资产负债率越高，意味着企业的偿债能力越低。从图 5-13 可以看出，2008年以来华发股份的资产负债率始终维持在64%以上，并且持续上涨，2014年之后连续超过80%，表明华发股份的负债水平大幅超过了合理界限，与130家房地产企业2018年第一季度的平均负债率79.42%基本相当。同样从长期负债与运营资金比率指标数据也可以得到相同的结论。

从利息保障倍数指标来看，2008年以来，华发股份的该指标值持续增加，2017年为48.50，明显高于同行业水平，表明华发股份支付利息和旅行债务契约的能力很强，存在的财务风险较少。

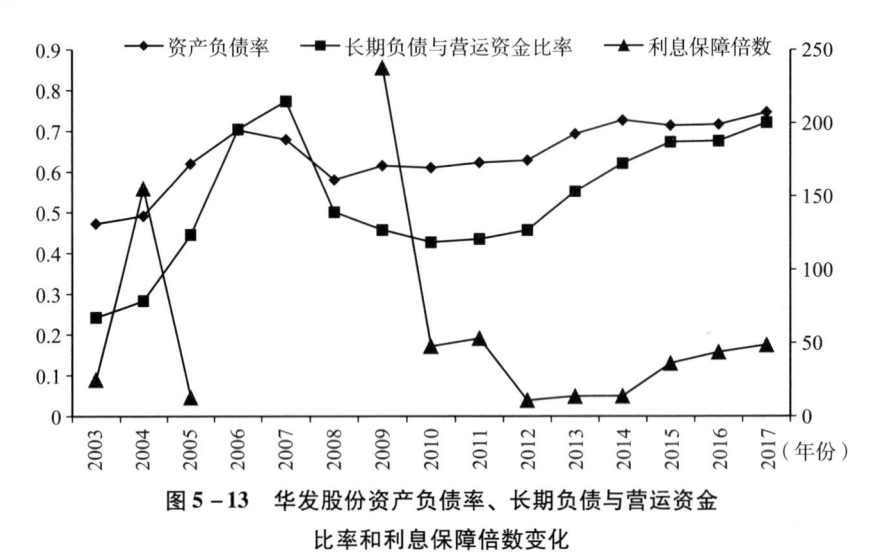

图 5-13　华发股份资产负债率、长期负债与营运资金
比率和利息保障倍数变化

资料来源：Wind 数据库。

5.1.3.4　成长能力

企业成长能力指的是企业扩展经营的能力，表现在企业规模、利润，以及所有者权益等方面，反映企业在未来的发展前景。对企业成长能力的分析可以从收益、现金流量、资产规模等三个方面进行。

1. 收益

收益能力是评价企业成长状况和发展能力的重要方面，可以使用每股收益、营业收入、净利润，以及归属母公司的净利润四个指标加以反映。

从图 5-14 可以看出，华发股份上市以来，每股收益增长并不稳定，2012 年、2013 年连续两年为负增长，2014 年至今保持为正，2017 年达到 60.42%，显示出一定的成长潜力，但波动幅度较大。

营业收入是企业规模的体现，可以用来衡量企业的生命周期和判断企业所处的阶段。2011—2012 年华发股份经过短时间的滑坡之后，尤其是 2014 年以来，营业收入大幅增长，增长率分别为 17.43%、60.67% 和 49.76%，表明华发股份处于成长期，表现出了良好的增长势头。

伴随着营业收入的增长，不管是净利润，还是归属母公司的净利润都表现出了良好的态势，尤其是 2016 年，分别增长 116.81%、49.73%，说明华发股份的运营状况较好。结合华发股份营业收入和利润的表现，华发股份在房地产市场上体现出了一定的企业竞争力和成长能力。

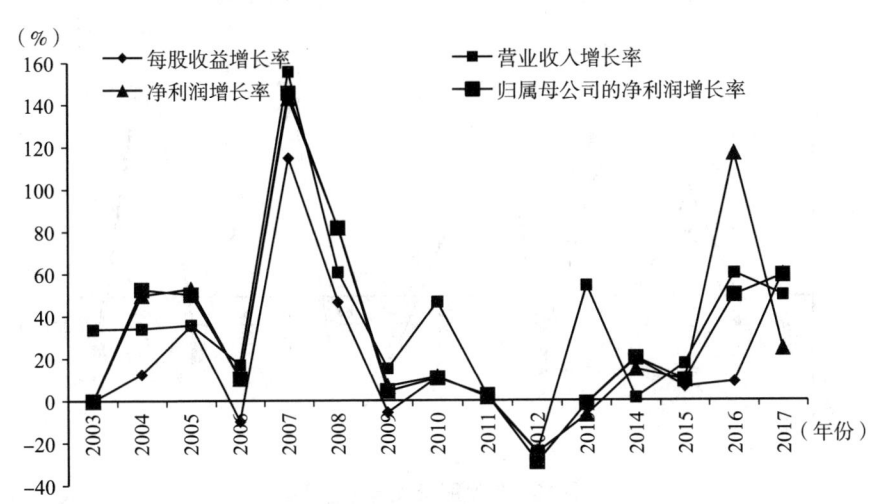

图 5-14 华发股份每股收益增长率、营业收入增长率、净利润增长率以及归属母公司的净利润增长率变化

资料来源：Wind 数据库。

2. 现金流量

从图 5-15 中可以看出，虽然华发经营活动现金流量净额、每股经营活动现金流量整体上是增长的，但与收益指标相比，非常不稳定。2013年、2014 年、2016 年的增长率均超过 100%，尤其是 2016 年华发股份现金流量暴涨，增长率超过 6700%，而 2015 年、2017 年的增长率为负，一方面与房地产产品的开发规律有关，另一方面这些年份里华发股份的应收账款和存货大量增加。

3. 资产规模

资产规模是反映企业当年资本积累能力和发展能力的主要指标，三年平均增长率能够更好地消除短期波动的影响，并反映较长时期内的资产增值情况。从图 5-16 中可以看出，2008 年之前，总资产和净资产均保持了较高的增长速度，在经历了 2009—2013 年的低速增长之后，2011 年总资产增长率再次回到 20% 以上。

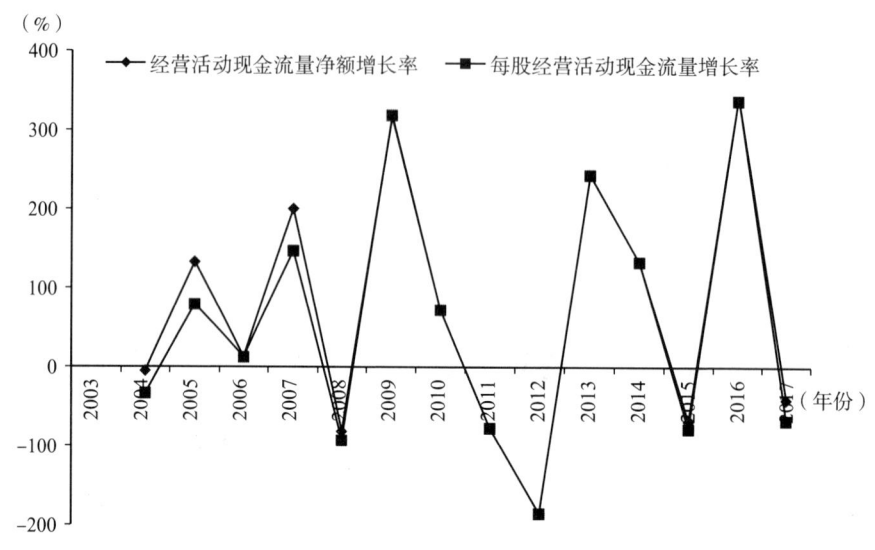

图 5-15 华发股份现金流量变化

资料来源：Wind 数据库。

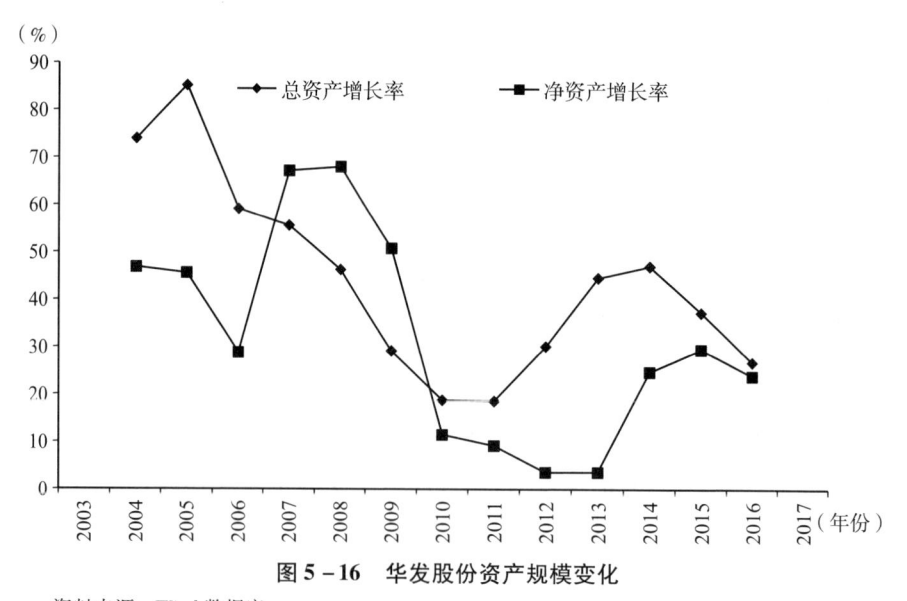

图 5-16 华发股份资产规模变化

资料来源：Wind 数据库。

5.2 成长历程描述：3000元起家的创业史

1. 企业初创期（1980—1984年）

1980年，珠海经济特区成立，华发前身"珠海经济特区发展公司房地产经理部"以3000元人民币起家进入房地产产业，在国家尚未出台任何有关外商投资法规情况下，大胆与外资合作，以外销房为突破口，开启了新中国商品住宅建设的帷幕。

2. 企业成长期（1984—2003年）

1984年，珠海经济特区发展公司华发旅游商场成立，华发作为企业名称首次出现。1987年，华发旅游商场更名为珠海经济特区华发公司。1989年，在华发公司基础上正式组建珠海经济特区发展公司华发集团。1990年，已划归华发集团管理的发展公司房地产部扩大成为华发房地产公司。1991年11月12日，华发集团携所属华发房地产公司等，从特区发展公司中独立，关炳林出任总经理。以房地产为中心，逐步形成了多元化的产业结构。1992年，华发房地产公司经过股份制改造，组成华发实业股份有限公司。1994年，华发取得珠海第一个"国家一级房地产开发企业"的资质，之后开发大量新盘，品牌质量步步提升，华发逐渐成为珠海房地产业的龙头企业。2001年，袁小波执掌华发集团，进行了多方面的调整改革。上市重启，推动了集团与股份公司的"五分开"；调整结构，淘汰集团内部市场前景不佳的产业；初试精品，使"精品开发"的崭新理念一举成功。2003年，华发斥巨资打造珠海容闳学校，成功进军教育领域。

3. 企业成熟期（2004—2009年）

2004年，华发股份在沪市挂牌上市，跻身"中国房地产上市公司20强"，入选上证180指数样本股。华发新城荣膺"影响中国的三十大社区"荣誉称号，着手打造中山华发生态庄园，迈出异地开发第一步。2005年，华发集团公司荣获广东省工商局颁发《连续十七年守合同重信用企业》，华发集团公司被市地税局评为"诚信纳税大户"。第二届中国地产经济主流峰会上，董事长袁小波荣获"2005中国主流地产十大领袖风云人物"奖，12月荣获"2005年中国地产十大领袖品牌开发商"称号。华发新城二期B区创下两天销售5亿元奇迹。国际化中央高尚居住区"华发·世纪城"项目启动。2006年,华发股份荣获第五届(2006年度)广东地产资信20强,华发股份公司的"房地产项目成本管理软件系统"荣获由珠海市信息产业局、珠海市经贸局颁发的"珠海市十大优秀信息化项目奖"。2007年,广东省工商银行授予华发集团、华发股份"三A级信得过企业"牌匾。2007年度华发房地产项目仅在珠海开工面积就超过1000000平方米,相当于2006年珠海一年的楼盘销售总量,在竞争日趋激烈的房地产行业两次树立了成熟、稳健的大公司形象。4月21日,华发新城四期首批推出562套单位,一天就销售95%。11月10日,华发·世纪城二期蔚蓝天际开盘盛况令人震撼,近7000名登记客户抢购858套单位,一天销售额达12亿!2008年,中国楼市遭遇寒流。华发却在楼宇开发和楼宇销售上依然保持了旺盛的态势,在珠海市场独领风骚,再创传奇。8月2日,华发品牌的顶峰之作绿洋山庄二期横空出世。位踞城市CBD山顶,360度俯瞰珠港澳国际湾区。从稀缺的区位资源,到顶尖的国际大师团队,都展现出"至高无上,大器天成"的王者气象。10月1日,华发新城五期"彩云河畔"首度开盘,一个"黄金周"热销300余套,到年底两个月时间销售已达500多套。再现了华发品牌的影响力与产品的卓越品质,放眼全国楼市,这样的销售业绩也不能不称之为奇迹。7月奠基的华发·水郡,渐渐拉开神秘的面纱。占地约115万平方米,坐拥千亩湿地公园,开创了南中国罕有、珠港澳最大的原生态度假休闲别墅区。华发·世纪城三期"波萨诺瓦"时尚、浪漫的气息透过板房现场淡淡弥漫,迅速成为年轻置业者关注的焦点。"5·12"汶川大地震,华发集团和华发股份迅速行动,震后仅两天即通过珠海市红十字会向灾区捐款1000万元。此后,华发3000多名员工争相贡献爱心,华发会开展救灾晚会,积极募捐。通过各种形式的努力,华发集团累计向灾区捐款近1200万元。继容闳学校之后,华发继续投资教育,为珠海的下一代打造优越起点。8月28日,领先全国的容闳国际幼稚园隆重开园,开启珠海国际幼教全新境界。11月5日,航天英雄杨利伟亲自前来参观容闳国际幼稚园,给予了高度评价。2009年5月,在第四届珠海企业家活动日上华发股份被评为"珠海最具社会责任企业",2009年5月,华发股份荣获"2009中国房地产十佳诚信开发企业"荣誉称号。

4. 转型成长期(2010年至今)

近年来,华发股份实施"立足珠海,面向全国"的发展战略,在巩固珠海房地产企业龙头地位的基础上,稳步推进对外扩张步伐。目前,已经成功进驻中山、包头、沈阳、大连、南宁、盘锦、威海、重庆、武汉和成都等异地城市,呈现了由单一城市、单一区域向多个城市、多个区域方向发展的良好态势,并从单纯的住宅开发商向包括精品住宅、商业地产、旅游地产、土地一级开发、保障性住房在内的综合性地产商跨越。

2012 年,李光宁接任董事长,提出六大板块理念,华发向着多元化企业集团方向发展。以十字门控股公司为核心,组建城市运营板块;地产开发板块即股份公司;珠海金控正式成立,华发成为控股股东;除了地产开发外,此外还成立了文教旅游、现代服务和商贸物流三大板块(见图 5-17)。截至 2012 年年底,华发集团总资产达 488 亿元。

城市运营	珠海华发保障房建设控股有限公司	保障房
	珠海华发大浪湾建设有限公司	文化旅游地产
	珠海华发资产运营管理有限公司	商业物业
	珠海情侣湾岸建设有限公司 珠海城轨地下交通换乘中心建设有限公司 珠海拱北口岸改扩建项目管理有限公司 珠海美华建设投资有限公司	城市基础设施建设
地产开发	珠海华发实业股份有限公司	·住宅地产 ·商业地产
金融投资	珠海金融投资控股有限公司 珠海铧创股权投资管理有限公司	金融
文教旅游	珠海容闳学校	教育
	珠海华发文化产业投资控股有限公司	·文化 ·文化旅游地产
现代服务	珠海华发物业管理服务有限公司	物业管理
商贸物流	珠海华发建材有限公司	建材
	珠海华发汽车销售有限公司	汽车

图 5-17 华发集团业务模块分布

5.3 "华发股份":华发集团的核心业务板块

珠海华发实业股份有限公司成立于 1992 年 8 月,其归属上级公司——珠海华发集团有限公司成立于 1980 年,是珠海市最早的房地产开发企业。华发股份 1994 年取得国家一级房地产开发资质,2004 年成为房地产上市公司(股票代码:600325)。一直以来,华发股份始终坚持诚信经营的方针,秉承"建筑理想家"的宗旨和信念,勇于开拓,锐意创新,先后创建了30多个高尚人居社区，近500万平方米人居建筑面积，以100%销售率稳占珠海楼市总份额的10%、高档市场份额的30%。华发打造的系列名盘享誉粤港澳、名扬全国，多个项目获得国家、省、市各项殊荣。鸿景花园、华发新城、华发世纪城、华发绿洋山庄、华发水郡、中山华发生态庄园等成为全国知名的楼宇品牌。

华发股份公司的发展基本可以分为上市之前十年与上市之后十年两个重要发展阶段。公司前十年的发展比较平稳，产品品质与业界口碑一直处于珠海领先地位，在港澳客户中有较高知名度，成为珠海经济特区的龙头房地产企业。从2004年在上交所成功上市以后，伴随中国房地产市场的迅猛发展与起起落落，华发股份实现了从公司治理、资产规模到品牌实力的多重飞跃，公司总资产规模从上市前2003年年底的9.4亿元，壮大至2011年年底的231.5亿元，增长了近25倍。员工总人数超过1800人。

华发股份的飞跃也经历了"聚焦珠海"与"走向全国"两个阶段。2003年，以全盘精装与精品园林名震珠海与业界的珠海华发新城横空出世，为珠海房地产界带来一股全新风尚，也标志着华发股份的产品品质与企业发展迈上了一个崭新的高度。至2008年年底，珠海华发·世纪城（80万平方米国际化高尚居住社区）、珠海华发绿洋山庄（入选世界奢侈品协会（WLA）"世界级奢华居所"）、珠海斗门华发·水郡（1700亩珠港澳首席生态湿地别墅社区）、中山华发·生态庄园（1500亩原生山地别墅社区）等一批高档社区相继问世并先后取得巨大成功。华发股份的精品美名广泛传扬，尤其在珠三角地区享有较高的知名度。

在资产规模不断壮大，企业品牌不断成熟的基础上，从2009年年初开始，华发股份的全国战略正式展开，在前期局部拓展北京市场，取得北京华发颐园的成功开发经验之后，迅速于2009—2010年，先后在包头、大连、南宁、沈阳、盘锦、重庆、威海等城市成功取得项目用地并迅速实现了开发与销售，目前异地公司土地储备总量已超过了在珠海总部的土地储备规模。

从2003—2010年的八年间，华发股份五次被评为"广东地产资信20强"企业；2009年5月，华发股份荣获"2009中国房地产十佳诚信开发企业"荣誉称号；2010年5月，在"第九届（2010年度）广东地产资信20强"颁奖典礼上荣获"最具社会责任房企奖"；2011年，华发股份成为美国《财富》杂志"中国500强"企业。

5.4 毗邻澳门的地域优势

澳门与珠海一直有着密切的经济联系，两地地理位置也极为接近，最近几年，随着CEPA协定和横琴大开发战略，以及港珠澳大桥工程的实施，澳门与珠海，以及香港之间的经济联系更为紧密。

澳门仅约30平方公里，人口50余万，是典型的微型经济体。澳门作为微型经济体，其经济社会结构的主要特征包括，人口少、经济活动规模小、经济运行体制相对独立、产业结构对外部具有较高的依赖性。珠海最为当初定位带动澳门经济发展的内地经济承接体，其产业发展也受到澳门经济发展的显性影响。由于澳门与珠海房地产市场在两种截然不同的社会制度和经济环境中，因此，受到经济发展直接影响的房地产产业在两地的发展也可能存在差异和联系，基于此，本书旨在探讨澳门与珠海房价之间的相关关系，从产业层面来研究两地房地产市场发展的内在影响机制，分析澳门和珠海房价的内在联动机制，试图理清澳门与珠海房地产市场联系的内在机理。

5.4.1 两地经济发展阶段与产业结构构成的比较

任何地区房地产产业的发展都是建立在一定的基础之上的，经济发展阶段决定了房地产产业的业态形式。从理论上来说，梯度转移理论认为，区域经济的发展取决于其产业结构的状况，而产业结构的状况又取决于地区经济部门，特别是其主导产业在工业生命周期中所处的阶段。自澳门回归祖国之后，澳门经济呈现持续增长趋势，除了在金融危机期间出现小幅回落之外，其余年份的平均增长率超过了10%，这个增长速度甚至快于珠海，尤其是在近两年，受到澳门赌权开放和横琴大开发等因素的刺激，澳门地区GDP实现了快速增长，与此同时，澳门地区的房地产价格也呈现上涨趋势，但是，一个明显的现象就是在澳门房屋均价上涨的同时，珠海房屋均价也出现了快速上涨的局面，这种局面一致持续到珠海"双限"时期。显然，经济增长是房地产市场发展的基础，以下部分本书将从宏观层面分析珠海与澳门经济发展的阶段差异，及其产业结构构成的比较。

1. 澳门与珠海的经济发展阶段和房地产发展阶段比较

经济发展阶段的比较主要从国内生产总值（GDP）、人均 GDP 和 GDP 增速三个方面来进行比较。

澳门与珠海一直保持着密切的经济往来关系，由于社会制度的差异，澳门回归后实施"一国两制"，澳门经济发展不仅没有减速，而是一直呈现良好的上升势头。从两地的经济总量水平来看，澳门经济总体水平一直高于珠海（见图 5-18），在两地人口存在巨大差距的背景下，澳门人均 GDP 水平更是远远高于珠海人均 GDP 水平，两者之间的落差大约达到 5 倍（见图 5-19）。

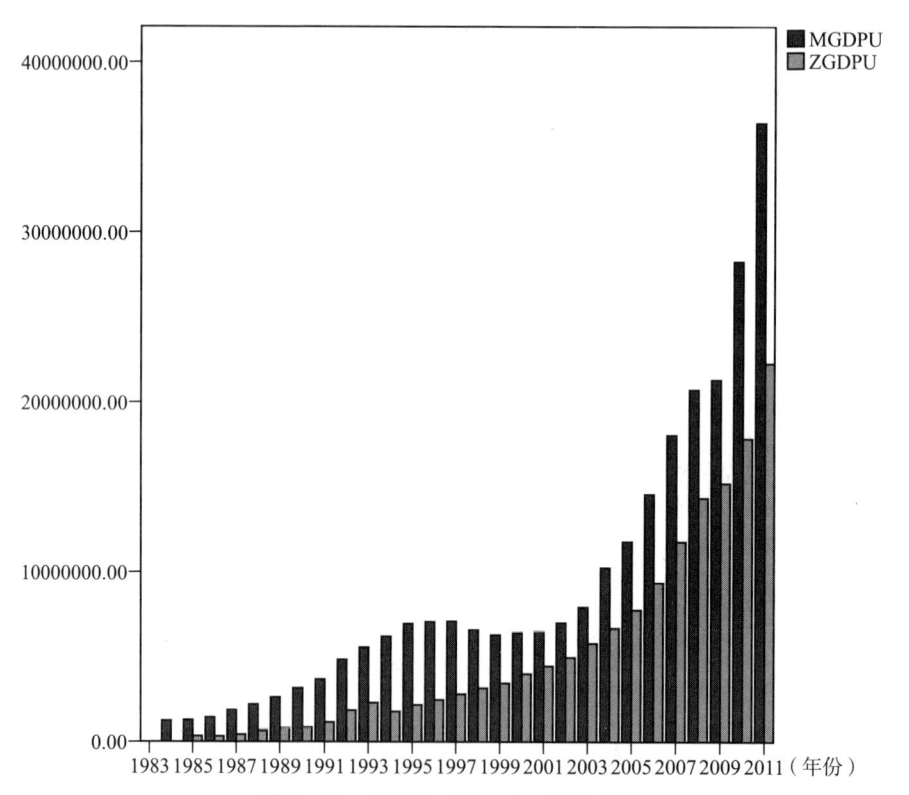

图 5-18 澳门与珠海 GDP 总量比较

资料来源：澳门统计局，珠海统计年鉴，珠海统计公报（2012）。

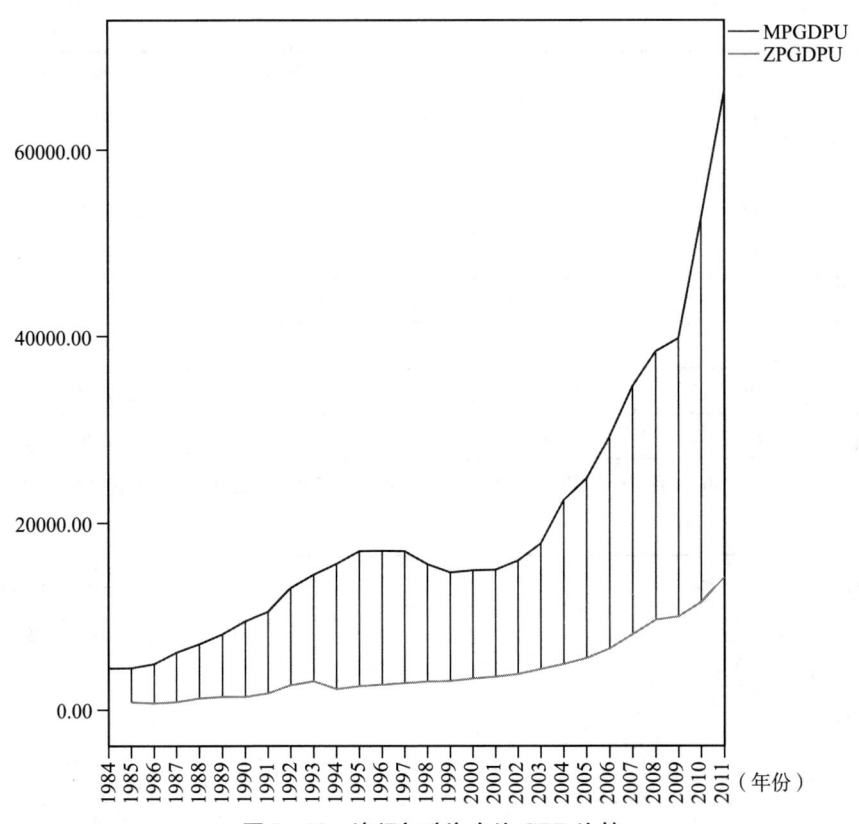

图 5-19 澳门与珠海人均 GDP 比较

资料来源：澳门统计局，珠海统计年鉴，珠海统计公报（2012）。

从 GDP 增长情况来看，珠海市 GDP 增长速度总体高于澳门 GDP 增长速度，人均 GDP 增速珠海也在大部分年份领先于澳门，但是在金融危机之后，由于澳门博彩业迅速发展，2010 年后，其 GDP 增速和人均 GDP 增速都明显超过了珠海，其中 2010 年澳门 GDP 增速和人均 GDP 增速都超过珠海水平的 2 倍以上，显示了澳门经济强力的复苏和增长趋势（见表 5-1 和图 5-20）。

表 5-1　澳门与珠海主要经济指标和房屋均价比值（2002—2011 年）

年份	人均 GDP 之比	GDP 增速之比	房屋均价之比
2002	4.18	0.72	2.15
2003	4.09	0.72	2.06

续表

年份	人均 GDP 之比	GDP 增速之比	房屋均价之比
2004	4.59	1.90	2.23
2005	4.48	0.65	2.44
2006	4.47	0.89	2.07
2007	4.30	0.85	3.09
2008	3.99	0.36	2.92
2009	3.99	0.26	2.65
2010	4.58	2.10	2.40
2011	4.67	1.83	2.67

资料来源：澳门统计局，珠海统计年鉴，珠海统计公报（2012），比值为澳门数值/珠海数值。

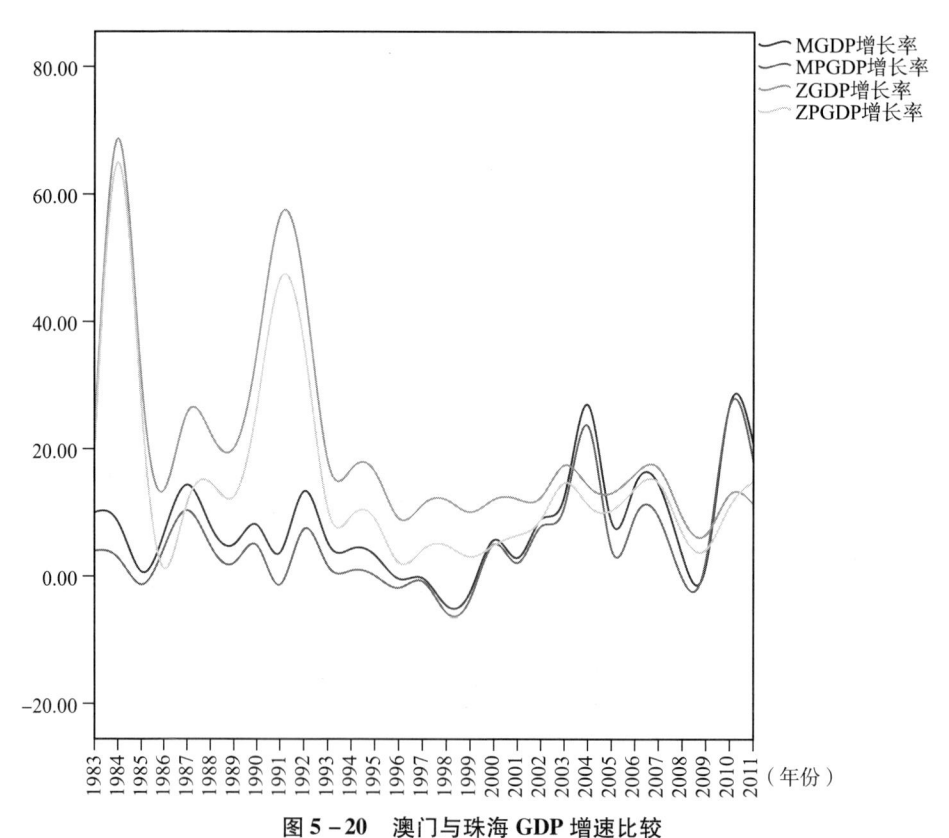

图 5-20　澳门与珠海 GDP 增速比较

资料来源：澳门统计局，珠海统计年鉴，珠海统计公报（2012）。

从以上分析可以发现，澳门和珠海实际上处于经济发展的不同阶段，按照钱纳里对经济增长阶段划分的标准，澳门 2011 年人均 GDP 达到 66300 美元，处于发达经济阶段中的高级阶段，是经济发展的最高层次，处于此阶段的国家和地区制成品收入弹性减少，制成品在国内需求中的份额逐渐降低，要素投入的综合贡献率逐渐减少，全要素生产率增长较快；珠海 2011 年的人均 GDP 为 14208.73 美元，处于工业化阶段的高级阶段，处于此阶段的国家和地区经济重心逐渐向高级产品制造业转移，资本积累贡献率较高，生产率对产出增长的贡献增加。

按照房地产产业与经济发展阶段的关系，第一阶段，是人均 GDP 小于 8000 美元，这时市场上所谓的房地产问题都是住宅问题。第二个阶段，是人均 GDP 从 8000 美元到 25000 美元，这时市场上的房地产问题就升级为商业不动产的问题。第三个阶段，是人均 GDP 达到 25000 美元以后，此时房地产问题就是商用不动产和金融配合，逐步形成金融引导、支持高端的商用不动产长期持有和在此基础上形成的金融产品交易。按照这样的标准，澳门房地产市场应当属于第三阶段，即商业不动产和金融配合形成的金融产品交易问题。珠海房地产市场应当属于第二阶段中的早期市场，即从住宅逐渐向商业不动产升级，但此时的商业不动产的形态主要表现为社区商业，待人均 GDP 增长到 15000 美元之后，则进入商业不动产的高级阶段，即由社区商业向 CBD 核心区的投资性商用不动产、商用物业升级（见表 5 - 2）。

表 5 - 2 　　澳门与珠海经济发展阶段和房地产发展阶段的差异特征

项目	澳门	珠海
2011 年人均 GDP（美元）	66311	14208.73
经济发展阶段	发达经济阶段的高级阶段	工业化阶段的高级阶段
经济发展特征	制成品收入弹性减少，制成品在国内需求中的份额逐渐降低，要素投入的综合贡献率逐渐减少，全要素生产率增长较快	经济重心逐渐向高级产品制造业转移，资本积累贡献率较高，生产率对产出增长的贡献增加
房地产市场发展阶段	第三阶段	第二阶段早期
房地产市场发展特征	商业不动产和金融配合形成的金融产品交易	从住宅逐渐向商业不动产升级，但此时的商业不动产的形态主要表现为社区商业

2. 澳门与珠海的产业结构比较

澳门产业结构单一（如图 5-21 所示），主要是以第三产业为主，第二产业主要的产业形态为建筑业，从建筑业和博彩业的关系来看，具有一定的负相关关系，在澳门博彩业陷入衰退的 2003—2006 年，建筑业呈现上行趋势，但当博彩业从 2007 年开始快速增长后，建筑业在澳门产业中的比重就呈现明显的下降趋势。澳门的第三产业中，主要产业包括博彩业、房地产业和银行业，这样的产业结构符合澳门经济发展阶段对产业结构的要求，但是，由于博彩业的"一业独大"，使得澳门产业结构具有明显的单一性，博彩业在众多产业中无论是总产值还是贡献度都远远领先于其他产业。

珠海产业结构中，第二三产业占据了对珠海市经济发展的主要贡献（见图 5-22），在珠海市三次产业的贡献构成中，第二产业与第三产业都有过成为珠海市主导产业的时期，呈现主导产业不明确的特征。在第二产业中，建筑业贡献较为稳定，但是在 2008—2010 年呈现出了较大波动，第三产业在 2009 年的贡献率显著超过了第二产业，到 2010 年工业贡献率再次显著超过第三产业。从珠海市的产业结构发展过程来看，其产业机构组成基本符合珠海市目前经济发展阶段特征，工业化后期的经济发展阶段对珠海产业结构调整来说具有工业逐渐稳定，第三产业快速增长的产业结构调整要求。

通过对澳门和珠海两地产业结构发展变化的比较，可以发现两地在产业结构调整方面的异同。两地的共同点体现在第三产业在产业结构中都占据重要位置，尤其是在金融危机时期。两地的第三产业在自身产业结构中都具有重要地位，澳门是完全以第三产业为主，而珠海在其经济发展历程中，工业发展增速一直不快，这样，相对于珠三角其他地区，其对第三产业发展的依赖更强，其中，主要是房地产行业。另外，两地的建筑业在金融危机期间都出现了先增长后衰退的情况，当然，内在原因有巨大区别。澳门主要是由于金融危机导致博彩业需求减少，建筑业作为替代产业获得了成长，这种成长在博彩业恢复后就消失了；珠海则是来自金融危机后国内基础设施建设投资增加，在进入后金融危机时期，国家投资减少，房地产调控，使这种增长趋势消失。但是，由于两地经济发展阶段存在差别，澳门第三产业尤其是博彩业的发展使得澳门经济的主要发展模式要依赖第三产业，而珠海正在试图从工业化进程中获得新的增长。

从房地产产业发展的角度来看，澳门房地产产业对澳门经济贡献较为稳定，一直在6%左右（见图5-21），这一方面显示澳门房地产发展已经进入成熟期，受到经济周期的影响较小；另一方面也可以看到澳门房地产产业在澳门本地发展已经进入稳定期，向外转移是澳门房地产产业未来发展的主要方向（见图5-24）。珠海第三产业构成中，房地产投资长期是固定资产投资的主要部分，从图5-23中可以看到，从1990年起，珠海市房地产固定资产投资占珠海市新增固定资产投资比重的均值是17.8%，中位数是42%，房地产产业发展对珠海市第三产业发展具有主导作用。

从以上分析可以看出，澳门房地产产业在本地发展进入零增长甚至负增长时期，呈向外转移趋势，珠海房地产则正处于成长期，澳门房地产产业向珠海转移具备产业转移的动机和梯度条件。

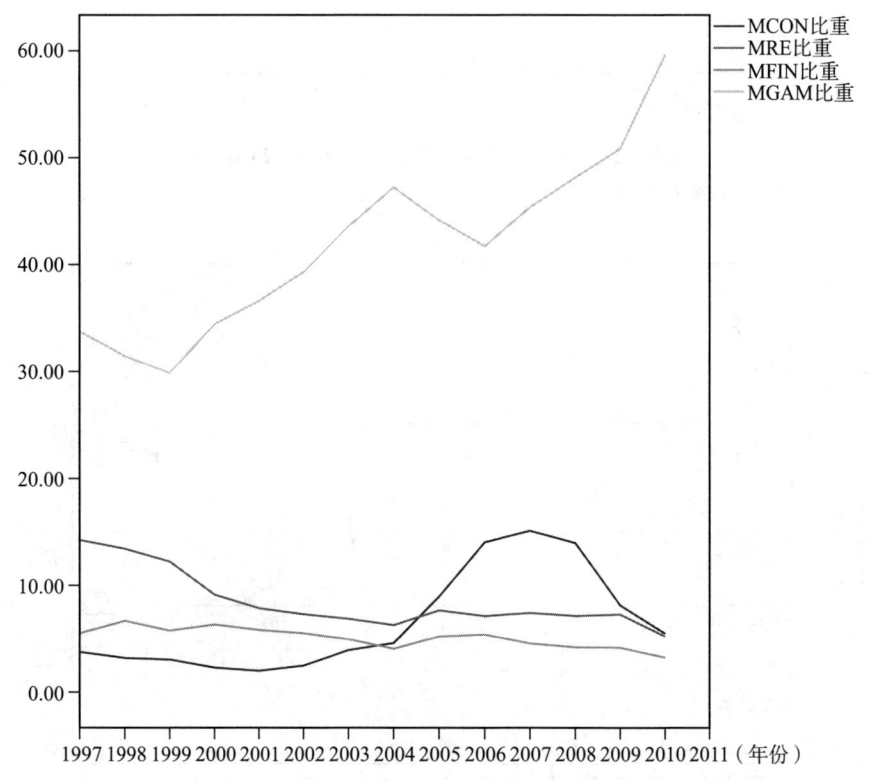

图5-21 澳门各产业比重变化（1997—2011年）

资料来源：澳门统计局。

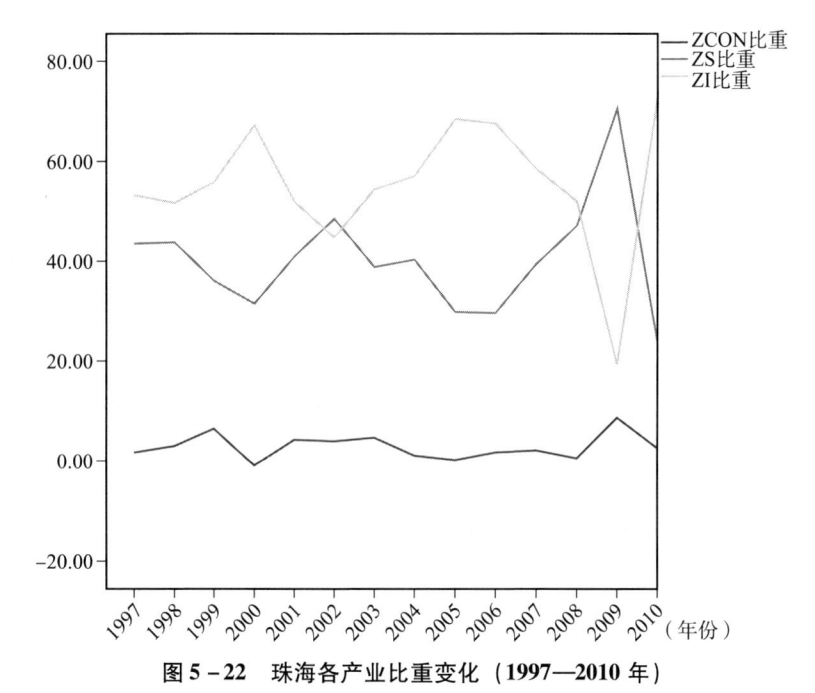

图 5-22 珠海各产业比重变化（1997—2010 年）

资料来源：珠海统计年鉴。

图 5-23 珠海新增房地产固定投资比重变化

资料来源：珠海统计年鉴。

图 5-24 澳门房地产业比重变化

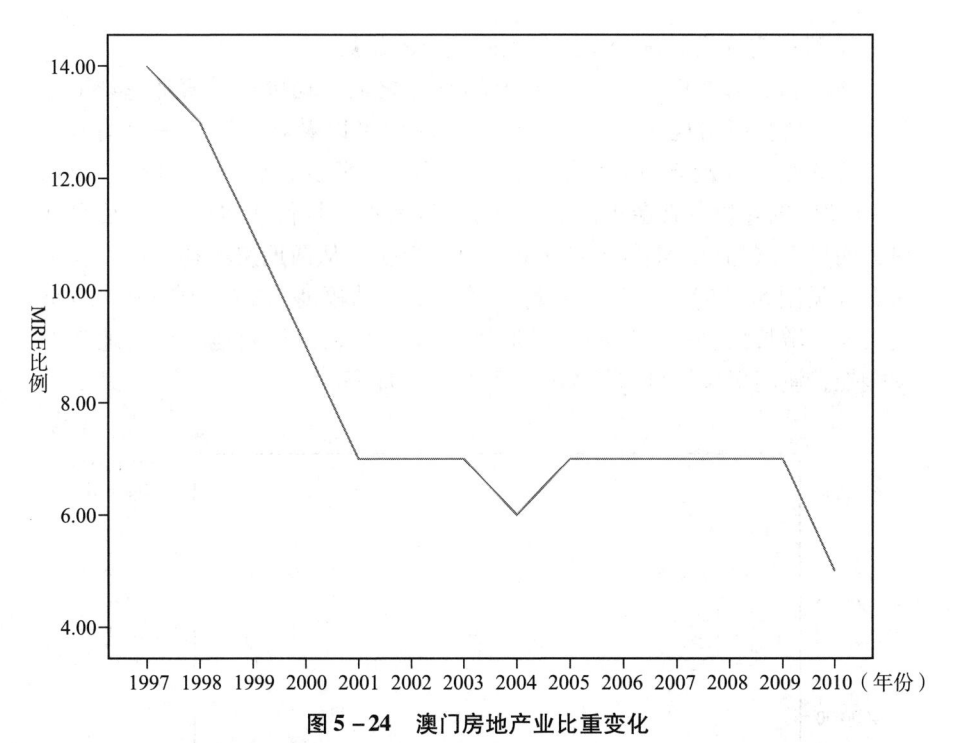

资料来源：澳门统计局。

5.4.2 澳门与珠海房地产市场的联系：基本假设与验证

澳门与珠海之间存在明显的经济发展梯度，具备产业梯度转移的基本条件，但是由于受到制度约束，其产业转移不会像国内产业区域转移那样顺利，但是也具备相当的可行性。从两地的房地产产业发展阶段来看，两地房地产产业也存在梯度转移的前提，一方面住宅和社区物业等房地产初中级的产业形态在澳门已经逐渐衰退，产业资本有将这些投资和产业进行转移的动机，并且两地除了产业转移的制度成本之外，其他成本相对较小，基于此，我们提出以下假设。

假设1：澳门房地产产业转移到珠海后，珠海住宅均价将上升，两地住宅均价差距水平将逐渐缩小。

假设2：澳门房地产产业进入成熟期后，房地产市场趋于饱和，将逐渐向珠海转移，两者房价将高度相关。

1. 澳门与珠海的房价发展：差距缩小的趋势

澳门和珠海两地的房屋均价在 2002 年之后，均价绝对值都呈现上涨趋势，但增长率出现了波动。从图 5-25 中可以看到，澳门房屋均价在 2002 年之后上涨趋势明显，期间由于受到金融危机影响，在 2009 年出现了 -0.3% 的降幅，其余年份都是上涨；珠海房屋均价从 2002 年之后呈现更为明显上涨趋势，期间没有出现下降的年份。从两地房屋均价的增长率来看（见图 5-26），澳门房屋均价增长率波动幅度明显大于珠海，金融危机期间增长幅度小于珠海，但是到 2011 年后，由于内地实行房地产宏观调控，澳门房屋均价增长率再次明显超过珠海。

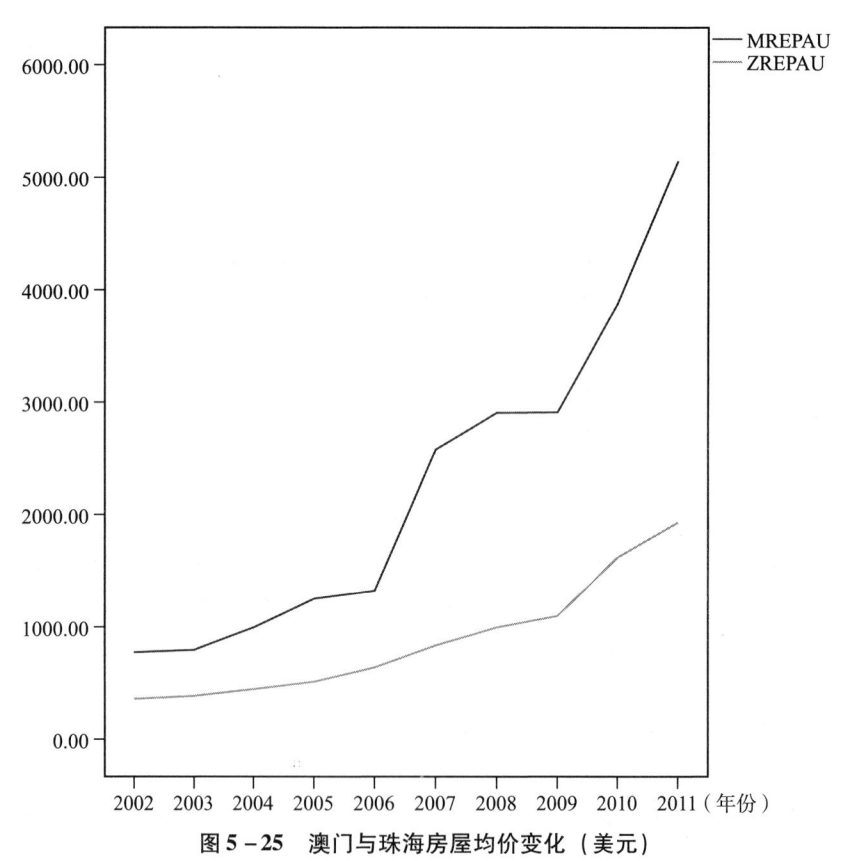

图 5-25 澳门与珠海房屋均价变化（美元）

资料来源：澳门统计局，珠海统计年鉴；美元汇率按照年度平均汇率进行换算。

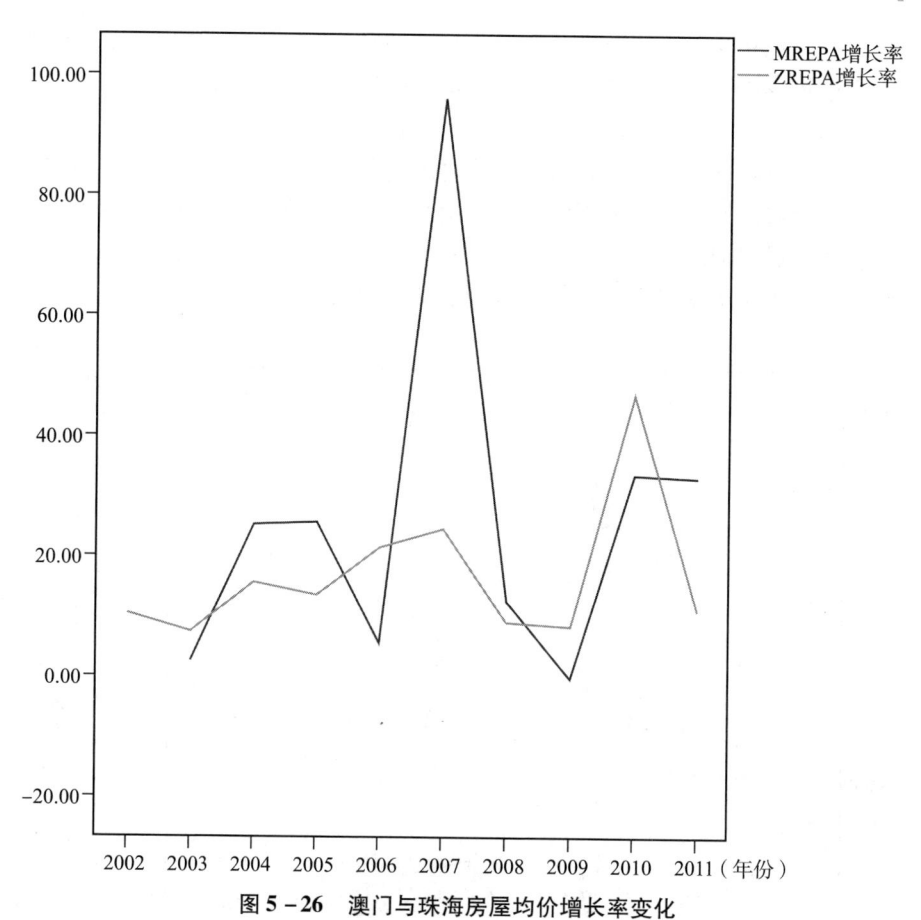

图 5-26　澳门与珠海房屋均价增长率变化

资料来源：澳门统计局，珠海统计年鉴；美元汇率按照年度平均汇率进行换算。

澳门与珠海在人均 GDP 指标上存在较大差距（见图 5-27），澳门人均 GDP 水平大约是珠海的 5 倍，但是两地房屋均价的差距要小于两地人均 GDP 水平的差距，澳门与珠海两地房屋均价的差距大约在 3 倍。从这两个指标的比较可以发现，澳门与珠海在房地产市场上的差距小于两地经济发展阶段的差距，这其中的一个主要原因在于澳门人到珠海购买房产后，提高了珠海房地产市场的购买能力，拉高了珠海当地的房屋均价，在澳门房产需求下降，珠海需求上升的作用下，降低了澳门与珠海两地的房屋均价差距，这也可以看作澳门经济增长对珠海房地产市场的正向作用。从图中也可以发现，从内地开始实施房地产宏观调控后，珠海房地产市场进行了"限价和限购"的双限政策，限制了澳门人在珠海的购房需求，两地房屋均价差距又开始拉大，而同时珠海人均GDP增幅受到房地产市场影响，扩大了与澳门人均GDP的差距，导致两者之间的缺口又开始放大。

从两地经济增长速度和房屋均价之比的指标比较来看（见图5-28），两地房屋均价的差距要大于两地经济增长速度的差距，并且两个指标之间的差距呈现波动特征。同样是受到珠海房地产市场双限政策的影响，两地经济增速比与房屋均价比的差距也开始显著拉大。

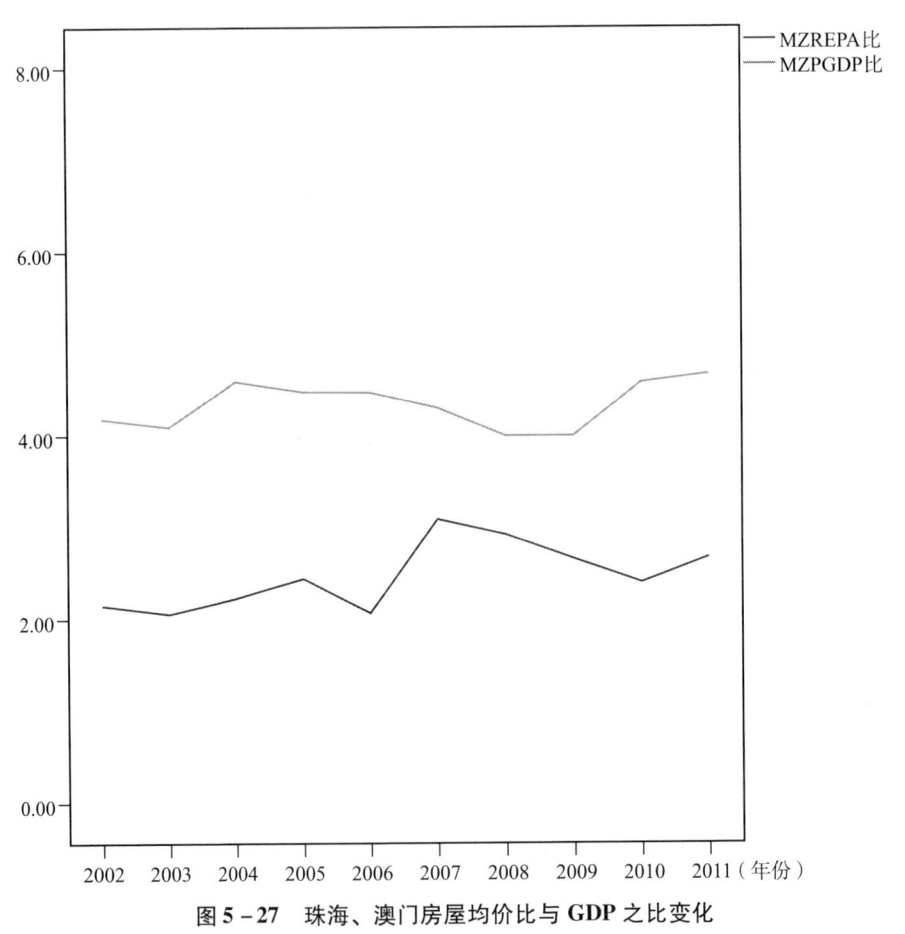

图5-27 珠海、澳门房屋均价比与GDP之比变化

资料来源：澳门统计局，珠海统计年鉴。

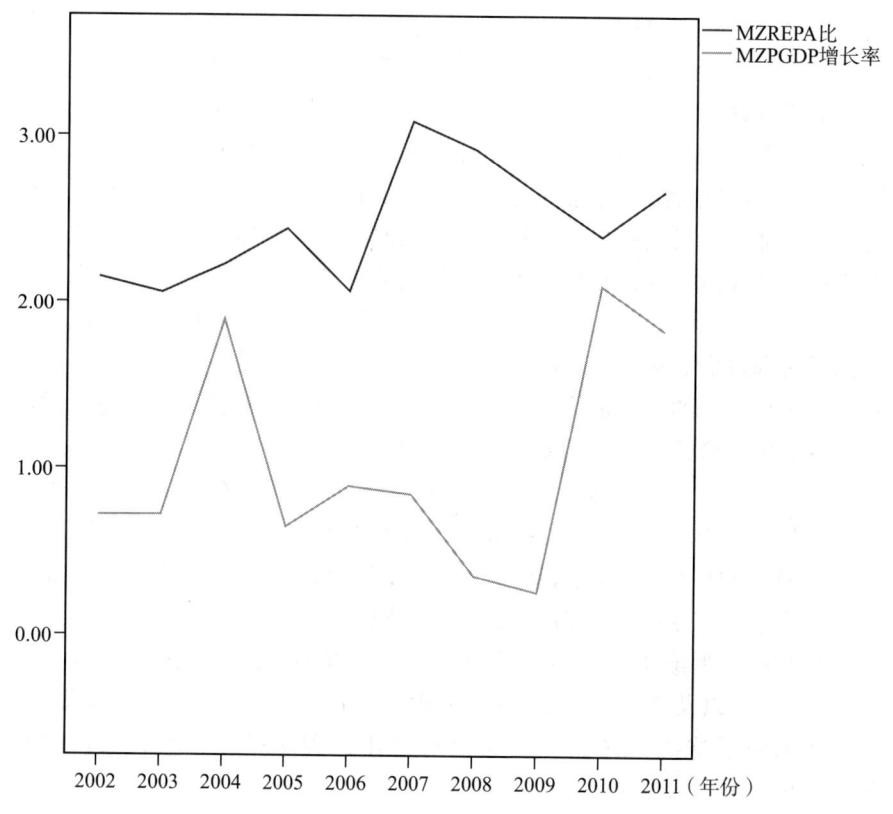

图 5-28 珠海、澳门房屋均价比与增长率变化

资料来源：澳门统计局，珠海统计年鉴。

从以上的分析可以发现，双限政策对珠海房地产市场产生了较大的负面影响，但是如果考虑消除双限政策影响的话，两地房屋均价差距将呈现继续减小的趋势，这也印证了本书的假设1。

跨区域的产业关联分析主要需要观察两地房地产产业的互动关系与产业间相互联系的"扭结"。澳门和珠海虽然在地理位置上极为接近，但是由于社会制度的原因，两地房地产产业发展呈现不同的周期特征和运行轨迹。

2. 澳门与珠海房价：高度相关的关系

澳门与珠海两地房价存在较大落差，这与两地经济发展阶段不同有一定关系，但是由于两地在地理位置和经济发展上的关联，两地房价之间存在显著的正相关关系。从相关分析的结果来看（见表5-3），澳门和珠海两地的房价在 0.01 的水平上显著正相关,相关系数达到 0.985,说明澳门房价如果上涨,那么珠海房价也将相应上涨的概率达到 98.5%。

对于两地如此之高的房价关联性,一个重要的原因在于澳门面积较小,房地产产业发展对于澳门本土经济来说不是最重要的产业,需要将有限的土地资源配置给能够带来更大经济增长和税收的博彩业,因此,澳门房价的上涨将是长期趋势。这样,挤出的澳门本体房屋需求将在地理位置非常接近的珠海实现,而且这种实现的周期将缩短,这也就印证了本书中提出的假设 2。另外关于珠海房价上涨的一个重要因素来自珠海房地产市场的投机和投资需求,从珠海投机需求的外部环境来看,随着近年来区域经济一体化进程的不断加快,珠三角地区不仅与香港签署了《内地与香港关于建立更紧密经贸关系的安排》(CEPA),加强了与香港、澳门的合作,扩大了珠三角区域的外延,形成粤、港、澳的大珠三角区域,进一步提升该区域的影响力与竞争力;从珠海市所属珠三角地区的内部环境来看,在原来的 9 个地级市的基础上进一步细分,依据地缘关系、各地经济发展水平,以及地区经济发展联系的紧密程度等因素,在原来珠三角区域的基础上形成了广佛肇(广州、佛山、肇庆)、深莞惠(深圳、东莞、惠州),以及珠中江(珠海、中山、江门)三个更小的区域集团,进一步加强了这些地区的经济交流与合作,实现资源、产业结构的互补,实现共同发展。

表 5-3　　　　　　　　　澳门与珠海房价的相关分析

变量		MREPAU	ZREPAU
MREPAU	Pearson 相关性	1	0.985**
	显著性(双侧)		0.000
	N	10	10
ZREPAU	Pearson 相关性	0.985**	1
	显著性(双侧)	0.000	
	N	10	12

**. 在 0.01 水平(双侧)上显著相关。

如果将两地人均 GDP 比和房屋均价比进行相关分析(见表 5-4),可以发现两者之间相关性不显著,即从统计学意义上来说,两者之间的趋势并没有必然的相关关系。

表 5-4　　　　　　　　　相关分析结果

变量		MZREPA 比	MZPGDP 比
MZREPA 比	Pearson 相关性	1	-0.193
	显著性（双侧）		0.593
	N	10	10
MZPGDP 比	Pearson 相关性	-0.193	1
	显著性（双侧）	0.593	
	N	10	29

如果将两地 GDP 增速比和房屋均价比进行相关分析（见表 5-5），可以发现两者之间相关性不显著，即从统计学意义上来说，两者之间的趋势并没有必然的相关关系。

表 5-5　　　　　　　　　相关分析结果

变量		MZREPA 比	MZPGDP 比
MZREPA 比	Pearson 相关性	1	-0.193
	显著性（双侧）		0.593
	N	10	10
MZPGDP 比	Pearson 相关性	-0.193	1
	显著性（双侧）	0.593	
	N	10	29

5.4.3　两地房价的内在关联与影响因素：协调性与产业影响

1. 两地房屋均价之间的协整分析

从以上的分析可以发现，澳门珠海两地的房屋均价之间存在显著的正相关关系，并且两者的比值与两地 GDP 总量和增长速度的比值之间并不存在显著的相关关系，这里的一个推论是，澳门和珠海两地房屋均价之间的联系更多地表现在两者之间的互动关系上，与外部的经济发展因素之间的互动不显著。因此，本书继续挖掘澳门和珠海两地房屋均价的内在互动关系，使用格兰杰因果检验，分析两地房屋均价的协整效应。

下面对各变量时间序列的平稳性检验。鉴于表 5-6 中的数据都是时间序列数据，因此对澳门房地产价格与珠海市房地产价格的协整分析，首先检验这两个变量的时间序列是否平稳，是否则存在谬误检验。本模型中将 X 设为澳门房地产价格，Y 设为珠海房地产价格，采用 Eviews 5.0 对序列 X、LnY、DX、$DLnY$、ΔDX、$\Delta DLnY$ 的平稳性进行 ADF 检验，具体检验结果见表 5-6。

表 5-6　　　　　　各变量时间序列的 ADF 检验结果

时间序列	检验类型 (C, T, L)	ADF 检验值	临界值	检验结果
X	(C, T, 1)	1.102069	-3.3350	不稳定
Y	(C, T, 1)	2.680522	-3.2195	不稳定
DX	(C, T, 1)	-1.899780	-3.4239	不稳定
DY	(C, T, 1)	-0.656139	-3.2695	不稳定
ΔDX	(C, T, 1)	-3.880938	-3.5507	稳定
ΔDY	(C, T, 1)	-3.662213	-3.5507	稳定

注：(C, T, L) 括号中的 C 表示 ADF 检验时含常数项（$C=0$ 表示不含常数项），T 表示含趋势项（$T=0$ 表示不含趋势项），L 表示滞后阶数，下文中的 (C, T, L) 意义相同，下同。

表 5-7　　　　　　　　参数检验结果

Variable	Coefficient	Std. Error	t-Statistic	Prob.
X	0.262909	0.018001	14.60530	0.0000
C	1552.289	383.2717	4.050099	0.0037
R-squared	0.963852	Mean dependent var		6304.100
Adjusted R-squared	0.959334	S. D. dependent var		3177.003
S. E. of regression	640.6689	Akaike info criterion		15.93976
Sum squared resid	3283653	Schwarz criterion		16.00028
Log likelihood	-77.69880	F-statistic		213.3149
Durbin-Watson stat	2.204750	Prob (F-statistic)		0.000000

表 5-7 中的检验结果表明,澳门房地产价格和珠海市房地产价格的水平值和一阶差分在 10% 或 5% 的显著水平下接受原假设,而二阶差分在 1% 的显著水平下都拒绝原假设,因此它们都是 $I(2)$ 型平稳序列,应采用处理非平稳变量的协整分析方法,检验各变量间是否存在长期稳定的均衡关系。在此采用人们通常用的 EG 两步检验法,以变量 Y 为被解释变量,X 为解释变量,假定协整回归模型为:$Y = \alpha + \beta X + \varepsilon$。用 OLS 法对两序列进行估计结果为

$$Y = 1552.289 + 0.2629094X \tag{1}$$
$$(4.050099)\ (14.60530)$$

$R^2 = 0.963852$,$DW = 2.204750$,$F = 213.3149$ 由估计结果可知,可决系数为 96.3852%,有较好的拟合性。由估计方程得残差序列的估计值为

$$\varepsilon = Y - 1552.289 - 0.2629094X \tag{2}$$

对残差序列做单位根的 ADF 检验结果见表 5-8。

表 5-8　　　　　　　残差序列的 ADF 检验结果

序列变量	检验类型	ADF 检验值	5% 水平的临界值	检验结果
ε	$(C, T, 1)$	-3.585334	-3.3350	平稳

由表 5-8 检验结果可知,在序列包含截距项和趋势项并且滞后阶数为 1 的情况下,ADF 检验统计量明显小于显著水平为 5% 时的临界值,估计残差序列 ε 为平稳序列,即 $\varepsilon \sim I(0)$。表明珠海市房地产价格与澳门房地产价格之间存在协整关系,即珠海市房地产价格与澳门房地产价格之间存在长期动态均衡关系。这种动态均衡关系说明 2000 年以来珠海市房地产价格与澳门房地产价格间呈现出一定的协调性,澳门房地产价格每提高 1 美元,珠海市房地产价格将提高 0.2629094 美元。

表 5-9 的检验结果表明:滞后 1 期时 Y 不是 X 的格兰杰原因的概率是 1.6079%,说明珠海市的房地产价格对澳门房地产价格提高的效应在滞后 1 年时最为明显,可以说珠海市的房地产价格是澳门房地产价格的格兰杰原因;而从滞后 1 期到 2 期,X 不是 Y 的格兰杰原因的概率都在 22% 以上,且呈现递减的趋势,说明澳门房地产价格提高对珠海市的房地产价格有一定的推动作用,但效果还不是很明显,有待于进一步加强。两者间是一种单向的格兰杰因果关系。

表 5-9　　　　　　　　各变量之间的格兰杰检验结果

虚拟假设	滞后阶数	F 检验值	概率
Y 不是 X 的原因	1	11.0014	0.01607
X 不是 Y 的原因	1	0.01607	0.96744
Y 不是 X 的原因	2	13.8632	0.03051
X 不是 Y 的原因	2	2.50781	0.22897

2. 两地房地产产业的影响因素比较

首先，本书对澳门房价影响因素进行分析。一般来说，房屋均价受到当地经济发展水平的直接影响，本书将澳门经济结构进行产业细分，分析澳门建筑业、不动产业、银行业、博彩业四大主要产业与澳门房价的变动关系，构建澳门房屋均价与澳门主要产业之间的线性回归模型

$$MREPA = \alpha_0 + \alpha_1 MCON + \alpha_2 MRE + \alpha_3 MGAM + \alpha_4 MFIN + \varepsilon$$

本模型中，$MREPA$ 代表澳门房屋均价，$MCONC$ 为澳门建筑业产值，MRE 为澳门不动产业产值，$MGAM$ 为澳门博彩业产值，$MFIN$ 为澳门银行业产值，单位均为千澳元，（$\alpha = 0, 1, 2, 3, 4, 5$）为各产业产值与澳门房屋均价的标准系数，为残差。通过 SPSS 18.0 软件的运算，得到表 5-10 的回归结果。

从回归的结果可以发现，模型拟合优度很高，达到 98.3%，F 统计量较大，证明本模型在统计学意义上显著；四个产业变量的 T 检验均显著，说明本模型在验证澳门房屋均价与澳门主要产业之间关系有意义。从各变量的相关系数可以发现，澳门房屋均价与建筑业、不动产业、博彩业存在正向相关关系，但是与澳门本地银行业存在负向相关关系。在澳门四大产业与澳门房屋均价的相关关系中，博彩业与房屋均价相关系数最大，甚至超过了房屋本体属性的不动产业。澳门房屋均价变化的机制显然有别于其他经济体，在全球大部分经济体中，房地产是拉动经济的因素，这是由于房地产业的关联属性所导致的，即由房地产业带动固定资产投资，从而带动上游和下游产业的联动投资，直至带动整个经济系统的增长，所以，房地产业是世界主要经济体经济增长的重要推动因素，这些案例包括所有产生过房地产泡沫的主要发达国家或地区，如美国、日本、中国香港，以及中国内地。当然，也包括珠海。但是澳门的机制却有很大的不同，甚至是

"逆机制"，通过以上分析可以看到，澳门房屋均价的变化主要受到博彩业发展的拉动，即澳门房地产在澳门经济增长中并不是拉动因素，而是被拉动的产业，拉动经济的源头不是房地产，而是博彩业。在澳门，先是博彩业的快速增长，导致了对土地和高级商业地产的需求，然后才有针对博彩业的房地产开发，以及快速增长的人均 GDP 和个人收入，从而增加了对房屋的需求能力，最终带动房屋均价的上涨，这也就是澳门房屋均价与博彩业关联更大的内在形成机制。

表 5 – 10　　　　　澳门房屋均价与澳门主要产业回归结果

模型	系数	t	Sig.
常量	0	0.502	0.642
MCON	0.169	1.301	0.263
MRE	0.717	3.005	0.040
MGAM	0.747	5.362	0.006
MFIN	-0.570	-2.133	0.100
F	113.679		
Sig	0.000		
R^2	0.983		

使用类似的模型来探索珠海房价与珠海市产业发展之间的关系。构建珠海房屋均价与工业、服务业、新增固定资产投资之间的线性回归模型，具体回归结果见表 5 – 11。

表 5 – 11　　　　　　　　回归结果

模型	系数	t	Sig.
（常量）		-1.095	0.310
ZNFI	0.059	0.627	0.550
ZI	0.524	0.794	0.453
ZS	0.461	0.699	0.507

续表

模型	系数	t	$Sig.$
F		38.019	
Sig		0.000	
R^2		0.917	

从本模型的回归结果来看,虽然模型的拟合优度达到了91.7%,F检验也比较好。但是,从自变量的T检验结果来看,所有的自变量和常量都没有通过T检验,即珠海房屋均价与这三个变量之间并不构成显著的相关关系,一个推论就是,珠海房屋均价变化与珠海市产业发展水平并不存在显著相关关系。验证这个结果的一个检验证据来自珠海房地产市场中购房者来源的数据,从珠海市房地产市场购买人群的分布来看,本地购买者的比重在50%左右,这个数据在2006年之前是40%左右,2004—2006年,澳门人到珠海购房的比重占整个购房者比重的18%、30%和21%,其后受到全球金融危机影响,比重下降,到2011年,港澳地区在珠海购房的比重大约在13%。从这些数据可以发现,珠海房地产市场是一个典型的外来投资占主体的市场,其房屋价格与地方产业发展不显著相关也得到了合理的解释。

那么,珠海市房屋均价是不是与外部的经济变量有显著关系呢?本书继续检验了珠海市房屋均价变化与澳门产业发展之间的关系,依然是将澳门地区四个主要产业与珠海市房屋均价做线性回归的分析,结果见表5-12。

表5-12　　　　　　　　　　回归结果

模型	系数	t	$Sig.$
(常量)		0.516	0.633
MCONU	0.169	1.319	0.258
MREU	0.718	3.022	0.039
MFINU	-0.572	-2.158	0.097
MGAMU	0.749	5.412	0.006
F		114.738	
Sig		0.000	
R^2		0.983	

从本模型的回归结果来看，模型的拟合优度达到 98.3%，F 检验也比较好，澳门四个产业变量都通过了 T 检验，说明澳门四个产业发展与珠海房屋均价之间存在显著的相关关系。结合模型分析的结果，进一步证明了澳门房屋均价和珠海房屋均价之间的高度正相关关系，同时，也验证珠海房屋均价与澳门经济发展密切相关，其中，澳门的博彩业和不动产业与珠海房屋均价之间的相关系数分别达到 0.749 和 0.718，正相关关系较强，建筑业与珠海房屋均价的相关系数为 0.169，小于博彩业和不动产业，而银行业与珠海房屋均价之间存在较强的负相关关系，相关系数为 -0.572。从以上的分析可以推论，珠海房地产市场是一个具有明显投资和投机特征的市场，这样就导致了珠海房屋均价与本体的产业发展关系不显著，但是与澳门的产业发展高度相关。在澳门的这些影响变量中，我们发现澳门银行业与澳门房屋均价和珠海房屋均价之间都是负相关关系，一个可信的原因就是，澳门和珠海的房地产市场具有投资品特征，这样，与银行业之间形成了替代关系，这也进一步验证了珠海房地产市场投资性较强的推论。另外，澳门房地产业发展已经计入成熟期，成长空间有限，澳门房地产业向珠海的转移是发展趋势，尤其是在横琴大开发的背景下，两地经济和产业融合将呈现加速的趋势，房地产业作为澳门的主要产业和珠海的支柱产业，其融合趋势将领先于其他产业，这样的结果就是作为澳门房地产产业转移的优势区域，珠海房屋均价与澳门房屋均价之间的差距将随着珠澳两地经济的加速融合和澳门房地产产业的梯度转移呈现缩小的趋势，这种差距将快于人均 GDP 差距缩小的速度和周期。

依据以上的分析，本书得到了关于澳门和珠海房地产市场关联效应的以下几个基本结论。

（1）珠海房地产市场受到澳门的影响较大。从经济学理论上来说，房地产市场受到本地经济发展的影响较大，受到本地产业发展的影响也相应较大，但是，珠海房地产市场出现了"悖论"。这个悖论实际上是完全可以解释的，一方面由于珠海和澳门地理位置极为接近，虽然在经济发展核算上属于两个经济体，但实际上两者密切的经济往来造成了两地经济的内在深度联系，再结合珠海房地产市场投资性属性较强的特征，珠海房地产市场与澳门经济关系更密切的现象就有了合理的解释。

（2）澳门与珠海房屋均价具有极强的正相关关系。澳门与珠海房屋均价之间虽然存在差距，但这种差距的根本原因来自于两地经济发展阶段的不同，但并不能掩盖两地房屋均价之间极强的正相关关系，即澳门房屋均价上涨将带来珠海房屋均价上涨，两者之间的滞后期大约是 1 年，澳门房价每增长 1 美元，带来珠海房价增长 0.262904 美元。

（3）澳门与珠海房屋均价之间的差距将逐渐缩小。澳门与珠海房屋均价之间存在的差距较大，但是在珠海双限之前，这种趋势在逐渐缩小，这是由于外部经济环境恶化，以及澳门房地产发展进入饱和期后，澳门房地产资本和投机资本转移到珠海房地产市场，拉高了珠海的房屋均价，在澳门受到土地资源约束极强的背景下，结合横琴大开发的重大战略机遇，澳门房地产资本和投机资本将加速进入交通成本极低的珠海市场，导致两地房屋均价差距加速减少，当然，这种趋势显然要密切关注限购和限价政策的退出窗口。

5.5 内部资源能力：华发成长的内生动力

企业的内部资源能力决定企业的竞争优势。华发股份是全国 136 家上市房地产企业之一，是珠海房地产企业的龙头，多年来一直专注于以打造精品住宅与精品社区为主线的内部资源能力的培育与积累。华发股份的内部资源能力概括起来就是：领航业界的产品设计能力与科学系统的品质控制能力。具体包括：核心技术平台、多重设计职能、全新设计理念、独到的精装认识、"全过程精装"经验、"广义精装"能力、健全的职能公司等。

根据资源能力可模仿曲线（见图 5-29），华发股份的上述资源能力，均属于有价值的、稀缺的、难以模仿的能力范畴。这些难以模仿的资源能力经过科学整合，构成了华发股份的核心竞争能力。与中国房地产业绝大多数的企业相比，这种核心竞争能力在当前及今后相当长的时间里，使华发股份拥有了在住宅产品开发领域的诸多领先优势。

5.5.1 产品设计能力

华发股份多年来一直坚持精品开发战略，在公司发展上主张"不求最大，只求最好"；在产品开发上主张"打造产品，更是打造作品"；提倡"做西装建筑，求恒久品质""百年大计，重在设计"，这些都充分反映了

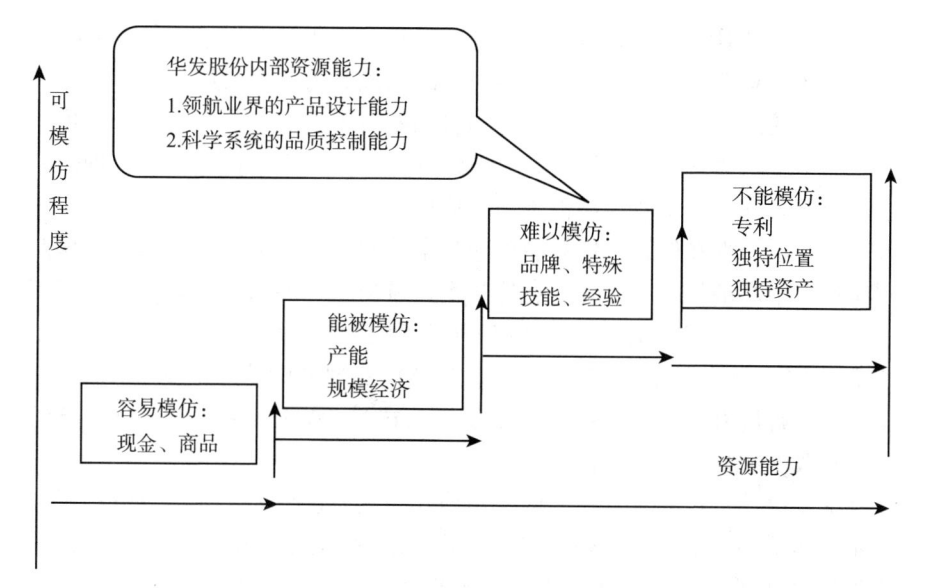

图 5 – 29　资源能力可模仿曲线

华发股份对产品设计的高度重视。华发设计公司撑起了华发股份的核心技术平台；多重设计职能全方位助力于华发股份项目的开发运营；全新的设计理念深度揭示了华发股份卓越的产品设计实力。

1. 核心技术平台

华发股份坚持精品开发战略，走全精装成品开发之路，离不开与之配套的核心技术平台的及时构建与有力保障。伴随华发股份的不断成长与壮大，这个核心技术平台的综合实力与保障作用越来越强大，越来越显著，它就是华发股份的御用设计团队或者说度身定制的核心技术平台——珠海华发建筑设计咨询有限公司（以下简称华发设计公司）。

华发设计公司因应企业发展的需要而诞生。在大多数房地产企业中，设计管理的职责，还仅仅停留在项目前期与政府职能部门、外部设计单位，项目中期与企业内部的成本部门、工程部门，项目后期与建筑施工单位的简单业务层面的沟通，大多数企业从事设计管理的人员编制很少，一般局限在设计部或工程部的范畴，素质也整体偏低。然而，在从资源竞争向能力竞争不断转移的房地产市场，设计管理一方面直接决定了公司产品是否符合消费者的要求，进而决定了产品可以为公司带来的收入，另一方面，设计管理决定了项目70%以上的成本支出（建安成本），进而决定了公司项目开发的利润空间，决定了公司投资的成败。因此，房地产开发企业对从事设计管理工作人员的要求越来越高，既要具有很过硬的专业技术水平，还要具备很强的协调管理能力。团队成员的技术素质，直接影响着项目产品的品质与成本，团队成员的协调能力与责任心，直接影响着项目进展的速度与质量。不断发展壮大设计管理队伍，不断提高设计管理团队素质对所有房地产企业均显得越来越迫切，但也面临越来越多的压力，这种压力与迫切性在始终坚持精品理念与全精装成品开发路线的华发股份及所有从事中高端住宅品开发的房地产企业显得尤为突出。许多企业认识到了，但没有足够的行动，华发股份认识到了，并且采取了坚决的行动：2005年初，华发股份管理层决定：取消传统的规划设计部，成立珠海华发建筑设计咨询有限公司（简称华发设计公司）。从此，华发设计公司撑起了华发股份的核心技术平台。

华发设计公司的成立，为储备与培养高素质设计人才与项目管理服务人才搭建了一个坚实而广阔的平台，设计管理团队由2005年初公司正式开业时的20多人发展壮大到今天的110多人，以过硬的实力于2010年正式取得住建部颁发的建筑设计甲级资质。在谈到成立华发设计公司的意义时，华发股份董事局主席袁小波说："成立设计公司，不是要你们赚钱，而是要从源头上保证华发楼盘的品质，把华发的产品做精做好，同时储备人才，培养我们自己的设计精英。"

2. 多重设计职能

华发设计公司在全面承接并加强原有规划设计部设计管理职能的同时，担负起华发股份全部开发项目的施工图设计工作，从设计质量、设计进度与施工配合服务等多方面，全面摆脱了过去受外委规划设计单位牵制的被动局面，使设计管理的广度与深度得以空前延展，成为支撑华发产品开发坚持精品路线，越完美越追求完美的最坚实最可靠的基础与后盾。华发设计公司的多重设计职能包括以下内容。

（1）设计管理职能。负责公司所有项目的规划设计管理工作，既包括与所有境内外顾问设计单位考察比选、合同谈判、任务交底、方案设计沟通、设计成果验收等有关的直接设计管理职能，也包括与设计招标投标、会议组织接待、规划设计报批、档案管理等有关的间接设计管理职能。与众多国际一流设计团队的沟通合作大大开阔和提高了华发设计团队的视野和水平，同时也聚集了一大批业务素质过硬的专业技术人才，为公司事业的发展提供了越来越强大、越来越全面的技术支持与保障。华发设计公司强大的人才队伍、齐全的专业配备，为其充分履行设计管理职能提供了可靠的保证。

（2）设计深化职能。负责华发开发所有项目的土建施工图、室内装修施工图、园林景观施工图的设计工作，与国际一流设计团队积极配合、出色配合，成为设计成果转化与设计成果深化的核心技术纽带与中坚力量，其图纸的质量、深度、精度与总体设计水平位居广东设计行业的前列。华发设计公司以强烈的主人翁责任意识审慎研判每一个方案的优劣得失，科学组织相关专业的交叉配合，高效推进施工图纸的精准深化。华发设计公司是华发系列产品设计的灵魂，既是设计的组织者又是设计的参与者，而且是最终设计成果的提供者与验收者，直接对设计成果的质量或者说最终产品开发的质量负责。高水平的方案把控、科学的专业配合、精准的施工图深化，是华发精品开发战略得以实施的最根本也是最重要的前提保障。

（3）设计服务职能。华发设计公司的全体员工均具有与生俱来的甲方责任意识。和一般意义上的普通设计单位与开发商业主的甲乙方设计服务关系不同，华发设计公司的全体技术人员是设计意义上的乙方，更是管理意义上的甲方，他们从来不存在设计技术责任上的相互推诿，也不存在处理现场技术问题上的任何拖拉。设计质量、产品品质高于一切，现场的问题不能等、不能拖，时间就是成本，时间就是效益，这种责任意识已深深扎根于每一位华发设计人员的心底，华发设计公司是华发股份名副其实的御用设计团队。

（4）设计咨询职能。华发设计公司还从设计咨询的角度参与公司战略土地资源的选择、前期市场定位工作；参与成本控制部门与招标采购部门在供货商比选、材料定板方面的工作；参与工程管理部门现场施工方案制定、现场施工问题处理、竣工验收等方面的工作；参与营销公司、文化传播公司的销售人员培训、楼书、模型等营销物料准备方面的工作；参与华发物业管理公司在物业维护与管理控制方面的业务指导与效果把关工作，等等。在贯穿于公司项目立项、定位、设计、成本、施工、营销、物管等各个阶段，为确保华发产品的质量、确保华发项目的成功，提供了全方位、全过程的系统质询服务与核心技术支持。

3. 全新设计理念

华发人坚持越完美越追求完美的理想，以华发设计公司为依托，在产品开发实践中不断探索，总结提出了许多全新的、行之有效的设计理念与设计方法。

（1）"倒装设计"。华发人认为，产品设计必须一切从业主的实际生活需求出发，坚持以人为本，充分考虑业主的生活方式与生活规律，做到从生活中来到生活中去，打破传统的规划设计程序，坚持"倒装设计"：在规划布局和户型设计中就引入室内设计的概念，建筑方案和室内装修方案同步推进、相互依托、相互促进，避免建筑设计给室内设计留下使用功能的硬伤，从源头上杜绝业主入住后任意改动平面布局、任意拆改、重新装修现象的出现。

（2）"集约设计"。华发人致力于打造完整与完美的成品住宅，做彻头彻尾的、负责任的精装，在合理组织使用功能、恰当把控空间尺度的前提下，力求使室内空间或者说使用面积"多一分不必、少一分不可"，通过精准的尺度把握，让有限的室内空间实现最大限度的功能利用，努力提高内部空间的使用效率，控制好成本，主张"业主的生活我做主"，花好业主的每一分钱，力求成本控制与使用效果俱佳的集约设计。

（3）"全过程设计"。华发人所理解的设计，既不是土建开工前的（毛坯房产品）建筑设计，也不是土建工程完成以后，在即成事实基础上的精装修设计，而是伴随着项目前期定位、建筑与户型设计、室内装修设计、施工过程深化设计等的全过程相互配合、有效衔接的系统设计。所谓全过程设计，是指任何设计阶段与设计专业，无论是建筑设计还是室内装修设计，无论是施工前的图纸设计还是施工过程中的节点深化设计，无论是建筑、结构主力专业设计还是水、暖、电配套专业设计，都不是孤立存在的，而是相互衔接、相互促进、互为条件的。比如，过分强调建筑设计立面造型会影响户型设计的合理性与室内装修设计的效果，过分强调室内设计也同样会影响建筑的合理造型与规范要求的有效落实。

前期产品定位与设计任务书的正确与准确，决定了产品的品质走向；建筑设计与户型推敲，奠定了产品品质的基本框架；室内装修设计从空间尺度把控、材料色彩搭配、构造细节推敲等方面，全方位诠释产品品质的真实内涵；施工过程深化设计，是对前期设计疏漏与缺陷的补救，也是解决现场实际问题的科学手段。只有坚持全过程设计理念，全过程重视产品设计，才能真正成就令人满意的产品品质。

5.5.2 精品开发实现能力

华发股份多年来始终坚持精品开发战略，一个个经典楼盘以卓越的品质闻名遐迩，而成就这种卓越品质的是华发股份多年来精心构建的科学系统的品质控制能力。独到的精装认识是引领华发人执着追求产品品质的行动指南；"全过程精装"经验是成就华发精装天衣无缝产品品质的科学法宝；"广义精装"能力是全面提升华发社区整体品质的秘密武器；健全的职能公司是兑现华发股份品质控制能力的根本保障。华发人认为，毛坯房、清水房无资格成为好房子，只重视面积不重视功能的房子不是好房子，只有屋内小环境没有社区大环境的房子不是好房子，没有良好物业管理及放心维修保养的房子不是好房子，随意被加建及外立面不断遭到破坏的房子不是好房子，住不上二三十年就要拆掉的房子更不是好房子。好品质的房子必须是坚固、实用、美观的成品房或精装房，建筑外饰效果必须严格加以控制与保护，建筑内部设施设备必须得到及时有效的保养与维护，必须具有良好的社区环境、完善的生活配套与优良的物业管理。当下的中国房地产市场，成品房的比例非常低，好品质房子的比例便可想而知了。华发人执着于好房子，执着于精装成品住宅开发，形成了奠定华发精品战略基础的独到的精装认识。

1. 全过程精装

自2002年开始，华发产品（部分别墅产品除外）一直坚持全部精装修交楼，十年间，华发累计开发完成了精装修住宅建筑面积数百万平方米。由于当时国内市场还很少有可借鉴的项目实例，无论从设计管理的角度还是从施工管理的角度，协调管理工作量之大超乎想象，面临的困难与压力层出不穷。十年间，走过的弯路很多很多，积累的经验很厚很厚，华发股份坚持十年的不懈努力，走出了一条具有华发特色的全过程精装成品开发之路。

（1）市场定位阶段，不仅停留在对户型与户型配比的简单指引，而更对户室构成、开间进深尺度、装修标准、装修材料与设备品牌等作出具有明确市场针对性的规定，进而产生对建筑设计与室内设计的直接影响。

（2）土建设计阶段，在充分实现规划布局合理、建筑风格协调美观的同时，既要充分满足户型与户型配比的基本设计要求，又要充分满足市场定位对开间进深尺度、开窗开门尺寸、飘窗设置、空调室外机隐蔽、洗衣机位置、阳台个数与朝向等方面的特殊要求，同时，还必须根据室内设计深化提出的空间流线、功能布局及准确的水电定位、隔墙定位等具体要求，对土建设计（包括建筑、结构、设备等）进行进一步的调整与修改，确保据此施工的土建工程能与后续装修工程实现顺利过渡，无缝对接。

（3）装修设计阶段，在土建设计的基本框架基础之上，认真把控空间、流线、材料、色彩及造型等装修设计要素；在与土建设计实现充分互动的基础上，全面满足市场定位关于装修标准的各项要求；在对各功能空间未来最合理使用状态进行充分研判的前提下谨慎确定水电开关定位；在与各种甲供材料招标投标实际情况充分互动的情况下落实每一种材料、每一处细节的平面立面设计及节点构造深化设计；在充分兼顾后续施工环节实际情况的前提下制定对后续施工具有针对指引作用的详细要求与过程深化设计。

（4）土建施工阶段，与一般毛坯房交楼工程相比，施工要求标准大大提高：首先，房间的方正度、墙面的垂直度、地面与楼面的平整度必须十分高，因为此三度的标准直接影响到后续装修施工的效果；其次，所有水电接口、开关插座位置的准确预留与施工必须非常精准，因为这将直接影响装修环节各种设备的准确安装就位与未来住户的合理方便使用；另外，公共区间的机电设备安装、水电气暖管网铺设等工程的施工标准也必须大大提高，如地下车库管网施工，要在满足国家有关施工技术规范的基础上，充分满足美观的要求，减少对有效净空特别是车道空间有效净空的占用，各种管网的排布必须尽量做到整齐紧凑、标准统一，确保精装后的地下停车空间在使用功能与美观效果上和精装交楼成品住宅的完美匹配。

（5）装修施工阶段，是在前述精心设计与土建施工基础上，完美呈现精装产品效果的关键阶段。首先，实现土建施工到装修施工的顺利界面交接对土建施工单位与装修施工单位均至关重要，100%抽检率是精装项目与毛坯房项目的巨大不同；其次，精装项目必须力争尽量减少现场施工的工程量，除必需的贴铺、涂装工程与局部吊顶工程之外，门窗、地板、橱柜、台面、厨卫设备、电气设备等工程，在集团采购、择优选择供货商的前提下，全部实行工厂加工、现场安装，确保效果最优、品质最好，确保质量过硬、安全标准达标，确保成本最经济、最合理，确保工期最短、效率最高；再次，大规模装修施工全面考验施工企业集团化交叉作业管理水平、专业分工协作水平、成品保护经验等。

华发精装住宅产品的打造，从产品市场定位、土建方案与施工设计、室内装修设计，到土建施工与装修施工的各个阶段，相互关联，相互依托，互为条件，共同实现了产品价值的层层叠加与产品品质的层层构建，"全过程精装"经验是华发住宅天衣无缝产品品质的成功法宝。

2. 广义精装

华发股份坚持精品开发战略硕果累累，不仅成功实现了住宅产品从毛坯房向精装房的华丽转身，同时也成功实现了从孤立打造精装住宅单位（狭义精装）向全面打造精品居住社区（广义精装）的完美跨越，我们称华发股份具有"广义精装"能力。所谓"广义精装"能力，即从单纯强调住宅单体室内精装转向全面追求建筑立面、规划布局、社区环境、停车空间、生活配套、物业管理等的对开发项目的全面系统的精良化、精细化打造的能力。

华发人眼中的好房子好社区，除了住宅必须是精装成品之外，还必须具备舒适、优美、安全、宁静的室外休闲环境、便捷顺畅的交通组织、充足舒适的停车空间、完善的公共配套与一流的物业管理服务。华发股份的"广义精装"能力完整兑现了好房子与好社区的完美梦想：从社区到组团、从室内到室外、从地上到地下、从硬景到软景、从配套到物管，处处追求精美、精致、精品。正是基于华发股份的"广义精装"能力，我们才得以见证除了精装修住宅之外的不同寻常的精美园林、精装车库、精良配套与精心物管。

"影响中国的三十大社区"华发新城，是华发品牌的代表之作，是华发股份发展壮大道路上具有里程碑式意义的作品。珠海华发新城，以超百万平方米大盘精装的实践经验启蒙了珠海乃至全国更大范围的精装修时代；以国际一流水平的精品园林带给人们对家园的全新认识；人车分流的阳光地下车库、无微不至的物业管理让人们真正懂得了什么是以人为本。华发新城是集中体现华发股份广义精装能力的代表之作。继华发新城之后，华发世纪城、华发绿洋山庄、华发水郡、华发中山生态庄园等一批经典作品的相继建成与巨大成功，一次又一次向业界与广大消费者展示了华发股份全面打造成品大盘与精品大盘的综合实力。

（1）精美园林。华发项目的精美园林，一律由国际顶尖设计师主笔设计，华发设计公司深化设计，华发园林公司监建，从宏观到微观、从硬景到软景，尽显国际水准。有人说华发园林就是个大公园，有太多的亭台楼阁、廊桥曲径、奇花异草；有人说华发精品社区就是度假胜地，令所有参观来访者流连忘返；有人因为华发的精装成品住宅喜欢上华发，选择了华发，更有人因为华发的精品园林迷恋上华发，选择了华发。

（2）精装车库。华发人充分理解地下车库是业主每天进出家门频繁光顾的场所，其美观明亮、装饰精美不应亚于精装建筑的任何角落。人车分流的大型阳光地下车库，将自然光线与园林景观引入地下，是华发项目的一大亮点，整齐划一的综合管线、涂装精美的停车位与行车带，标识清晰的交通指示牌、明亮的灯光照明、直入各居住单位的地下入户大堂，令所有参观者赞叹不已。华发精装地下车库让业主把停车当成享受，把从地下车库回家视作尊贵旅行。

（3）精良配套。华发项目一贯注重包括商业服务、教育文化、体育休闲等公共配套服务设施的精心打造。珠海华发商都的建设规模、标准与风格上的独树一帜，将一改整个珠海市的商业格局，为华发业主提供前所未有的综合商业配套；华发教育远近闻名，从容闳幼儿园、容闳学校、容闳书院（初中部），到德威高中等系列华发教育品牌，已构成一道靓丽的风景，无论从其建筑与园林营建成就，还是从其办学理念的国际视野，已成为华发项目精品品质的代名词；以奥特美会所为代表的华发项目系列会所为华发业主提供了尊贵的日常运动休闲娱乐设施，同时，散布在社区内的游泳池、泛会所、休闲亭廊等，使这种生活配套变得更加贴近生活。

（4）精心物管。国家一级资质的华发物业管理公司位列中国百强第37位，是华发项目最称职最贴心的品质物业守护者，一流的社区安全、一流的室内室外保洁、设备设施的及时维修、园林绿化的持续养护、建筑外观的悉心呵护等，尽显华发物业的品牌实力。自从有了华发物业，华发社区因为安全闻名，因为严格的立面管控闻名，在华发社区，不再有任何防盗网的丑陋与尴尬，不再有任何乱改乱建对立面效果的破坏，管理的细致甚至扩展到禁止玻璃贴膜、禁止阳台栏杆晾晒等。

5.6 华发股份成长轨迹的特质比较分析

本部分将从战略、产品、运营、管控四个方面对华发股份的成长轨迹特质进行深入分析，利用与行业标杆企业的对比，来剖析珠海华发成长轨迹与标杆企业的差异，将标杆企业作为"镜子"，"找差距，提亮点"，刻画珠海华发成长轨迹中的特质。在本部分的研究中，标杆企业样本主要是来自中国房地产产业排名靠前的企业，其中，由于珠海华发地处珠海，毗邻港澳，也加入了港澳的房地产企业，做到比较分析的行业邻近，以及地域邻近。

5.6.1 企业战略层面

华发的企业战略一直秉承"深耕珠海，布局全国"，始终以珠海本地市场作为企业的"明星"模块,以资源和政府关系为导向实现全国化布局。这种基于利基市场的企业战略是华发企业战略的核心。与中海地产等全国性房地产企业相比,华发的企业战略具有区域化和适时扩张的特点。

1. 中海战略

中海强大的资金实力和雄厚的土地储备决定了跨区域经营的先决条件,那么,正确的战略就成为与之并行的制胜因素。只有两者都具备,才标志着由经营项目到经营企业的真正转变。1988年,凭借在中国香港自由竞争的市场经济中积累的资金能力和管理经验,中海作出了投资祖国内地房地产业的战略决策。随着在内地房地产业务格局铺设完成,中海逐步形成了其房地产业务的品牌——中海地产。

从1988年中海作出投资内地房地产业的战略决策到如今一步一个脚印的稳健发展,中海在内地发展的每次战略布局都稳扎稳打,多年的发展历程,中海形成了一套成熟的、规范的、专业的企业发展战略,用一句话对其进行概括,就是"以珠三角、长三角、环渤海经济圈为重点,以内地的中心城市为点状支持进行布局"。

(1) 战略一期:席卷珠江口。广州、深圳是中国房地产业的发端,有着起步早、规模大、层次高的特点。中海地产凭借在中国香港市场的多年经验,坚持创新意识和精品意识,以品质和信誉取胜两地市场,年利润额始终位居大开发商前列,为公司创造了可观利润。

中国海外地产(深圳)有限公司于1988年8月8日成立,是中海在内地的第一个城市子公司,公司的年利润额在1.5亿元左右。2004年4月,中海地产与信和置业中国投资有限公司联手以9.5亿元的地价竞得香蜜湖"湖眼"地块,地块占地面积9.3万平方米,可发展建筑面积13.1万平方米,楼面地价为7252元/平方米。香蜜湖地块的拍卖反映了中海地产的战略:由于中海地产处在上市前期,因此在各地纷纷拿地作为积累资产,香蜜湖地块将提高置业者对中海地产的信心。

作为华南地区中心城市的广州是中海地产长期的投资重点地区。中海广州公司每年的利润额在1亿元左右。中海地产于1993年进入广州,成立中海广州公司,1993年8月到1997年的开始阶段,主要从事"中国海外"品牌的市场引导、解释和铺垫工作。公司成立之初,基本上沿用了中国海外集团在中国香港的经验,实施了清晰的管理和经营步骤。同时,广州公司充分发挥了"中国海外"建筑工程承包业的优势,通过工程质量、施工管理上的优势在同行中突出企业形象,赢得了政府和社会各界的依赖和好感,为公司后期项目开发,包括工程承包业务的开拓打下了良好的基础。

1996年中海发展(广州)公司发展了第一个住宅项目——锦城花园。项目通过选择最佳投资组合,以超前的意识进行市场定位,以高端精品征服市场。精品战略是中海地产竞争机制的利器,这是中海地产在中国香港激烈竞争的市场环境中积累的经验优势。中海地产在广州累计建筑开发面积达70余万平方米,投资近20亿元。中海地产在广州除开发了东山广场一栋写字楼外,其余项目都是住宅,并且4个住宅项目都为中海地产在广州的发展树立了很好的品牌。

除此之外,中海在珠三角地区还成功打入珠海、佛山、中山、惠州等地。

(2) 战略二期:潮起长三角。上海作为长江三角洲龙头,拥有内地最高的房地产利润,一直是房地产企业的必争之地。上海2000万的市场体量基本上相当于北京、广州、深圳三个城市的总和,2005年,中海上海公司的利润已达到2亿元,成为中海集团中利润最高的地方公司。

1990年中海集团进入上海,把曾有50家外商很感兴趣但知难而退的卢湾区"斜三地区"改造成高档小区——海华花园,成为中国香港高层花园住宅模式移建上海的典范之作。2003年7月30日,中海上海公司与有关方面签订《国有土地使用权出让合同》,所涉6幅地块,位于卢湾区建国东路,土地出让面积18.8万平方米,总开发建设面积约60万平方米。2009年9月10日,备受关注的上海普陀长风6B、7C地块,最终中海以70.06亿元的价格、溢价129.1%拿下,楼面价高达22409元/平方米。

目前,中海地产在沪开发楼盘包括海华花园、海丽花园、中海大厦、海天花园、叠翠别墅、中海馨园、上海广场、海悦花园等。

此外,中海还频频发力上海周边二线城市,在苏州、杭州、宁波等地也多有斩获,例如2008年,中海在杭州及苏州共拿地139.9万平方米。

(3) 战略三期:风涌渤海湾。北京是中国政治、经济、文化中心,也是中海地产最早进军内地地产的主力城市之一。

中海发展(北京)有限公司成立于1997年6月,中海地产在北京的项目包括中海雅园、中海紫金苑、中海凯旋、中海海洋花园、中海广场、中海天地、中海高尔夫花园、中海山水田园、紫荆豪庭等,建筑总规模达130多万平方米,总投资74.9亿元人民币,在北京树立了"中海地产、诚信卓越、精品永恒"的品牌效应。

随着渤海湾经济的持续增长,中海又将目光放在了环渤海的重要城市天津、大连、青岛等活力城市。

2009年全年中海地产实现房地产销售额477.9亿元(见图5-31),累计实现销售面积476.8万平方米(见图5-30),环渤海成为中海全年业绩贡献的主力区域。2009年全年中海地产在环渤海地区实现了133.9亿元的销售额,销售面积达到138.2万平方米,远远超过其他市场区域的贡献。

(4)战略四期:崛起中西部。中海地产成都公司是中国海外集团在国内设立的第五家地区性地产公司,于2000年初在成都正式注册成立。中海地产进驻成都以来,积极开拓西部市场,凭借成熟的开发模式和规范的管理体系创造了卓越的业绩。

2003年4月,中海地产成都公司以总价2.37亿元拍下了位于四川大学旁的地块。该商业项目不仅具有深厚的文化符号和浓郁的人文氛围,而且是区域内最繁华的地段,具有良好的发展前景。

2003年12月中海西安公司投得YT7-(1)-1-1(航博馆)地块,进驻西安。该地块位于西安市南二环路西段南侧,可发展商业和住宅建筑面积达17万平方米。

2008年中海的净利润达到43.8亿元,这其中,环渤海和中西部地区成为中海地产销售的主要增长点,凭借精品住宅产品,天津、大连、沈阳、成都等二线城市的销售额实现突破。到2009年,中海地产的销售收入,基本上由珠三角、长三角、中西部地区和环渤海平分,形成"四分天下"的局面。

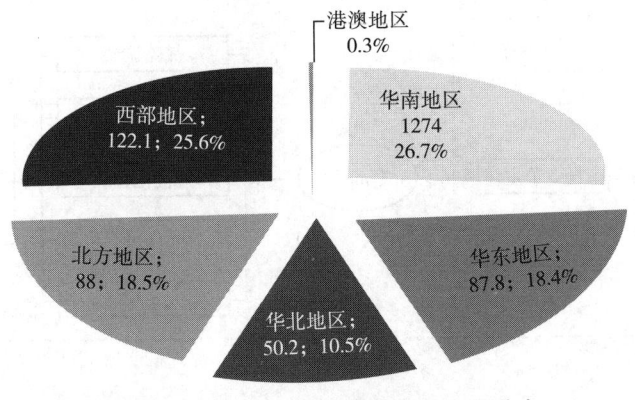

图5-30 2009年中海按区域销售面积分布

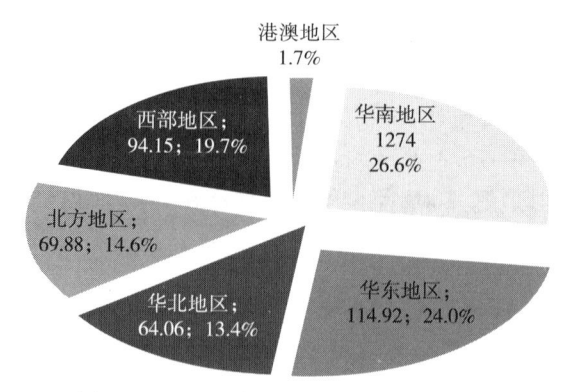

图 5-31 2009 年中海按区域销售额分布

（5）中海地产战略模式的转变。"打造百年长青基业，促进持续发展的长远发展"，坚持"诚信卓越"的经营理念，稳健发展，不断开拓，使中海地产成为"人才齐备、管理科学、服务勤恳、产品优质、效益领先"的大型房地产综合企业。

中海地产是一家具有深厚文化底蕴、不断创新发展的企业。前 15 年公司推行"本地化、商业化、集团化"发展战略，坚持市场化运作、规范化管理，建设有特色的中海文化，实现了向真正的市场竞争主体的转变；后 10 年的"专业化、规模化、集团化"发展道路，保证了公司迅速进行产业结构、组织结构和债务结构的调整。通过不断的改革与创新，坚持制定制度严密、执行制度严格、惩治违纪严肃的公司管理制度且其制度化、规范化、程序化不断提高。

图 5-32 为中海地产的战略模式转变历程。

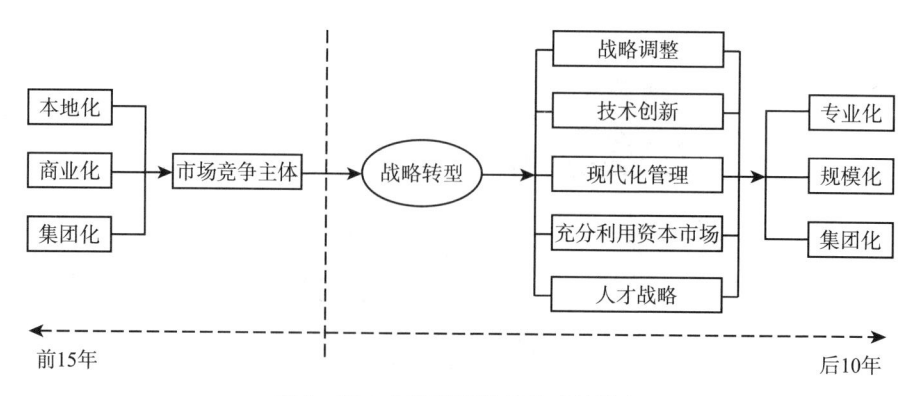

图 5-32 中海地产战略模式的转变

中海地产还大力提倡"互为客户"的服务理念和推动员工良好建议的活动，建立了良好的沟通机制，使中海文化在保持与发扬传统特色的基础上，更加具有包容性和吸引力。

亚洲金融风暴之后，中国海外提出了加快集团发展，实现新腾飞的思路和口号。企业以股东价值和员工价值的可持续发展为核心目标，实现主营业务效益的快速增长，使中海集团成为在承建、地产和特定领域投资三个业务方面有巨大影响力和市场竞争力的集团公司。

对中国海外来说新腾飞就是加快战略转型，不断加快战略调整和技术创新的步伐，以先进的产品和技术参与市场竞争，在创新中超越，去赢得更多的客户和经济效益；全面建立现代管理决策体制，优化管理，继续强化公司法人治理结构，进一步健全制度化、规范化、程序化管理，最大限度地控制经营风险，使企业在千变万化的市场环境中更为稳健地迈出前进步伐；同时，充分利用中国香港上市公司的资本市场，并积极推进国内上市。此外，中海还将人才作为企业的立足之本，形成了极具吸引力的用人制度。

2. 华发

华发集团是珠海市两家总部经济企业之一，通过最近10多年的快速发展，资产总规模不断扩大，企业盈利能力逐年递增，产业结构体系日益优化，内部管控效率显著提升，经营班子稳定团结，员工队伍素质逐年提高，企业持续发展能力显著增强。截至2011年年底，华发集团资产总规模比2000年增长30余倍，资产总规模达到365亿元，净资产超过150亿元，2011年主营业务收入70多亿元，利润总额超10亿元。

目前，华发集团在产业结构体系上，已经形成了两大主业（房地产、城市运营与市政基础设施建设）、四大配套业务（金融投资、物业管理、商业贸易、文化教育事业）齐头并进充分联动的产业结构体系。

华发集团在产业区域布局上，立足珠海，稳步推进全国化布局。"全国化战略"是实现华发集团未来持续发展的重要战略决策，截至2011年年底，已经进入北京、大连、重庆、威海、包头等10座城市，初步形成了全国化布局的扩张态势。

房地产业务方面，在低迷的市场环境下，2011华发股份仍实现销售收入约50亿元。在珠海市场上，华发股份保持稳定增长，2011年在建项目8个，开工面积206万平方米，市场份额保持第一；在异地市场上，华发股份布局逐步打开：2011年顺利完成大连、沈阳、盘锦、重庆等城市共8

个项目的投资收购,至此已打开包括北京在内的10个市场。

城市运营与市政基础建设方面,十字门中央商务区、城轨珠海站地下交通换乘中心项目、拱北口岸改扩建工程项目、情侣路南段改造工程项目、加林山公园及海滨泳场项目、观澳平台地下停车场项目均在加速推进。

华发的四大配套业务也具相应规模,铧创已经成为集团融资的核心平台,物业公司已经进入全国百强物业公司行列,华发艺术团多次进入央视春晚,华发幼稚园、容闳学校获得了社会各界广泛好评。

5.6.2 管控层面的比较

(一)万科的管控模式

1962年,钱德勒(Alfred D. Chandler, Jr)的《战略与结构:美国工业企业史上的篇章》出版发行,该书研究的主题是美国大企业的成长,以及它们的管理组织结构如何被重新塑造以适应这种成长。钱德勒通过对四个美国主要公司(杜邦、通用汽车、新泽西标准石油和西尔斯·洛帕克)的发展历史进行研究发现随着公司的成长、地理区域的扩大与多样化程度的增加,公司的组织结构实际上会被迫出现变化以适应公司战略的改变。因此出现了通用汽车公司总裁阿尔福莱德·斯隆进行的变革:在中央集权控制下,进行分权化、部门化管理。从此"结构跟随战略"的"钱德勒命题诞生了"。

中国地产集团的发展也证明了"钱德勒命题"的正确性。美国企业集团发展的历史经验表明,扩张战略必须有相应的结构变化跟随。发展战略是决定企业集团组织机构、管控模式的先决要素。中国的地产行业有两个龙头老大:一个是"带头大哥"万科集团;一个是"后起之秀"顺驰中国,两个行业巨头都以创新的发展模式著称,业界归为"万科模式""顺驰模式"。

"万科模式"说白了就是"要在工厂里生产房子",核心是要颠覆整个中国房地产界长期以来粗放式的发展模式。万科希望像汽车制造工厂一样建房子,因为工厂化的生产方式能保证不同地域的产品达到统一的高品质标准。目前国内房地产市场的工厂化程度只有7%,万科约为15%。万科的发展战略要求公司从一家典型的多元化公司转型成为住宅的专业化地产公司建造标准化的住宅产品，通过提高技术含量、制定标准形成自身的核心竞争力、获取产业链上的话语权。我们可以看到，其实万科战略的内涵是标准化，有了标准就可以复制，能够复制和拷贝就可以迅速扩张，也就说"万科模式"可以作为一个整体输出到深圳以外的任何城市、区域，保持同样的产品质量、客户服务能力、市场竞争力。

图 5-33 所示万科的组织结构是一种矩形超事业部制的混合结构，它是"M"形结构的变种。简单说，即在总决策者与各事业部间增加一个管理层次，之所以称它为混合结构，是因为现在万科的组织结构中既有灵活的事业部制，又有企业发展所必需的刚性结构部门，由于万科的规模已近乎巨型化，总公司直接领导各事业部显得跨度太大，高层决策者的经理也是有限的，难以实行有效管理，在事业部上增设一级机构，可以使管理在分权的基础上又适当的再集中，对有关的几个事业部进行统一领导，以便协调与利用有关的几个事业部的力量，搞好共同性的产品开发、市场开拓，以及服务性管理，避免各事业部执行相同功能所造成的不经济和低效率现象。多数人会对万科这样的组织机构持怀疑态度。因为，尽管万科的独立子公司分布全国几大城市，但仍采用的是一竿子插到底的集团统一财务、资金、人力调配的治理方式，肯定会增加管理沟通成本，降低决策效率，得上所谓的"大企业病"。但是，事实怎样呢？万科发展的依然很好，2006 年的地产百强在以规模性、盈利性、以及成长性等 16 个指标为依据的综合排名上，万科依然排名第一。这说明，万科新的组织管理模式不但不会成为它进一步成长的掣肘，反而是其他地产公司不可复制的核心的竞争力。因为从"钱德勒命题"的意思去分析我们可以看到，万科的战略和万科的组织架构是极其吻合的。万科地产开发面向单一产品、固定区位、目标客户群单一锁定中产阶级，商业模式非常成熟：目标人群是中产阶级，然后城乡接合部成片规模的住宅，新的市区、市镇，然后产品一级一级升级换代，内部的资源控制到全部都是独资，没有合资企业，总部控制所有的规划、财务、人力资源，土地的获得一律市场化。因为标准化降低了总部统一管理的难度、上下沟通的成本，因为单一也容易构建、培育总部的管理能力，因为一致性，集团总部和区域总部、项目公司之间能够形成格式化的沟通汇报体系，让来自于市场的信息和总部的行政指令在集团内部充分共享，然后作出一致性反应。如果你不是这样的战略定位，不用说万科有先入优势和资金实力，但就战略与组织的匹配这一点就无法复制。所以是万科的战略和它管理模式起形成了竞争优势，

而不是战略本身,如果房地产企业的战略没有管理模式的支撑,就没有优劣之分,更不用说竞争优势了,在这点上"钱德勒命题"是正确的。

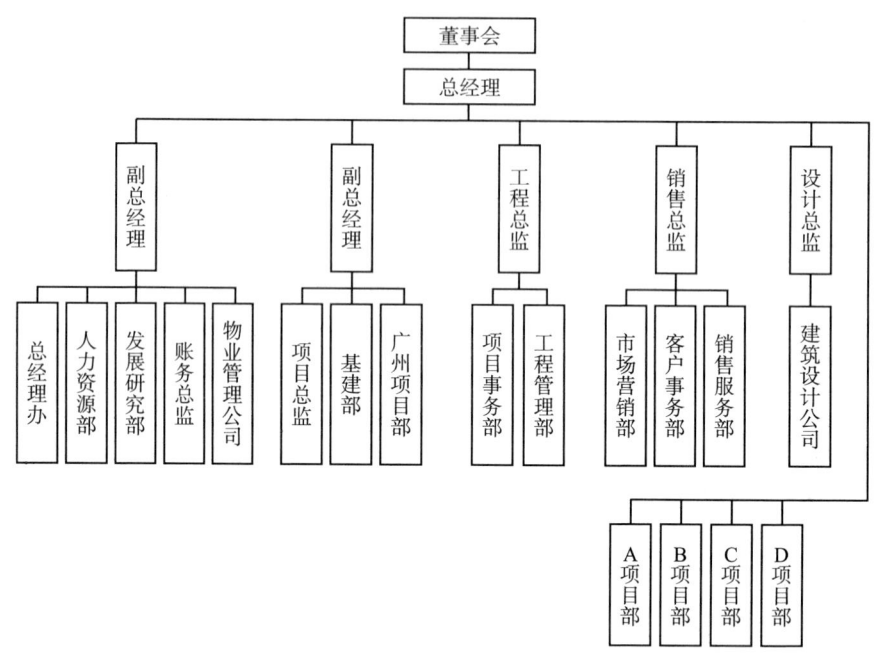

图 5-33　万科的组织结构

(二) 华发的管控模式

1. 成本控制

(1) 建立成本控制目标。华发在各个项目的开始阶段,即及早建立成本控制目标,并将目标分解,制定出各项成本的具体控制指标,责任落实到部门。

(2) 公司成立成本控制小组,组长由公司总经理担任,定期(每半年)对各个项目的发展成本进行全面分析、评估、检讨,对成本异常变动情况及时预警并提出解决措施。

(3) 设计是成本控制的关键。加强对设计部门人员的成本意识普及;在保证设计质量的前提下推行成本限额设计,控制设计对成本的影响。

(4) 严格规范工程分判程度,及早进行招标准备;设计、合约、项目相互配合;规范材料样板、工料规范,减少合约履行纠纷和风险,降低工程成本。

（5）完善设计变更、现场签证程序、完善变更前的成本评审制度，明确各相关人员的签字权限。

（6）开源节流，严格控制管理费用开支。

图5-34是华发房地产项目开发成本控制的总体思路。

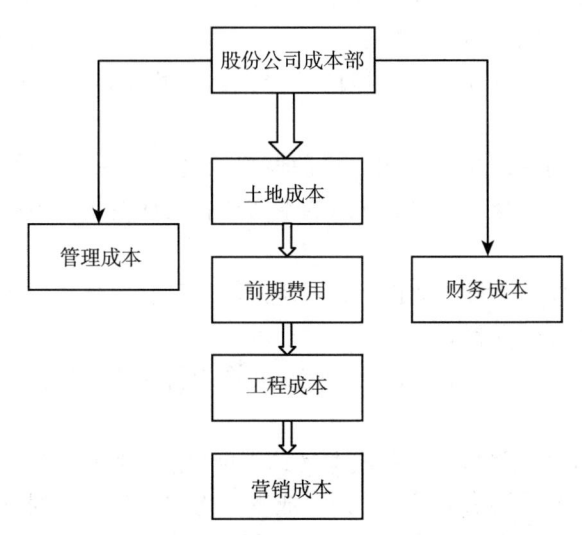

图5-34　华发项目开发成本控制的总体思路

（1）土地成本管理。土地成本（约占项目总成本的30%~35%），具体而言，华发在土地成本控制方面主要采取以下针对性策略。

①对于旧城改造地块，要争取政策优惠积极与政府协商，争取尽可能的优惠政策；争取在税收方面获得一定程度的返还；在地块规划设计允许条件下尽可能争取高容积率，间接降低土地成本。

②对于转让（挂牌交易）的地块，要与转让方积极进行协商在地理位置、区位环境状况、项目公司的财务状况等方面对其进行仔细认真的调查，减少操作过程中的风险（如是否有债务纠纷）；同时积极与转让方进行协商，延长付款期限，降低资金成本。

③对于公开招投标或拍卖地块，要做好可行性研究加强地块区域房地产市场的研究，以及项目可行性研究，加强对竞争对手的分析研究，做到正确客观投标。采取一定的投票策略，做好政府有权部门的公关工作中标后在签约及履约的过程中争取对公司土地开发、交地，以及付款有利的条

件,降低土地成本。华发已逐步建立土地储备资料体系,对不同时段、不同区域、不同来源的土地资料进行分门别类,并建立结果与计划的一致性,最大程度降低了分开招标所带来的土地成本增加风险。华发地产土地成本管理的主要责任部门为投资发展部。

(2) 前期费用管理。前期费用(约占项目总成本的2%~3%),控制的重点为设计费,华发设计费的管理责任部门为设计管理部。对于设计费用,主要从以下几方面进行控制。

①无论是规划设计还是一般的装修设计,均采取多单位、多轮次招标,以争取最佳的性价比。

②严格控制设计质量,在项目前期尽可能确定有关技术经济指标参数,防止因设计自身失误原因导致成本增加,设计费用的审核、支付亦与之挂钩。

③在满足设计质量的前提下,限制钢筋含量、砼含量、节点设计等对工程造价影响大的内容。

④在满足建筑效果的前提下,控制装饰用料和建筑材料封样对工程造价的影响。

(3) 工程成本管理。工程成本(约占项目总成本的50%~55%),主要由分判工程及甲供物资成本、配套成本等构成。分判工程及甲供物资成本主要包括土建、机电安装、装饰、室内全装修、消防、弱电、电梯、甲供材料等通过招投标确定的分判工程、供货合同成本。主要通过以下具体措施来控制分判成本。

①严格变更前的成本评审,明确相关成员的签字权限,即由设计院签发的设计修改图纸必须经过公司设计管理部门的书面确认,如涉及变更金额较大(20万元以上),则提交公司总经理办公会讨论确定后再予以实施。

②分判工程及物资成本管理的主要责任部门为合约管理部和项目发展部。

(4) 营销成本管理。营销成本(约占项目总成本的5%~8%),主要指在项目销售过程中形成的种类费用,包括广告费、推广费、售楼处费用。

营销成本管理的主要措施有以下几点。

①建立各项的广告及市场推广计划、预算的执行及监督体制。计划及预算编制的准确性、可操作性、有针对性,一方面确保在宏观上实现控制

项目的广告及市场推广费用,另一方面紧紧抓住市场根据不同项目的特点灵活多变地采取种类媒体推广措施。

②完善营销成本管理的招标体系,完善各项广告制作的报价、比价、议价操作流程,用竞标的方式,谋求各项广告制作的优质低价,控制广告制作的费用成本。

③降低媒体发布的折扣点,媒体发布尤其是报纸广告的投放,占整个广告费用的很大比重,进一步降低主要媒体广告发布的折扣点数,可直接降低广告费用,对于营销成本的控制也是有效的举措。

④营销成本管理的主要责任部门为营销策划部。

(5)管理成本控制。管理成本(约占项目总成本的2%~3%)主要为人力资源成本及行政成本。

①人力资源成本控制由人力资源部负责,依据项目规模及发展进度合理制度人员配备方案,预算人力资源成本。行政成本则依据集团下达的年度管理费用指标,按项目分拆到各部门,作为部门考核指标。

②管理成本控制措施主要是全员树立降低成本、增加效益的观念,全方位对项目的开发间接费进行监控,如提高工作效率、减少浪费、减少管理费用的开支等。

(6)财务成本控制。财务成本(约占项目总成本的6%~8%),主要为资金成本和税务成本,由项目总成本确定。财务部协同项目发展总提前做好与政府部门的沟通,争取税收优惠,在可控范围内最大限度降低税金成本。依据项目《可行性研究报告》《项目发展计划》《年度现金流量预算》,合理安排资金计划,发挥股份公司总部资金统筹的优势,保证项目资金供求平衡,最大限度降低项目资金成本。

第 6 章

房地产企业成长模式的国内外比较

6.1 中国房地产企业的三种典型成长模式

西方企业成长理论主要是沿着经济学与管理学的脉络展开。从新古典经济学的研究脉络来说，企业成长是实现"最优规模"的过程，在这个规模下，企业达到规模经济，并且可以避免由于企业扩张而带来的内部组织管理的官僚主义。因此，从这个角度来说，企业在"最优规模"上将不再成长，或者说继续成长只能带来规模经济的丧失。演化经济学认为选择的演化机制设置了经济发展的路径，同样适当的企业生存和成长同时伴随着企业的退出，企业应该实现的是"适当成长"。管理学脉络下，彭罗斯的"资源观"对企业成长理论产生了较大的影响，她认为规模经济不是成长的目的，只是企业成长的副产品，企业成长来自于企业特殊资源的集合。"群种生态"的视角发展了资源观，认为企业成长所需要的资源仅限于利基中，并且这些利基具有独特的"承载能力"，如果一个企业发现了一个新的具有丰富资源池的利基，那么这个企业将会实现没有任何障碍的成长。

客观来说，西方企业成长理论从来都不是结合中国企业案例的研究得出的，中国的房地产企业家们在创业的时候也没有接触到这些企业成长理论，但是，中国房地产企业成长的实践告诉我们，应该可以从西方企业成长理论中匹配到中国一些典型房地产企业成长的实践，基于此，中国房地产企业的成长模式也能够在西方文献中找到理论归宿。

（一）碧桂园模式：追求规模经济的成长

碧桂园的成长一直在争议中前行，纵观碧桂园的成长历程，对规模经济的追求一直贯穿于企业的成长历程中。碧桂园早期扎根于本地市场，奉行低成本竞争战略，"同质化"产品生产和复制是其早期获得竞争优势的源泉。在碧桂园发展的早期，低价拿地，低价销售，一样的会所、一样的户型、一样的外立面、一样的样板房、一样的装修设计是碧桂园模式的核心。正如碧桂园创始人杨国强希望将他的企业打造成中国地产界的"沃尔玛"一样，大规模、快速生产、价廉物美的房屋工厂与零售商是碧桂园的愿景追求。客观地说，同质化固然降低了成本，但是也会降低企业在竞争性市场中的竞争优势，当差异化产品不断出现时，碧桂园的危机就来了。对规模经济的追求也需要从简单的产品复制上升到更为高端的产业链层面。1999 年开始，碧桂园开始引进大量的建筑设计师和职业经理人，数千人的建筑师团队采用工业化的分工合作机制，开发了数以百计的成熟户型，仅仅是联排别墅的经典户型就多达 100 多个，能够涵盖各地气候、习惯等因素所需要的各种户型设计。这意味着碧桂园按照既有图纸，稍作调整或不作改变就可以进入施工程序。碧桂园的业务链条被整合到极致，不仅是产品设计，从建筑施工、物业管理到酒店经营等均有涉足，而这些大盘规模通常在几千亩以上，建筑面积达几百万平方米，如此庞大的建筑项目也便于实现规模化复制以及降低采购成本。2006 年开始，碧桂园开始从广东走向全国，2007 年在中国香港联交所上市，资金注入使碧桂园的全国扩张更加迅猛，"只要平均售价达到 1500 元以上的城市，碧桂园都有发展机会"。

快速复制，规模化制造，全价值链生产内部化，使得碧桂园的规模经济水平无论从质还是量上都居于中国房地产行业的领先位置，也在最大程度上实现了平均成本最小化。竞争战略理论中，低成本战略是企业实现竞争优势的基础性战略，而实现低成本的最有效途径就是规模经济。正是由于碧桂园在规模经济上的不遗余力，不仅实现了产品层面的规模经济——普通住宅的规模化复制和生产，更重要的是在产业层面实现了规模经济——即房地产全价值链的规模经济。这样，从设计到销售，从价值链起始端到终端，全部实现内部化运作，这种追求规模经济水平的成长是碧桂园成长模式的核心。

（二）万科模式：适当的成长

万科是中国房地产行业的标杆企业，也是少数能够完整经历中国房地产市场变化发展 30 年历程的企业。万科前身是经营办公设备的国有企业，以贸易为主，1988 年，万科改制，并正式进入房地产产业。从万科进入房地产行业至今，房地产业务收入和利润一直保持着持续稳健的增长，纵观万科的成长历程，企业战略的适时相机调整与高效的管控模式保证了万科稳健高速的成长。万科的发展轨迹经历了从多元化到专业化再到模块化，从扩张到收缩再到扩张，从郊区到城市再到郊区，适时的相机调整使得企业发展始终处于正确的行进轨道上。1988 年，万科成为中国内地第一家发行股票的企业，1991 年在深交所上市，利用股票发行募集的资金，万科迅速成为一家多元化企业，房地产开始进入万科的业务领域中。此时的多元化是低水平的多元化，数量上的多元化并不能保证企业的持续成长。1992 年后，借助中国房地产领域改革的春风，万科开始专注于房地产业务，尤其是住宅，并且将产品精确定位为中档住宅。2000 年后，万科以深圳、上海、北京为主要业务区域，逐步开始向全国扩张，2005 年 3 月，并购浙江南都集团下属的上海中桥基建公司，开始通过并购方式实施纵向一体化战略，整合行业资源，提高市场竞争力。之后，无论是在金融危机期间国内房地产市场寒冬还是在 2011 年国家对房地产市场实施的严厉宏观调控，万科都实现了销售收入的增长，无论外界情况如何变化，万科的成长似乎从未停歇。万科相机调整的战略体现了企业经营的灵活性，但是这种灵活性的背后是高效的管控模式。20 多年的发展，万科的组织架构不断优化，从直线式到职能式，到事业部式，直到现在的超矩阵式，万科的组织架构实现了企业运营过程中高效与灵活的统一。

万科的成长并不是一味追求规模的盲目扩张，也不是追求高额的垄断利润，而是不断调整、不断适应外部环境变化的成长历程。万科所在的深圳是中国改革开放的经济特区，万科发展的 20 多年也正是中国城市化进程加快的时期，也是中国社会消费观念、文化发生转变的时期，正是这种审时度势和相机调整使得万科把握住了中国经济发展的线路图，从经济发达地区到经济成长地区，从中档住宅到高档住宅，从住宅到商业地产，万科成长路线图与中国经济演化推进的线路不谋而合。适当意味着匹配，企业发展阶段要与社会经济发展阶段匹配、企业规模要与管理能力匹配、企业品牌要与企业产品质量匹配、企业利润要与市场价值匹配,这样的成长是适当的成长,也是持续的成长。

(三) 华侨城+华发模式:基于利基承载能力的成长

华侨城集团是深圳最早成立的开发区企业之一,与其他国有房地产企业不同的是,华侨城集团成立之初就被深圳市政府赋予了高度的自主权。这样,华侨城集团无须经过深圳市政府的审批就可以自行对城区规划、建设、经营,以及利益分配活动作出决策。这种宽松的政策环境,使得华侨城的开发建设从一开始就脱离了僵化的计划经济体制,走上了以市场为导向的城市经营之路。华侨城的房地产开发实际上是"城市运营商"的概念,这种房地产开发不是仅仅局限于住宅产品,而是将居住、商业、旅游、城市规划等打包,形成"城市综合体",也就是当今流行的"旅游+地产"的运营模式。华侨城在深圳取得成功后,将"旅游+地产"复制到全国其他城市,这些城市既包括北京、上海等一些城市,也包括武汉等二线省会城市,在进行房地产开发的同时,也在进行造城运动,实现了居住与城市建设的同步,也实现了华侨城的跨区域扩张。

与华侨城集团类似,珠海华发集团也是一家成立于经济特区的企业,华发集团在珠海的主要业务就包括土地一级开发,与华侨城类似,华发集团的房地产开发最早也是集中在珠海市范围,直到2004年才开始在异地进行扩张,珠海华发进入区域的选择,例如辽宁盘锦、辽宁沈阳、内蒙古包头、山东威海等城市,都是进行土地一级开发与城市综合体建设相结合,住宅与城市建设相结合,不拿城市中心的贵地,而是从周边潜力地区拿到相对便宜的地,进行整体城市开发运营。由于有在珠海多年土地开发和房地产运营的经验,形成了较为成熟的开发模式,使跨区域的成长和扩张有了更高的安全性。例如,珠海华发现在在辽宁盘锦、内蒙古包头都是这种扩张模式。

华侨城和华发的成长具有明显的利基特征,他们并不是与碧桂园、万科等企业在住宅产品或者开发成本上进行竞争,而是通过扩大房地产开发的概念,不仅仅局限于住宅产品,而是将住宅、城市建设,以及文化、旅游等概念整合起来,在房地产竞争的细分领域中找到"城市运营商"的利基,加上这两家企业在特定区域内的资源优势,使得这两家区域性的房地产企业也能够实现在较高的运营收益以及成长绩效,并且在将自身开发运营模式不断强化的同时,在全国寻找类似的区域,将自身的成熟模式复制到特定区域，实现有步骤的全国化扩张。

无论是碧桂园模式，还是万科模式，抑或华侨城＋华发模式，都还远远不能概括中国房地产企业成长的全部景象。但是，这些企业的发展历程对于目前的中国房地产企业而言，还是具有积极的借鉴意义。可以想象，未来的中国房地产市场将更为制度化和透明化，而随着中国城市化进程逐渐稳定，居民收入水平和消费水平的逐年提升，房地产市场的竞争将更为有序，房地产企业也将逐渐从现在的"野蛮生长"的乱象中不断规范和有序，中国房地产企业的未来更重要的是建立在企业自身的成长模式和管理水平之上的。从以上三种房地产企业的成长模式对于未来中国房地产企业成长和发展，可以得到以下启示。

（1）追求规模经济的企业应该追求的是房地产全价值链的规模经济。产业组织理论中，规模经济有三个层次，分别是产品层次、工厂层次和产业层次。对于中国房地产企业来说，模仿碧桂园的成长模式，追求规模经济是实现低成本竞争的重要方式。但是，碧桂园的规模经济是建立在产业层次的，是房地产全价值链的规模经济，而不是仅仅复制产品或者价值链的某一个环节，因此，对于试图通过追求规模经济来实现成长的企业，需要深入整合和重构自身价值链，使其能够得到有效的复制和扩张。

（2）高效的内部管控体系是保证企业持续成长的基础。从资源观的观点来说，企业内部管理水平决定了企业成长绩效。万科的适当成长模式体现了万科在成长历程中的灵活性，而其背后高效的管控模式是万科能够实现高效与灵活结合的真正原因。因此，对于追求持续成长的企业来说，组织架构和管控模式的梳理和重构，是保证企业持续成长的基础，尤其是对于致力于在更广泛区域进行扩张的企业更为重要。

（3）城市运营或许是未来区域性房地产企业跨区域扩张的有效途径。从目前中国房地产企业的实力对比来看，尤其是再加入了中国香港地区的房地产企业后，大企业与中小企业的对比越来越悬殊，而日益规范和严厉的政府调控也将在很大程度上扼杀中小房地产企业跨区域成长的梦想。那么，是不是区域性房地产企业就不能跨区域扩张呢？答案当然是否定的。华侨城和华发的成长展示出了区域性房地产企业跨区域扩张的线路图。首先，致力于本地利基市场，不断锤炼自身发展模式；然后，根据自身资源优势，进入地价相对较低的潜在成长区域，化身为城市运营商，进行造城运动；最后，稳定局面，实现跨区域运营。

综上，中国特殊的环境使得中国房地产企业的成长明显不同于西方企业,因此,对于中国房地产企业成长的后续研究还有很多的领域值得深究。对于一个发展时间不长,发展环境不成熟的中国房地产市场来说,本书提炼出的房地产企业成长模式也需要更多的实证研究去检验。

6.2 中国香港模式

所谓的中国香港模式,即综合开发模式,是房地产开发的全部流程,从买地、建造、卖房、管理都由一家开发商独立完成,房子建好后,地产公司不持有物业,直接出售。中国香港房地产开发商以相对廉价的资金取得土地为经营导向。这主要源于中国香港土地资源严重稀缺,土地高度垄断,商品住宅产品供不应求。中国香港模式的一个显著特点房地产开发商更多依赖于银行提供资金。

1. 中国香港房地产发展的四个阶段

第一阶段:20 世纪五六十年代,市场分散,鱼龙混杂。

第二阶段:20 世纪 70 年代,小型地产公司被淘汰,大型地产公司在竞争中开始出现。这一阶段主要影响因素有以下三个方面。①市区旧楼重建基本完成,小幅地皮大大减少;②工业楼宇的兴建需要申请比较大幅的土地,加上中国香港批租住宅用地呈现大型化发展趋势,竞投需要付巨款;③新建楼宇造价不断提高,超过了小型地产公司的承受能力。

第三阶段:大型地产公司通过资本运作开始加强其优势地位。①上市,增强资本实力;②通过资本市场上的换股、收购、合并等活动使资本进一步集中。

第四阶段:垄断发展阶段。20 世纪 80 年代以来,中国香港房地产业已逐渐为大集团所垄断,"长江实业""新鸿基地产""新世界发展""恒基兆业""合和""太古""九龙仓"等最大的 10 家地产集团的市值约占地产建筑类上市公司总市值的七成,开发量约占总开发量的 80%,市场集中度相当高。

2. 中国香港模式的特点

20 世纪 80 年代以来,中国内地大部分房地产企业基本属于这种模式。中国香港模式主要有以下特点。

(1)地皮最值钱。中国香港管辖陆地总面积 1106.34 平方公里,截至 2017 年末,总人口约 740.98 万人,人口密度居世界第三。而作为中国内地人口高密度最高的上海，1700万人却拥有6340平方公里。对中国香港地产商而言，有地才是生存的硬道理。

（2）长期作为支柱产业。作为亚太地区的国际贸易、金融和航运中心，城邦经济的特性使中国香港财政倚重房地产业。"二战"至今，中国香港房地产业经历了五次盛衰，虽然几经起伏，但房地产业一直是中国香港经济的支柱之一，占GDP的比重在20%以上，是中国香港经济的"晴雨表"。

（3）土地垄断性经营。政府高度垄断土地，大开发商高度垄断市场，房地产发展商占有了最具稀缺性的土地资源后，其他行业和社会财富自动聚拢而来。

（4）地产巨头全能运作。即开发商利用大量银行资金拿地、盖房、销售、物管一条龙式的敛财滚动开发模式，可称作"全能开发商"。长江实业、新鸿基地产、新世界发展、恒基兆业等十家地产集团开发量约占中国香港总开发量的80%，市场集中度非常高。

（5）期房预售制。1953年，在中国香港严重供小于求的买方市场下，李嘉诚首创卖楼花的游戏规则，从而在资金要求上大大降低了开发商的入行门槛，有效促进了开发速度和开发规模。

6.3 美国模式

房地产发展的美国模式，其特点在于房地产金融产业链、开发产业链、中介产业链和流通产业链非常完整并相互协调发展，以房地产信托基金（Real Estate Investment Trust REITs）为主的金融产业链非常发达，开发商是吸引资金、把控中介和流通的组织者。在这种模式下，房地产的核心是金融运作而非开发营建，房地产信托基金或者投资商成为房地产市场的主导者，地产建造商或中介商只不过是围绕房地产基金的配套环节。美国模式的本质特征，是以实际研究消费群的购买力及需求细分为经营导向。其原因在于美国的土地资源几乎无限供应。

（一）美国典型房地产企业发展历程

1. Pulte Homes

始终坚持"能力第一，机会第二"。从公司的发展历程可以印证，Pulte Homes之所以能够成为美国第一大房地产商，它的所有重大突破都围绕一个基本的战略信念:始终强调公司卓越的竞争能力,始终如一地提供超越期望的客户体验,是唯一一个全美客户满意度连续四年排名第一的房地产公司。注重长期持续的股东回报创下了连续 53 年持续盈利的记录,从 1994 年到 2002 年,Pulte Homes 公司的每股盈利复合年增长率高达 26%,管理层最重要的责任就是决定怎样最好地把公司的资源有效地进行投资,以保证业务的长期成功,并让 Pulte Homes 公司股东的利益最大化。

表 6-1 显示了 Pulte Homes 的一些基本情况。

表 6-1　　　　　　　　Pulte Homes 基本情况

概况	成立于 1956 年,是美国四大房地产公司之一 PulteHomes 公司过去 50 年里累计建筑了 33 万套住房 客户市场地域遍及美国大陆本土、阿根廷、墨西哥、波多黎各,总计 44 个 年销售额高达 90.5 亿美元,拥有 42.94 亿美元土地储备
主营业务	首次置业、二次置业、三次置业住房 老年人住房/国际房地产市场 地产金融服务、建筑材料生产、物业服务业务
价值观	在最佳的地点为居住者提供超一流的住房和服务 公司的口号:一旦加入我们的家庭(购买 Pulte 住房),客户就将享有 Pulte 提供的终生服务
业绩	作为美国最优秀的房地产公司,Pulte Homes 公司保持了 53 年的持续盈利,在近十年间保持了两倍于市场的销售增长,销售规模从 1992 年的 12.24 亿美元迅速增长到 2003 年的 89.3 亿美元

表 6-2 显示了 Pulte Homes 的成长历程。

表 6-2　　　　　　　　Pulte Homes 成长历程

第一阶段	1950—1960 年初:确立专业化路线 收缩业务,集中于住宅,培养住宅地产的经营能力,开始走住宅专业化
第二阶段	1960—1969 年:第一次地域扩张,美国房地产行业增长率达到高峰时,适应市场变化,开始区域性地域扩张
第三阶段	1969—1979 年:从家族企业到上市公司,通过上市重塑公司治理结构与组织管理结构,进一步加快区域性扩张
第四阶段	1980—1985 年中期:打造产融结合模式。前一阶段抓住金融变革机会,打造产融结合的经营模式 后一阶段,第二代领导人登场,通过现代化管理方式开始全国性战略扩张

续表

第五阶段	1985—1993 年：全面质量管理与价值链前端整合围绕客户细分培育核心竞争力，展开产业链整合与国际化战略，新增长
第六阶段	1993—2002 年：精细化运营与战略扩张
新阶段	2003 年至今：扩张进行时，精确制导与客户通吃 2004 年策略：产品的规格化、采购流程化、更先进的系统整合 2005 年策略：顾客细分流程化、目标产业的垂直整合、供应链管理 2006 年策略：平稳的生产流程、提高物流管理水平

2. Centex

强调"正直"的 Centex 之道。Centex 公司格外强调商业的基本准则：通过正确的途径获得成功。Centex 之道：有闯劲的、具想象力的、足智多谋的，并且永远遵循商业伦理和商业公平性。Centex Way 有三个基础：首先，所有的员工，特别是 Centex 的领导人必须始终不渝地遵循。其次，所有的员工能够跟踪监督商业行为的执行情况。再次，最为重要的是，Centex 提醒同自己合作的每一个客户也要遵循商业行为准则。以制度和流程设计促进增长 Centex 公司的战略是为增长而设计的，背后是系统而严格的设计：它强调非常严格的制度约束，强调非常专注、坚定的态度以及长期承诺。严格的制度和流程是 Centex 公司在管理上尤其是处理并购事务时强有力的基础。Centex 公司的努力获得了显著的回报，近五年来，其组合收益增长率为 29%；股票业绩是同期 S&P500 指数的 140%。

表 6-3 是 Centex 公司的基本情况介绍。

表 6-3　　　　　　　　　　　**Centex 基本情况**

概况	1950 年在德州达拉斯建立，1969 年成为上市公司 连续 35 年位居全美前十位建筑商，如今已成为全美顶级的房屋建筑与相关服务开发商 Centex 公司过去 50 年里累计建筑了 33 万套住房
主营业务	住房建筑、物业服务、地产金融服务、建筑业服务、传统商业银行业务 不动产投资领域
价值观	多年来被《财富》杂志屡次评为"行业内最受尊敬的公司"
业绩	年收入超过 100 亿美元，共拥有接近 1.8 万名雇员，服务于 26 个州的 90 个市场，1500 个分支机构遍布全美大陆和英国

表 6-4 显示了 Centex 公司的成长历程。

表 6-4　　　　　　　　　　Centex 成长历程

第一阶段	1950—1969 年：打造低成本生产竞争优势 重点是价值链前端生产供应环节的整合，在低端产品市场获得了成本优势
第二阶段	1969—1997 年：上市、金融服务、标准化和地域扩张，在 1969 年以后的近 30 年中，Centex 公司的扩张沿着以上四条主线展开
第三阶段	1998 年至今：一切为了客户满意 1. 公司重新修订了使命："我们的使命是建造超出我们已经给客户塑造的预期的高质量的房屋和生活社区。我们的目标是让毫无保留给我们建议的客户满意"。 2. 流程管理。Centex 公司提出客户满意的 5 大关键：客户付款前保证 100% 的竣工率；关注客户管理服务团队建设；把客户的房屋的美观度最大化；提供卓越的售后保证；领导者参与客户满意度工作。与此相应，公司的绩效评估做出调整，在公司员工的考核指标中，客户满意度指标占了 25% 的大比重 3. 业务重心向服务领域调整。以上调整让 Centex 公司的业务结构更加全面，Centex 公司目前已经形成从建材、建筑服务、建筑、金融服务到物业服务一条龙的产业链结构

3. Horton

成立于 1978 年，是美国四大房地产公司中成立最晚的，但也是发展最迅速的，短短 20 多年就走完了其他三家 50 年的路，成为美国售房量最大的公司。Horton 主要从事首次置业、二次置业居民住房业务和房地产金融业务。2003 年销售额达到 89 亿美元，利润 7.5 亿美元，在 22 个州 44 个市场开展业务。

大规模并购。从 1994 年到 2002 年，Horton 公司连续开展了 17 项并购活动。Horton 公司通过并购当地成熟的公司实现快速地域扩张。价值链专业化 Horton 公司只控制价值链的前后两端：专注于设计、质量和售后服务的控制。在前端，灵活设计房屋和处理细节的能力，以及在提供低廉价格住房方面的努力，让 Horton 公司成为全美最佳的居民住宅建筑公司之一。在后端，对客户友好谦恭的服务也是赢得青睐和业务的卖点。Horton 公司对价值链前后两端的控制，使其能够专注于向顾客提供有吸引力的产品，减少公司的管理成本，提高公司的运营效率，从而实现快速的扩张行动。分散化经营 Horton 公司的分散化经营有三个重要特征：第一是简单的组织机构。公司有 48 个单独的运营单元，第二是直接的激励机制。第三是明确的总分部管控体系。

表 6-5 显示了 Horton 公司的成长历程。

表6-5　　　　　　　　　　　　Horton 成长历程

第一阶段	1978—1991年：前期创业一直致力于为客户建造高质量、精工艺且别具特色的单家独户新房屋，公司通过内部生长和外部并购手段，不断塑造该领域的专业能力，以一个家族企业的形式存在和发展
第二阶段	1991—1998年：家族退位，金融创新，并购驱动扩张通过上市，Horton 公司从一个家族公司蜕变为公众公司
第三阶段	1998年至今：新市场机会下的战略扩张——美国"婴儿潮"一代人开始显现出强大的市场购买力，在房地产市场体现为机会主要向二次置业和活跃长者市场倾斜，而普通住宅市场走向低落。Horton 公司抓住市场机会，从1999年开始关注活跃长者市场，提供多元化的产品线

4. Lennar

"关怀"和"沟通"的企业文化公司自成立之初的文化基调：对人的关怀，把关怀客户和员工作为公司存在的首要基础。Lennar 公司向客户承诺：I Care。把质量、简单、价值、创新、人性作为客户关系的基石。简单而一致的管理系统流程管理：建立了有序的分权组织和严密的运营管控体系。将土地确认、社区开发、住房设计、住房建设、住房营销和销售等具体权力下放给各地分支机构，公司总部在公司整体战略、土地并购和获取、风险控制、融资、现金流管理、信息系统等决策方面保持总体的控制和把握。业务管理：通过各业务模块的资产负债表管理，加强各地分公司体系的有效运行。Lennar 认为，并购资产的价值在于良好的定位，资产的流动性根植于持续稳健的资产负债管理。融资管理：流动性、多元化、不断努力。资产的流动性带动了长期的增长，同时让 Lennar 的收益保持增长；多样化的长期负债给 Lennar 提供了长期的稳定性；不断的努力保证了 Lennar 稳固的资产基础。

表6-6是 Lennar 的基本情况。

表6-6　　　　　　　　　　　　Lennar 基本情况

概况	创建于1954年，位于美国佛罗里达州迈阿密的 Lennar 公司，是美国四大顶级住屋建筑开发商 公司于1971年在纽约上市，总资产逾67亿美元，年营收逾89亿美元，年销售房屋3.2万套，雇员超过一万人，在东部、中部、西部的24个州开展业务
价值观	为人们建造一个更好的家，让人们能够在这个家里享受他们生命中最值得眷恋的时光多年来被《财富》杂志屡次评为"行业内最受尊敬的公司"
业绩	Lennar 公司是唯一一家三次被专业的建筑商杂志评为年度优秀建筑商的公司，多次荣获全国性的建筑设计大奖，是全美最佳的前20名退休人口社区建筑开发商

表6-7显示了Lennar的成长历程。

表6-7 Lennar 成长历程

阶段	内容
第一阶段	1954—1970年：奠定发展宗旨："建造更好的房屋，让Lennar的客户可以珍爱终生"；Lennar在建设更好的公司，因为Lennar关注"更加好"；Lennar不会混淆繁荣和活跃的差别，也不会混淆大小和品质的差别"
第二阶段	1971—1983年：上市，地域扩张 1971年，Lennar公司在纽约证交所上市。1972年，进入亚利桑那州市场，开始成为全国性公司
第三阶段	1984—1995年：从金融服务到"有机多元化" 已拥有6个房地产金融服务机构，负责不同的房地产金融服务业务，90年代的"有机多元化"战略力图打造综合服务能力，尤其是通过不断地完善、拓展金融服务以支持公司的规模扩张
第四阶段	1996—2000年：并购、标准化改造和规模扩张从1996年到2003年，Lennar公司并购了19家公司，并购策略体现出管理驱动型的特征：一方面通过经营模式的规模化复制，对并购对象进行标准化的改造；另一方面，也通过并购加强自身的管理能力

（二）美国模式的特点

（1）土地自由供应。理论上讲，在20世纪90年代初日本地产泡沫最大的时候，东京卖掉可以买下整个美国，由此可知日本地价之高，美国地价之低。如果再追溯一下历史，当年美国西部大开发时，只需交纳10美元手续费就可以免费获得无人居住土地160英亩，只要定居和开垦5年，土地就永远归私人所有；由此形成美国62%土地私有的格局。

（2）高度专业化。开发模式走的则是另一条专业化道路，投资、开发、物业经营等各业务板块相对独立。专业化程度越高，社会化大生产的效率也就越高，同时也是充分市场化的明证。

（3）融资多元化。在美国，融资方式除银行提供贷款外，还依靠退休基金、不动产信贷等多种金融工具，只有15%左右是银行资金，70%是社会大众的资金，其中35%是退休基金，35%是不动产基金。

（4）收益大众化。美国的房地产行业是长期投资型的，基本属于全民投资型的产业，追求股东权益的最大化，由于利润被民众摊平，所以开发商难以敛聚暴利，也就不会出现危害行业健康的行为。

第 7 章

中美房地产政策对比

中国经济持续快速增长使中国在全球经济体中的综合实力明显增强，作为中国经济增长中的重要助推产业，房地产产业的发展速度甚至超过了中国的经济增长速度。全球金融危机后，中国房地产产业陷入低迷，在国家宽松货币政策的刺激下，中国房地产产业在短暂衰退后快速反弹，直到中央意识到高房价已经成为人民生活中的一个重要问题，于是，严厉的针对房地产产业的调控政策频繁出台，中国房地产产业再次陷入发展的迷局中。与中国房地产主要依靠政府宏观调控不同的是，美国的房地产市场也经历过大起大落，但是，更为市场化的运行机制，使得美国政府的房地产调控政策更为倾向市场化。

7.1 中美差异：经济发展水平与房地产市场

经济发展阶段的不同是中美差异的最大特征。中国从20世纪80年代开始市场化改革以来，国内生产总值保持了快速增长，这种快速增长的表现甚至被认为颠覆了西方经济学中对经济增速不能连续超过7%的结论，创造了经济增长的"中国模式"。但是，不容回避的是，经历快速增长的中国经济与美国的经济发展仍然存在"时差"效应。从两国的国内生产总值（10亿美元）来看（见表7-1），中国的GDP总额与美国相差（25）年；而如果从人均GDP水平来看，在2012年，中国人均GDP水平只有美国10%。显然，巨大的经济发展水平差异也将深刻中美房地产市场中的供给与需求行为。

表7-1　　　　　　中美宏观经济数据比较（1979—2012年）

年份	中国			美国		
	GDP/十亿美元	人均GDP/美元	GDP增长率/%	GDP/十亿美元	人均GDP/美元	GDP增长率/%
1979	202.46	205.11	7.91	5839.00	12249.04	-0.27
1980	168.37	168.25	5.20	5987.20	13599.99	2.54
1981	281.28	276.70	9.10	5870.95	14014.58	-1.94
1982	301.80	292.99	10.90	6136.18	15089.23	4.52
1983	310.69	297.72	15.20	6577.13	16634.81	7.19
1984	307.02	290.05	13.50	6849.25	17689.60	4.14
1985	297.59	276.81	8.80	7086.55	18537.76	3.47
1986	323.97	296.41	11.60	7313.28	19511.17	3.20
1987	404.15	364.01	11.30	7613.90	20820.82	4.11
1988	451.31	400.44	4.10	7885.93	22169.18	3.57
1989	390.28	341.35	3.80	8033.93	23197.70	1.88
1990	409.17	353.27	9.21	8015.13	23647.57	-0.23
1991	488.22	416.68	14.20	8287.08	24699.63	3.39
1992	613.22	517.41	14.00	8523.45	25629.13	2.85
1993	559.23	466.60	13.10	8870.68	26906.53	4.07
1994	727.95	601.01	10.90	9093.75	27826.60	2.52
1995	856.08	699.48	10.00	9433.93	29076.55	3.74
1996	952.65	770.59	9.30	9854.35	30541.33	4.46
1997	1019.48	817.15	7.80	10283.53	31857.84	4.36
1998	1083.29	861.21	7.60	10779.85	33501.68	4.83
1999	1198.48	945.60	8.40	11225.98	35251.93	4.14
2000	1324.81	1038.04	8.30	11347.18	36064.52	1.08
2001	1453.83	1131.80	9.10	11552.98	36949.99	1.81
2002	1640.96	1269.83	10.00	11840.70	38324.38	2.49
2003	1931.65	1486.02	10.10	12263.80	40450.62	3.57
2004	2256.92	1726.05	11.30	12638.38	42680.64	3.05
2005	2712.92	2063.87	12.70	12976.25	44822.96	2.67

续表

年份	中国			美国		
	GDP/十亿美元	人均GDP/美元	GDP增长率/%	GDP/十亿美元	人均GDP/美元	GDP增长率/%
2006	3494.24	2644.56	14.20	13228.85	46577.19	1.95
2007	4519.95	3403.53	9.60	13228.85	47155.32	0.00
2008	4990.53	3738.95	9.20	12880.60	45934.47	-2.63
2009	5878.26	4382.14	10.30	13245.58	47283.63	2.83
2010	6515.86	4833.29	9.59	13610.94	48665.81	2.76
2011	7209.42	5321.15	9.52	14001.89	50273.20	2.87

资料来源：EPS世界宏观经济数据库。

与经济发展存在"时差"一样，中国与美国的城市化率水平也存在较大差异，城市化发展的"时差"也是客观存在的。虽然中国在最近10年中城市化水平不断提升，但是与美国相比，城市化水平只有美国的60%左右，更为重要的一个区别在于，美国的城市化进程已经进入成熟期，而中国还处于加速阶段。依据经济发展理论，中国现阶段城市化进程对房地产的需求也处于快速增长阶段，而美国的房地产市场已经进入成熟稳定期。中美房地产市场的需求具有明显的阶段性差异。

城市化率水平在一定程度上意味着房地产市场中需求方的力量。对于美国房地产市场中的需求来说，未来的需求增长潜力有限，而中国房地产市场中的需求则有强大的潜在增长空间。可以设想，中国目前的城市化水平只有美国的60%左右，但是中国总人口是美国的6倍，也就是说，即使在目前的城市化水平条件下，中国房地产市场的规模仍然是美国的3~4倍，与美国房地产市场已经进入到需求稳定或者逐渐萎缩相比，中国房地产的需求还远远没有得到充分释放。基于此，在控制需求的房地产政策设计方面，显然将有着巨大的差别。

表7-2为中美城市化率的比较。

表7-2　　　　　　　　　中美城市化率水平比较　　　　　　　　单位：%

国家和地区	2000年	2005年	2007年	2008年	2009年
世界	46.7	48.7	49.5	49.9	50.3
中国	35.8	40.4	42.2	43.1	44.0
美国	79.1	80.8	81.4	81.7	82.0

资料来源：世界银行。

表7-3是中美各年的人口总量比较。

表7-3　　　　　　　　　中美各年的人口总量比较　　　　　　　　单位：万人

国家和地区	2000年	2005年	2008年	2009年	2009年增长率（%）
世界	608495.9	646732.1	669779.9	677523.6	1.2
中国	126264.5	130372.0	132465.5	133146.0	0.5
美国	28217.2	29575.3	30437.5	30700.7	0.9

资料来源：世界银行WDI数据库。

中国住房需求没有得到释放的一个原因来自于城市化进程，另一个原因来自于中国居民的消费观念。中国与美国居民消费支出中，住房支出的比重也存在较大差异，中国居民2010年住房等消费支出占所有消费支出的9.9%，美国居民的住房等消费支出高出中国居民近一倍，达到19.47%。这个结果来自于中国与美国居民消费观念的和消费水平的差别。与美国居民相比，中国居民更倾向于买房而不是租房，由于受到收入水平的约束，居民具有购买意愿，但是没有购买能力，中国居民36%的消费支出花在了食品消费上面（见表7-4）。

表7-4　　　　　中美居民消费支出中住房支出比重比较

国家	年份	住房、水、电、天然气和其他燃料	家具、家用设备及住房日常维护
中国	2010	9.9	6.7
美国	2009	19.47	4.30

资料来源：中国统计年鉴（2011），经合组织OLIS数据库。

与消费比重有关的一个衡量房地产市场合理性的指标是房价收入比。联合国人居中心与世界银行在1991年对世界52个城市的房价收入比进行了调查，结果显示中国北京是房价收入比最高的城市，达到14.8，美国华盛顿的房价收入比仅为3.61。如果将住房面积考虑到住房收入比的计算中，那么根据全球中等收入国家平均住房面积为20.1平方米，中高收入国家为29.3平方米，目前，中国城镇居民人均居住面积为26.1平方米，那么中国城镇居民的住房收入比在5.891~8.248较为合理。如果按照房价收入比在3~6倍为合理区间的观点，假设2012年中国城镇居民平均居住面积不变，仍然保持26.1平方米，人均收入按照2011年14.1%的增长率，那么，2012年中国房价的合理区间应该为5721元~2860元；假设人均居住面积增长到30平方米，那么，2012年中国房价的合理区间应该为4977元~2489元。如果人均收入增长率扣除价格因素，以实际增长率8.4%为依据，那么，2012年按照人均居住面积26.1平方米得到的房价区间为5435元~2717元；人均居住面积30平方米得到的房价区间为4728元~2364元。与中国居民住房收入比存在较大波动不同的是，美国的房价收入比在长期来看非常平稳，从20世纪70年代以来，房价收入比一直保持稳定不变的趋势，大约为2.75。

表7-5显示了1999—2011年中国城镇居民房价收入比。

表7-5　　　　中国城镇居民房价收入比（1999—2011年）

时间	元/平方米	人均收入（元）	20	26	30
1999年	1857	5854	6.344	8.248	9.517
2000年	1948	6280	6.204	8.065	9.306
2001年	2017	6860	5.881	7.645	8.821
2002年	2092	7703	5.432	7.061	8.148
2003年	2197	8472	5.187	6.742	7.780
2004年	2608	9422	5.536	7.197	8.304
2005年	2937	10493	5.598	7.277	8.397
2006年	3119	11759	5.305	6.896	7.957
2007年	3645	13785	5.288	6.875	7.932
2008年	3575	15781	4.532	5.891	6.797
2009年	4459	17175	5.193	6.751	7.789

续表

时间	元/平方米	人均收入（元）	20	26	30
2010年	5032	19109	5.267	6.847	7.900
2011年	5381	21810	4.934	6.415	7.402

资料来源：作者根据张运峰等（2011）研究及相关数据整理得到。

7.2 美国房地产政策的主要特征

美国保持着很高的私有房拥有率，只拥有极微小部分的公营住宅。美国住宅政策最大的成功是带来了市场繁荣，促进了经济发展，房地产业成为支撑美国经济发展的三大支柱产业之一。这一政策取得成功的关键是以健康有序的市场机制作保障，因此，美国主要依赖市场原理运行的房地产政策。目前，美国的住房政策主要指导思想是刺激房地产业和经济的发展，鼓励公民买房，进一步提高个人拥有住房的比例，改善住房结构，资助低收入居民租房。主要包括以下几方面内容：一是政府成立专门的机构来实施抵押贷款证券化，降低银行的流动性风险，鼓励银行为居民提供购房的资金来源。二是对购房者实行优惠的税收政策。凡贷款买房者，其所付的贷款利息均可抵冲个人收入，从而少交所得税。三是政府参与建造一定的经济适用房。四是实施公平住房政策，严禁在租房、买房，以及申请贷款时歧视有色人种或穷人。

住房证券化已成为美国、加拿大、澳大利亚等西方发达国家住房金融市场上重要的筹资工具。住房证券主要有债券、股票、票据、存款单等形式。美国主要依靠私人住宅市场和金融市场来推进住宅自有自用化。居民建房买房直接依靠个人购买力和金融机构的住宅信贷支持，政府重点支持住房抵押市场并对低收入阶层及老、弱、残人员给予资助。在银行信贷的支持下，形成了购房比租房在经济上更合算的局面，合理的租售比例，有力地促进了个人购房、建房的积极性。

由于美国是以直接税为主的国家，而且税率较高，因此运用个人所得税的杠杆作用刺激房地产业的效果也就越明显。房地产税收政策是美国政府宏观调控房地产市场的重要手段之一。政府在购买、建造和租售住宅等环节实行了许多税收鼓励政策，并针对低收入者的实际困难采取了更加优惠的措施。主要体现在：第一，对利用抵押贷款购买、建造和大规模修缮自己房屋的家庭，在征收个人所得税时减免抵押贷款的利息支出；第二，对拥有自己住房的家庭，减免所得税和财产税；第三，对出租屋的家庭实行税收减免政策。总的来看，美国住房的税收优惠政策主要集中在个人所得税的减免或抵扣政策。

社会保障方面，美国政府侧重于在公共房屋、津贴房屋、租金津贴和廉价公屋四个方面，采取积极有效的措施，解决低收入者的住房问题。公共住房政策能够长期为社会低收入人群提供大量的低价住房；住房发展计划则引导开发商开发建设低价住宅；房租援助和租金优惠券政策则直接用经济方式解决社会低收入人群的租房消费问题，并使得低收入人群的租房需求重新回归房地产市场；为满足低收入人群的购房需求，历届政府主要通过金融担保和税收优惠等方式以提供支持。

但美国的房地产政策也存在明显的缺陷：从整个住宅政策发展的历史来看，没有一次能充分提供低收入阶层的住宅供给。民间主导市场在发展过程中时刻伴随着阶层市场化问题、低收入阶层居住环境恶化问题、住宅市场的不安定问题。美国的住宅问题并非其他发达国家那样是突出型住宅不足问题和居住质量问题，而是低收入阶层过重的居住费负担问题，即无法确保能力范围内适当的住宅供应问题，彻底的市场化带来了住宅市场的阶级差别和不安定发展的社会问题。

7.3 中美房地产政策的比较分析

中美经济发展阶段不同，居民对住宅消费能力不同，同时，房地产制度，调控主体也存在差异。在美国，市场机制是房地产市场运行的基础机制，调控政策的实施主体是联邦政府住宅与城市发展部以及州、市政府的房地产管理部门。在中国，政府参与房地产市场的程度明显较美国深入，从土地供应环节开始，直到终端的住宅销售，政府都参与其中。因此，中国房地产市场受到政府政策的影响较美国更为明显。从调控主体来说，中国中央政府掌握了中国房地产政策的绝对控制权，相关国家部委，例如国家住房和城乡建设部、国家发展与改革委员会、国土资源部、财政部等职能部门出台具体调控政策措施，地方政府在房地产市场调控中的权重相对美国州、市政府明显较轻。以下，本书将具体对中美主要房地产政策进行对比，分析其中的差异。

(一) 土地政策

土地是房地产发展的根本资源,也使人类赖以生存的根本资源。土地资源作为一种不可再生资源,从长期来看,土地供给是固定不变的。正是由于土地资源的不可再生性,中国和美国的土地政策都具有保护和开发的双重含义。

我国实行的是最严格的耕地保护制度和最严格的土地用途管制制度,18亿亩耕地的红线绝对不能触碰,在土地资源的严厉约束下,中国的土地政策严格执行"招拍挂"的交易程序,土地功能规划在上市之前被严格限定,中央政策对土地资源管理具有绝对权利。

美国的土地政策相对灵活,一方面是美国土地供给约束小于中国,另一方面,在美国宪法中,土地使用的管理权赋予各州,在宪法约束下,美国各州可根据各自自然和财政资源、政治、实际需求而制定处理土地利用问题的方法,这样美国在土地资源管理政策下具有很大的灵活性。美国联邦土地资源的管理和利用体系是行政与市场配置土地的混合体系。从土地资源进入市场的过程来看,要经过计划、环境影响评价、经济评估、司法审查和公众参与等一系列复杂的程序。其中的市场手段主要体现在建立明确的私人使用权和要求使用者支付合理的市场价值两个方面。联邦土地的各种资源使用权如森林采伐、放牧和采矿权等,一般是在国会和联邦法律控制下,由土地管理局和森林服务局等行政机关通过竞标方式,出售或出租给私人使用者。法律上通常要求,使用公共土地及资源时要支付合理的市场价值,主要通过竞标或经济评估确定。

与中国目前所执行的最严格的土地保护政策类似,美国政府也早在20世纪60年代就高度重视农地保护问题。自20世纪60年代以来,美国政府就一直注意城市化过程中的农地保护问题。70年代和80年代,对用于生产食物和纤维的国有土地资源的关注程度逐渐增强。针对生产性的农地向城市用地和其他不可逆转的用途转变,以及因水和风的侵蚀导致的农地损失,1981年的农地保护法特别强调了对农地的保护。事实上,与农地保护有关的法规政策的应用明显减慢了一些州的优质农田向非农用途转变的速度。

(二) 金融政策

中国政府对房地产调控的金融政策工具主要依靠准备金率和利率手

段。中国快速的城市化进程使房地产在短时间内成为资本涌入的主要产业，银行贷款成为房地产企业融资的主要手段。统计数据表明，中国房地产企业融资资金的80%来自银行贷款。基于此，中国政府频繁使用准备金率和利率手段来调控房地产市场上的货币供给，一方面通过准备金率放松或者紧缩房地产企业获得资金的额度和渠道，另一方面，运用贷款利率来控制居民购买住宅的消费能力。

相对于中国政府较为单一的房地产金融政策，美国的房地产金融政策具有多渠道、市场化的特征。第一，住房抵押贷款证券化政策是美国政府最典型的举措。1975年政府颁布实施《美国住宅抵押贷款条例》，优先保障被拆迁居民能得到住房贷款。1977年又颁布实施《美国城市社区重建投资管理条例》来鼓励金融机构积极放贷；同时成立专门的机构"住宅区重建投资公司"，以加大投资力度。同时，美国政府鼓励房地产金融工具和渠道创新，并不断逐步推进税制改革和放松投资限制。截至2000年年底，全美国住房抵押贷款余额总计6000多亿美元，上市实现证券化的比例高达78%。第二，房地产信托对美国房地产发展起到了关键作用。1950年，在美国房地产业的一致努力争取下，房地产信托终于得到立法的认可。1960年《房地产投资税收法案》通过标志着可以组建房地产投资信托基金。1968年，美联储为减少通货膨胀压力，使国家经济回复稳定状态，决定增加利率。受利好信心鼓舞，一些大银行如曼哈顿银行、美国银行、富国银行及费城银行纷纷引入房地产信托。房地产投资信托在1969年共融得10亿美金，1970年融得13亿美金。1986年颁布的美国税收改革法案，通过限制利息扣除、延长房地产折旧年限，允许REITs持有、运营和管理房地产资产。1993年，国会放开了养老基金对REITs的投资限制。REITs的数量和市场价值增长迅速。在过去30年间，REITs公司数量增长了5.35倍，市场价值增长了103.7倍。从20世纪80年代开始，有限性伙伴公司得到了极大发展。与房地产基金不同，有限性伙伴公司能够获得1981年经济复苏税法对此行业制定的税收政策中的所有好处，特别是房地产更短期折旧及亏损可减营利额的规定，是地产基金所不能享受的。因此十年中，房地产有限性伙伴公司融资额达到810亿美金，4倍于原有的房地产基金。银行、存贷款业务、保险公司、养老金、外国投资人也都竞相加入其中。资本的流入加速了建筑业的膨胀，使其成为美国历史上最兴旺的时期。1992年，美国许多私人拥有的房地产公司开始认真考虑上市问题。1993年，50家房地产公司上市，融资额达到100亿美金；1994年，共融资218亿美金；房地产业的股票市值由1992年的156亿美金增至1994年的450亿美金，而且权益性房地产基金在房地产抵押贷款中占主导地位。到1998年在全国范围内公开交易REITs的数目已经增到210个，其市值达1420亿美元。房地产投资信托对房地产市场的发展起着至关重要的作用，而政府又较易通过相关政策对房地产投资信托起调控作用，因此发展房地产投资信托既有利于充分发挥市场机制对资金的配制作用，又有利于政府进行及时监控与调节。美国政府通过利率、税收等间接方式调控房地产投资信托的市场规模，直到次贷危机爆发之前，美国政府都很好地控制了房地产融资市场的发展。

(三) 税收政策

我国将房产税作为房地产调控的政策工具还处于起步阶段。自开征以来的收入规模一直偏小，根据财政部2012年2月公布的数据显示，2011年房产税实现收入1102.36亿元，同比增长23.3%，房产税收入占税收总收入的比重为1.2%，远远低于契税收入2763.61亿元，房产税收入规模不能满足地方建设的需要。特别是各地对房产税征缴力度，常年的"空转"没有得到政府关注，个人申报意识缺乏，导致房产税收入始终小于其他税种。2011年我国从上海、重庆等个别城市开始试点房产税，准备推广到全国。2011年初房产税试点的重庆和上海的税率标准不同，总体税率在0.4%~1.2%。在2011年1月，重庆首笔个人住房房产税在当地申报入库，其税款为6154.83元，而上海在2011年第一季度中仅有不到10笔的个人住房房产税入库，占被认定需要缴纳房产税1017套住房的1%。

美国税收制度相对比较完备的国家，美国通过众多复杂的税收收入（包括房产税）支撑起庞大的公共财政支出，美国房产税在征收过程中强调灵活、市场价值反映准确，能有效地遏制美国房地产投机行为。美国执行"宽税基、少税种"，重视房地产的保有环节——房产税的征收，美国的房产税含义大于中国房产税，包括对房地产占有、处置、收益等各个环节征收所收缴的税收。狭义的房产税征收对象是土地和房屋，税基是按房地产市场估价或评估值的一定比例（各州规定不一样，从20%~100%不等），如加利福尼亚州规定的房产税税基是政府的专门评估部门所确定的房屋市场价格的40%。房产税在美国是地方税种，20个州都征收房产税。各地州、县房产税税率有所不同，国税率由地方预算收入和支出的情况而定，平均在0.8%~3%，并以1.5%左右的税率水平居多，但基本上都根据本地区各种预算收入和总预算支出来确定房产税征缴。总之，房产税税收大约占美国一些地方政府总收入比重较大，有的占税收总收入的30%左右。2008年金融危机爆发前的7年，由于美国中等价位房的房价增长了48%，房产税相应地在同期有了62%的增幅。

（四）住房保障政策

中国在逐渐深化住房制度改革的过程中，逐步建立起了以住房公积金、经济适用房、廉租房、保障性住房为主要内容的住房保障体系。1998年中国住房货币化改革废除了国家供应住房的实物分配制度，实行了市场化供应为主的住房货币化分配，中国的住房体制发生了根本性的变化。而随着商品房价格不断升高，居民购房能力明显不足，2010年的调查表明，中国80%的居民买不起房，因此，住房保障政策成为中国房地产调控中的一个重要内容被加以重视。中国从1991年开始在上海试行住房公积金制度，是中国住房保障政策的一个基本措施。1998年开始，中央政府开始使用经济适用房作为解决城镇居民住房困难的主要途径。2007年开始，在经济适用房政策并不能根本解决居民住房困难的基础上，中央提出廉租房制度来保障困难群众住房难问题。2010年后，中央提出大规模新建保障性住房，进入房地产市场，一方面满足居民住房需求，另一方面来减缓商品房价格快速增长的现状。

美国政府也通过各种住房保障政策来保证低收入阶层住房短缺和居住条件低下的问题。美国政府主要的住房保障政策包括以下内容。

（1）公共住房计划。1937年，美国联邦政府建立了首个住房法案，这种公共住房计划一直持续到20世纪60年代，在解决社会底层公众住房难的同时，对美国经济的增长起到了重要的支持作用。但公共住房建造计划也有一定的时代局限性：由于计划在非市场框架内实施，使一部分低收入阶层从住房市场中被抽出，使得中产阶级无法将自身的旧房转让给"下家"，导致其无法回笼资金用于购置新房，打破了住房需求层级的连续性，使市场出现停滞，降低了整个住房市场运行效率。另外，公共住房兴建成本完全由国家支付，增大了联邦政府的财政支出负担。

（2）房租援助计划。20世纪60年代中期，美国住房短缺已不再是主要矛盾，取而代之的是低收入阶层所付房租占其收入比重过大。也就是说，市场上住房供给是充分的，而住户仅需在房租支付上得到帮助。于是，在约翰逊政府于1965年建立的针对低收入阶层的小规模房租援助计划基础上，尼克松政府于1974年制订了《房租援助计划》，这是美国住房政策在20世纪70年代中的一项战略性的选择。根据条款，低收入租户可从政府方面获得一定数额的经济补贴。但这一条款中用于的政府补贴的财政支出仍然过大，按照1982年的统计，每年用于一套单元的补贴超过了6000美元。因此到里根政府时代，联邦政府对住房补贴基金的分配做了较大的修改，于1983年终止了房租援助计划。

（3）住房和社会发展法案。1974年，尼克松对住房政策作了一个彻底的检讨，制定了住房和社会发展法，这是对1965年法案的修订稿。法案第8条款规定，承担新建和修复工作的私营开发商和非营利发展商，可获得FFIA（Foreign Financial Institution Agreement，外国金融机构协定）担保的金融支持，用于补贴开发商市场正常租金与住户支付的实际租金之间的差额，同时规定住户支付的实际租金比例不应大于其收入的25%。由于补贴私营开发商新建计划是在市场框架内实施的，刺激了开发商兴建低等级住房，保证了住房供应链条的连续性，有利于提高中产阶级的购买能力和住房消费水平。但鉴于为低收入者建造的大量低等级新房，往往还未到生命周期就很快过时，不能再向下层供给，结果不得不提前拆毁或弃置，造成社会资源的浪费和城市衰退。

（4）租金优惠券计划。特别应该指出的是，该计划的政府支出成本，较补贴私营发展商新建计划和公共住房计划大大降低，通过充分利用中产阶级"过滤"下来的旧房，节约了社会资源，一定程度上还避免了住房弃置现象。其中的住房优惠券计划更自由，尊重个人选择。

7.4　美国房地产政策对中国的借鉴

中国和美国在世界经济发展中的地位，以及未来中国发展的趋势，使得比较两国的房地产政策显得更有意义，如果考虑两国经济发展的"时差"效应，那么，美国的房地产发展历程，以及房地产政策对中国的借鉴作用就更为明显。

（1）美国房地产发展历程对中国房地产发展具有借鉴意义。美国房地产发展起源于20世纪经济大萧条之后，美国政府从20世纪50年代开始，就将房地产作为国家经济发展的支柱产业进行扶持和培养，尽管期间历届政府对房地产发展的政策有所侧重，但是政府对房地产发展的支持和鼓励态度一直贯彻下来，使得房地产产业成为美国经济在二战后迅速崛起的支柱产业。从1973年美国经济衰退到2009年次贷危机，期间20多年的时间中，美国房地产业在金融支持、信贷支持等支持政策的大力推动下，取得快速发展，房地产泡沫也随着逐渐形成，直到2009年次贷危机爆发。如果把中美两国经济时差25年的因素考虑在内，美国的房地产发展的历史也对中国房地产发展现状，以及未来提出了有效的参照。中国房地产市场从2003年开始进入黄金时期，房地产开发企业迅速增加，房价不断升高，银行信贷成为房地产企业和购房者的主要资金来源，房地产泡沫形成具有外部基础。如果外部信贷环境依然保持宽松，可以预见，中国房地产市场的发展轨迹也将行进到美国房地产发展的历史道路上，房地产泡沫破灭在所难免。因此，从美国房地产发展的历史可以预见中国未来的房地产危机，过度信贷和通货膨胀将成为未来中国房地产发展的"雷区"。从这种意义上来说，中国政府对房地产信贷的压缩具有中长期的积极效应。

（2）美国房地产金融政策中的一些措施仍然值得中国学习和借鉴。不可否认，美国宽松的信贷环境，以及低利率导致了次贷危机，并最终演变为全球金融危机。但是，如果仅从房地产企业融资的角度来看，美国的房地产金融政策还是很值得中国政府学习和借鉴。中国房地产企业和消费者过度依赖银行贷款已经成为未来中国房地产市场发展的潜在危机。融资渠道单一，导致房地产企业的资本结构和负债结构极度不合理，房地产的金融属性甚至超过了本身的居住属性，房地产企业资金链极端脆弱，因此，拓宽房地产企业融资渠道是引导中国房地产产业健康持续发展的重要基础条件。从这个意义上来说，美国较为成熟的REITs是中国拓宽房地产融资渠道的有益借鉴，但是要把握REITs的规模和数量。

（3）美国房产税政策对于中国正在实行的房产税改革具有较强的借鉴意义。税收政策，尤其是房产税政策是美国房地产发展的"内在调节器"。由于房产税体系设计的相对合理，使得房产税这种"内在调节器"能够在房地产发展中起到收放自如的功效。对于目前正极力研究和实行房产税改革的中国政府来说，科学确定税率、税基，对美国房产税进行本土化改进，对不同阶层购买和持有房产进行差别税收待遇，对于稳定房地产需求，限制投机具有积极作用。

（4）美国住房保障政策中对"旧房"资源的持续利用值得中国借鉴。中国正在努力将"居者有其屋"作为政府执政主要目标加快实施。在这种背景下，三年3500万套保障房建设在全国各地展开。大量的保障房开建似乎可以解决中国低收入阶层住房的需求，但是，一个不容掩盖的事实是，很多保障房项目由于资金、区位等问题，并不能产生预计之中的有效供给。因此，如何整合保障房资源，充分发挥现有"旧房"资源，可以成为中国解决低收入居民居住困难的思路之一。借鉴美国的做法，对"旧房"资源进行利用，使用类似于住房优惠券的政策措施，使得低收入居民住房难问题解决更为人性化。

综上，中美作为世界上的两个大国，经济发展对全球经济影响举足轻重，房地产产业作为经济发展中一个敏感产业，对于两个国家的政府都不能回避。对于中国政府来说，如今面临的房地产调控难题需要借鉴更多国际经验，规避美国房地产发展中的问题，吸取美国房地产发展中的先进政策措施，对中国房地产博弈中的所有参与者都有积极意义。

第 8 章

结论与启示

　　中国房地产产业发展的历程是中国经济改革、经济社会发展的一个重要领域。其与政府宏观调控、百姓日常生活，以及金融市场发展都有着密切联系。中国房地产市场的转型升级发展是中国房地产产业和企业转型升级发展的结果。同时，中国房地产市场也是中国房地产企业从无到有、从小到大、从大到强、从混沌到规范的进化载体。通过本书的研究，可以得到关于中国房地产产业转型升级发展与房地产企业成长的以下结论。

　　第一，政府在中国房地产产业转型升级过程中发挥显著作用。房地产业在我国，除了提供住宅产品外，同时也是政府进行宏观调控的一个重要手段。基于此，中国房地产市场的宏观调控属性是中国房地产企业必须面对的外部成长环境。中国房地产产业除了是一个产业部门外，还有一个外溢功能是政府的宏观调控手段。由于宏观调控属性的存在，使得中国房地产市场受到政府政策影响较大，政府政策成为中国房地产产业发展和企业成长的一个关键变量。

　　第二，中国房地产业转型升级进程远没有结束，并且在未来还将有更为剧烈的变化。随着中央政府对中国房地产市场调控决心的不断加强，房地产业回归提供住宅产品的根本功能的步伐在不断加快，政府政策对于弱化房地产金融属性的政策目标越加清晰，房地产企业需要将发展战略调整到提高产品质量实现企业高质量成长的战略轨道上来，才能符合市场需求和政策导向，房地产企业成长将从规模化、金融化向服务化和高质量化的方向发展。

　　第三，中国房地产企业成长具有较为典型的个体特征。从本书分析的华发股份及其他房地产标杆企业来看，其各自成长轨迹及成长路径都不相同。华发的成长来自其区域集中战略的成功，而万科等企业的成长动力则来自其管控和聚焦战略的成功。在受到政策和市场双重影响的成长外部环境下，企业异质性特征更加明显，因此，很难在中国的房地产企业中找到一个或几个成长的标准模板供其他企业参考，个体差异决定了中国房地产企业成长路径的显著差异化。

基于本书的研究结论，笔者认为中国房地产业转型升级和企业成长有以下启示。

第一，政府需不断完善各种制度安排，引导房地产市场健康平稳发展。中国房地产市场发展跌宕起伏的一个重要原因来自制度变迁和调整的影响。随着中国改革开放40年历程的积累，政府宏观调控也积累了更多的经验，尤其是对于房地产市场的调控。从中国房地产业转型升级和企业成长历程来看，很多的变化实际上是制度的完善调整所引起的，房地产市场的波动相对其他产业而言，受到政策影响的敏感度和弹性更大。因此，政府在未来完善制度安排的过程中，应当更为审慎地考量中国房地产产业发展的特征和企业特质，精准发力，不断完善外部制度政策环境，引导我国房地产健康平稳发展。

第二，中国房地产业转型升级和企业成长的方向是高质量发展。一个可以预见的未来是，中国房地产将逐渐回归住宅本性，附着在房地产上的金融属性将逐渐减退。在这样的发展前景下，房地产产业和房地产企业需要调整其战略目标和规划，将提升住宅品质和提供更高质量居住服务放在产业和企业发展的更重要位置，"居者有其屋"并且享受高质量的居住服务才是中国房地产业追求的高质量发展的终极目标。

参考文献

[1] 布坎南. 民主财政论——财政制度和个人选择 [M]. 北京: 商务印书馆, 2002.

[2] 陈晓红. 等. 基于突变级数法的中小企业成长性评价模型研究 [J]. 财经研究, 2004, 30 (11): 5 - 15.

[3] 陈闯, 雷家骕, 吴晓晖. 资源依赖还是战略制胜——来自非上市公司的证据 [J]. 中国工业经济, 2009 (2): 15 - 24.

[4] 陈超, 柳子君, 肖辉. 从供给视角看我国房地产市场的"两难困境" [J]. 金融研究, 2011 (1): 73 - 93.

[5] 杜运周, 张玉利. 稳健合法化战略与创新市场化整合研究——一个综合模型 [J]. 科学管理研究, 2008, 26 (4): 14 - 17.

[6] 付宏, 夏清华. 创业学习与新创企业成长——浦东的案例 [J]. 中大管理研究, 2008 (6): 48 - 59.

[7] 冯邦彦, 刘明. 我国房价与地价关系的实证研究 [J]. 统计与决策, 2006 (4): 72 - 74.

[8] 郭丽华. 大型房地产企业成长模式研究——以云南城投集团为例 [D]. 昆明: 昆明理工大学, 2011.

[9] 关玲水, 蒋凤霞. 决定中国房地产企业成长的"五个力" [J]. 现代商业, 2007 (21): 19 - 20.

[10] 黄桂田, 李正全. 企业与市场: 相关关系及其性质——一个基于回归古典的解析框架, 2001 (1): 72 - 79.

[11] 郝云宏, 朱炎娟. 高管薪酬、企业营销战略倾向与企业成长——基于房地产行业上市公司的实证检验 [J]. 财经论丛, 2012 (6): 88 - 92.

[12] 姜建强. 阿尔钦 - 德姆塞茨之谜: 一个交易费用解释 [J]. 世界经济, 2007 (2): 60 - 66.

[13] 金学惠. 人民币升值趋势对房地产市场的影响 [C]. 上海房地,

2006（7）：25-30.

　　［14］柯兹纳尔．"奥地利学派"对危机的看法//丹尼尔·贝尔、欧文·克里斯托尔．经济理论的危机．上海：上海译文出版社，1985.

　　［15］况伟大．预期、投机与中国城市房价波动［J］．经济研究，2010（9）：67-78.

　　［16］刘常勇．创业管理的12课堂［M］．台北：天下文化出版社，2002.

　　［17］李蔚青．我国房地产行业上市公司资本结构与公司业绩的实证分析［D］．青岛：中国海洋大学，2005.

　　［18］林晓艳．基于企业家能力的房地产企业持续成长机理［J］．福建论坛（人文社会科学版），2011（8）：20-23.

　　［19］林玉梅．上海YG集团商业房地产企业成长模式研究［D］．昆明：昆明理工大学，2013.

　　［20］李新春，等．企业成长的控制权约束——对企业家控制的企业的研究［J］．南开管理评论，2000，3（3）：18-23.

　　［21］梁智．中国民营房地产企业成长理论模型与实践研究［D］．北京：对外经济贸易大学，2011.

　　［22］黎志成，刁兆峰．论企业成长力及其形成机理［J］．武汉理工大学学报（信息与管理工程版），2003（10）：86-88.

　　［23］［美］奈特．风险、不确定性和利润［M］．安佳，译．北京：商务印书馆，2006.

　　［24］聂辉华．企业：一种人力资本使用权交易的黏性组织［J］．中国社会科学院研究生院，2003（8）：64-69.

　　［25］罗伯特·A.巴隆，斯科特·A.谢恩．创业过程：基于过程的观点［M］．张玉利，译．北京：机械工业出版社，2005.

　　［26］潘岳奇、樊洪、贾生华．企业资本结构、产权性质与竞拍行为——来自商品住宅用地拍卖的经验［J］．金融研究，2011（10）74-87.

　　［27］潘航，朱睿文，李仪贞，汪涵玉．我国上市房地产公司资本结构分析［J］．商业经济，2013（8）：32-33.

　　［28］任荣伟，林显沃．新创企业早期成长中的异质性资源的塑造与整合分析——以阿里巴巴公司的早期创业成长为例［J］．技术经济与管理研究，2008（6）：41-45.

[29] 单文, 韩福荣. 三维空间企业生命周期模型 [J]. 北京工业大学学报, 2002 (1): 117-120.

[30] 孙以荣. 房地产上市公司业绩的影响因素实证研究 [D]. 南京: 南京理工大学, 2008.

[31] 沈悦, 刘洪玉. 住宅价格与经济基本面: 1995—2002 年中国 14 城市的实证研究 [J]. 经济研究, 2004 (6): 78-86.

[32] 谭力文, 夏清华. 企业生命周期的比较分析 [J]. 财贸经济, 2001 (7): 41-44.

[33] 王爱俭, 沈庆劼. 人民币汇率与房地产价格的关联性研究 [J]. 金融研究, 2007 (6): 62-63.

[34] 熊璐瑛, 宋志勇. 论房地产企业社会责任与企业的持续成长 [J]. 商业时代, 2010 (2): 79-80.

[35] 许善明. 中小房地产企业成长的困境与突破 [J]. 江苏经贸职业技术学院学报, 2010 (4): 33-36.

[36] 夏清华. 新创企业的成长: 产业机会、行为资源与创业学习 [J]. 经济管理, 2008 (3): 38-43.

[37] 夏清华, 等. 不确定环境下中国创业支持政策研究 [J]. 中国软科学, 2009 (1): 66-72.

[38] 谢德仁. 企业的性质: 要素使用权交易合约之履行过程 [J]. 经济研究, 2002 (4): 84-91.

[39] 姚晓芳, 杨文江. 创业者特性对创业活动的影响研究——基于"2007 城市创业观察"对合肥市的分析 [J]. 科技进步与对策, 2008, 25 (6): 163-165.

[40] 周华蓉, 贺胜兵. 我国房地产开发企业成长的障碍与对策 [J]. 企业经济, 2007 (4): 96-98.

[41] 张建军, 倪江波. 我国家族房地产企业成长及制度模式选择 [J]. 建筑经济, 2008 (5): 15-18.

[42] 张婧雅. 上市企业的资本结构分析——以房地产行业为例 [J]. 重庆与世界 (学术版), 2013 (7): 14-17.

[43] 张林格. 三维空间企业成长模式的理论模型 [J]. 南开经济研究, 1998 (5): 45-49.

[44] 张清勇, 郑环环. 中国住宅投资引领经济增长吗? [J]. 经济研究, 2012 (2): 67-79.

[45] 周三多, 邹统钎. 战略思想史 [M]. 上海: 复旦大学出版社, 2002.

[46] 张晓晶, 孙涛. 中国房地产周期与金融稳定 [J]. 经济研究, 2006 (1): 23-33.

[47] 杨其静. 财富、企业家才能与最优融资契约安排 [J]. 经济研究, 2003 (4): 41-50.

[48] 杨瑞龙, 杨其静. 专用性、专有性与企业制度 [J]. 经济研究, 2001 (3): 3-11.

[49] 张玉利, 等. 中小企业成长中的复杂性管理及知识显性化问题研究 [J]. 外国经济与管理, 2002, 24 (3): 18-23.

[50] 张玉利, 杨俊, 任兵. 社会资本、先前经验与创业机会——一个交互效应模型及其启示 [J]. 管理世界, 2008 (7): 91-92.

[51] 周其仁. 产权与制度变革——中国改革的经验研究 [M]. 北京: 社会科学文献出版社, 2002.

[52] 周其仁. 市场里的企业: 一个人力资本与非人力资本的特别合约 [J]. 经济研究, 1996 (6): 71-79.

[53] 周雪光. 组织社会学十讲 [M]. 北京: 社会科学文献出版社, 2003.

[54] Acost. *The Enterprise Challenge: Overcoming Barriers to Growth in Small Firms* [M]. London: HMSO, 1990.

[55] Alchian, A. A.. *Uncertainty, Evolution and Economic Theory* [J]. *Journal of Political Economy*, 1950 (58): 211-222.

[56] Aldrich, H.. *Organization Evolving* [M]. Thousand Oaks: Sage Publications, 1999.

[57] Alchian, A. and Demsetz, Harold. *Production, Information Costs* [J]. *Economic Organization*, 1972 (62): 777-795.

[58] Almus M., Nerlinger E. A.. *Growth of new technology-based firms: which factors matter?* [J]. *Small Business Economics*, 1999, 13 (2).

[59] Alemany, L. and Martí J. "Unbiased Estimation of Economic Impact of Venture Capital Backed Firms", EFA 2005 Moscow Meetings Paper. í.

[60] Alvarez, S. A. and Barney, J. B.. *Organizing Rent Generation and Appropriation: Toward a Theory of the Entrepreneurial Firm* [J]. *Journal of Business Venturing*, 2004, 19 (5): 621-635.

[61] Andrew Levin, Volker Wieland, John. C. Williams. Robustness of Simple Monetary Policy Rules under Model Uncertainty [J]. *NBER Working Paper*, 1998, 5 (6570).

[62] Armour, Cumming. *The Legislative Road to Silicon Valley* [J]. *Oxford Economic*, 2006 (58): 596 – 635.

[63] Avnimelech, G. , Teubal, M. *Creating Venture Capital Industries that Co-evolve with High – Tech: Insights from an Extended Industry Life Cycle Perspective of the Israeli Experience* [J]. *Research Policy*, 2006 (35): 1477 – 1498.

[64] Baily M. N. , D. Farrell. *Breaking Down Barriers to Growth* [J]. *Finance & Development*, 2006, 43 (1): 1 – 9.

[65] Barney, J. B. . *Strategic Factor Markets: Expectations, Luck, and Business Strategy* [J]. *Management Science*, 1986, 32 (10): 1231 – 1241.

[66] Bates, T. . *Entrepreneur Human Capital Inputs and Small Business Longevity* [J]. *The Review of Economics and Statistics*, 1990, 72 (4): 551 – 559.

[67] Baumol, W. J. . *Business Behavior, Value and Growth* [M]. Macmillan: New York: Macmillan, 1959.

[68] Barney, J. B. . *Strategic Factor Markets: Expectations, Luck, and Business Strategy* [J]. *Management Science*, 1986, 32 (10): 1231 – 1241.

[69] Barney, J. B. . *Firm Resources and Sustained Competitve Advantage* [J]. *Journal of Management March*, 1991, 17 (1): 99 – 120.

[70] Barringer, Bruce R. , Jones, Foard F. , Neubaum, Donald O. . *A Quantitative Content Analysis of the Characteristics of Rapid-growth Firms and Their Founders* [J]. *Journal of Business Venturing*, 2005, 20 (5): 663 – 687.

[71] Becchetti, L. , Trovato, G. . *The Determinants of Growth for Small and Medium Sized Firms: The Role of the Availability of External Finance* [J]. *Small Business Economics*, 2002, 19 (4): 291 – 306.

[72] Beverland, M. B. , Lockshin, L. S. *Organizational Life Cycles in Small New Zealand Wineries* [J]. *Journal of Small Business Management*, 2001 (39): 354 – 362.

[73] Brüderl, J. , Preisendörfer, P. , Ziegler, R. . *Survival Chances of*

Newly Founded Business Organizations [J]. *American Sociological Review*, 1992: 227 - 242.

[74] Tidd J., Bessant J., Pavitt K. L. R.. *Managing Innovation: Integrating Technological* [M]. 2nd. *Market and Organisa-tional Change*. New Jerse, Wiley, 2000.

[75] Bengt Holmstrom, John Roberts. *The Boundaries of the Firm Revisited* [J]. *The Journal of Economic Perspectives*, 2005, 12 (4): 73 - 94.

[76] Bhide, A. V.. *The Origin and Evolution of New Business* [M]. New York: Oxford University Press, 2000.

[77] Breheny M., McQuaid R. W.. *High-tech UK-the Development of the United Kingdom's major centre in high technology industries*. In: Breheny M, McQuaid R W (eds) The development of high technology industries: an international survey. Croom Helm, London. The Commission on Public Policy and British Business, 1997.

[78] Bruton, G., Fried, V. and Hisrich, R. D.. *Venture Capitalist and CEO Dismissal* [J]. *Entrepreneurship*, 1997.

[79] Cantwell, J. A. and Fai, F. M.. *Firms as the Source of Innovation and Growth: the Evolution of Technological Competence* [J]. *Journal of Evolutionary Economics*, 1999 (9): 331 - 366.

[80] Caves, R. E.. *Industrial Organization and New Findings on the Turnover and Mobility of Firms* [J]. *Journal of Economic Literature*, 1998, 36 (4): 1947 - 1982.

[81] Chaganti, R., Cook, R. G., Wayne, J. S.. *Effects of Styles, Strategies, and Systems on the Growth of Small Business* [J]. *Journal of Developmental Entrepreneurship*, 2002, 7 (2): 175 - 192.

[82] Christian, B. and P - A. Julien. *Defining the Field of Research in Entrepreneurship* [J]. *Journal of Business Review*, 2000 (16): 165 - 180.

[83] Churchill C. N., Lewis V.. *The Five Stage of Small Business Grouth* [J]. *Havard Business Review*, 1983, 61 (3): 30 - 50.

[84] Coase, R. H.. *The Nature of the Firm* [J]. *Economica*, 1937, 4 (16): 386 - 405.

[85] Cooper, A. C., Dunkelberg, W. C. and C. Y. Woo. (1988). "Survival and Failure: A Longitudinal Study." Frontiers of Entrepreneurship

Research. B. A. Kirchoff, W. A. Long, W. E. McMullen, K. H. Vesper, and W. E. Wetzel Jr. , eds. , pp. 225 – 237. Wellesley, MA: Babson College.

[86] Cosh, A. , A Hughes. *Enterprise Challenged: ESRC Center for Business research* [R]. University of Cambridge, 2003.

[87] Coad, A. . *Towards an Explanation of the Exponential Distribution of Firm Growth Rates* [J]. *Cahiers De La Maison Des Sciences Economiques*, 2006.

[88] Covin, J. G. . *Entrepreneurial vs. Conservative Firms: A Comparison of Strategies and Performance* [J]. *Journal of Management Studies*, 1991, 25 (5): 439 – 462.

[89] Covin J. G. and Slevin D. P. . *The Influence of Organization Structure on the Utility of an Entrepreneurial Top Management Style* [J]. *Journal of Management Studies*, 1998, 25 (3): 217 – 234.

[90] Cressy, Robert. *Funding Gaps: A symposium* [J]. *The Economic Journal*, 2002, 112 (477): 1 – 20.

[91] Curran, J. , Blackburn, R. . *Researching the Small Enterprise* [M]. London: Sage, 2001.

[92] Cumming, MacIntosh. *Crowding Out Private Equity: Canadian Evidence* [J]. *Journal of Business Venturing*, 2006, 21 (5): 569 – 609.

[93] Daily, C. M. , Dalton, D. R. . *The Relationship Between Governance Structure and Corporate Performance in Entrepreneurial Frms* [J]. *Journal of Business Venturing*, 1992 (7): 375 – 386.

[94] Dalton, D. R. , Daily, C. M. , Johnson, J. L. , Ellstrand, A. E. . *Number of Directors and Financial Performance: a Meta Analysis* [J]. *Academy of Management*, 1999, 42 (6): 674 – 686.

[95] Da Rin, Marco and Nicodano, Giovanna and Sembenelli, Alessandro. *Public Policy and the Creation of Active Venture Capital Markets* [J]. *Journal of Public Economics*, 2006, 90 (8 – 9): 1699 – 1723.

[96] Daft, Richard L. and George P. Huber. How Organizations Learn: A Communication Framework. in N. DiTomso and S. Bacharach (eds), Research in the Sociology of Organizations.

[97] Daft, R. L. , Weick, K. E. . *Toward a Model of Organizations as Interpretation Systems* [J]. *Academy of Management Review*, 1984, 9 (2): 284 – 295.

[98] Davidsson, P., Delmar, F.. High-growth firms: Characteristics, Job Contribution and Method Observations, RENT XI Conference, Mannheim, Germany.

[99] Davidsson, P., Henkerson, M.. *Determinants of the Prevalence of Start-ups and High-growth Firms* [J]. *Small Business Economics*, 2002, 19 (2): 81 - 104.

[100] Davidsson, P. Kirchhoff, B. Abdulnasser, H., Gustavsson, H.. *Empirical Analysis of Business Growth Factors Using Swedish Data* [J]. *Journal of Small Business Management*, 2002, 40 (4): 332 - 349.

[101] D'Amboise. *Empirical Research on SME's: the Past Ten Years in Canada* [J]. *Journal of Small Business and Entrepreneurship*, 1993, 10 (2): 2 - 12.

[102] Deakins, D., Freel. *Entrepreneurship and Small Firms* [M]. McGraw - Hill: Maidenhead, 2003.

[103] Delmar, F., Davidsson, P., Gartner, W. B.. *Arriving at the High-growth Firm* [J]. *Journal of Business Venturing*, 2003 (18): 189 - 216.

[104] Del Monte, A., Papagni, E.. R & D and the Growth of Firms: Empirical Analysis of a Panel of Italian Firms [J]. Research Policy, 2003, 32 (6): 1003 - 1014.

[105] Demsetx, Harold. *The Economics of Business Firms* [M]. Cambridge: Cambridge University Press, 1995.

[106] Dess, G. G., Davis, P. S. *Porter's Generic Strategies as Determinants of Strategic Group Membership and Organizational Performance* [J]. *Academy of Management Review*, 1984, 27 (3): 467 - 488.

[107] Dickerson, A. P., H. D. Gibson, E. Tsakalotos. *Internal vs External Financing of Acquisitions: Do Managers Squander Retained Profits?* [J]. *Oxford Bulletin of Economics and Statistics*, 2000, 62 (3): 417 - 431.

[108] Dierickx, Cool. *Asset Stock Accumulation and the Sustainability of Competitive Advantage* [J]. *Management Science*, 1989, 35 (12): 1504 - 1511.

[109] Dow, G.. *Why Capital Hires Labor: A Bargaining Prespective* [J]. *American Economic Review*, 1993, 83 (1): 118 - 134.

[110] Downie, J.. *The Competitive Process* [M]. London: Duckworth,

1958.

[111] Denzau, A. T. , North, D. C. . *Shared Mental Models*: *Ideologies and Institutions* [J]. *Kyklo*, 1994 (47): 3 - 31.

[112] Dettwiler, P. , Lindelo¨f, P. , Lo¨fsten, H. . *Business Environment and Property Management Issues*: *A Study of Growth Firms in Sweden* [J]. *Journal of Corporate Real Estate*, 2006, 18 (3): 120 - 133.

[113] Ebben, J. J. , Johnson, A. C. . *Efficiency*, *Flexibility or Both? Evidence Linking Strategy to Pperformance in Small Firms* [J]. *Strategic Management Journal*, 2005 (26): 1249 - 1259.

[114] Eisenhardt, K. M. , Martin, J. A. . *Dynamic Capabilities*: *What are They?* [J]. *Strategic Management Journal*, 2000, 21 (10 - 11): 1105 - 1121.

[115] Elizabeth Garnsey, Henlen Lawton Smith. . *Proximity and Complexity in the Emergence of Technology Industry* [J]. *The Oxbridge Comparison*, 1998, 29 (4): 433 - 450

[116] Engel, Keilbach. *Firm Level Implications of Early Stage Venture Capital Investment - An Empirical Investigation* [J]. *Journal of Empirical Finance*, 2007, 14 (2): 150 - 167.

[117] European Commission. *Improving Opportunities for Initial Public Offerings on Growth Stock Markets in Europe* [R]. Report from the workshop held on 24 May 2005 in Brussels, Directorate - General for Enterprise and Industry.

[118] EVCA. *Benchmarking European Tax&Legal Environments* [R]. European Private Equity & Venture Capital Association.

[119] Freel, Mark S. , Robson, Paul J. A. . *Small Firm Innovation*, *Growth and Performance*, *Evidence from Scotland and Northern England* [J]. *International Small Business Journal December*, 2004, 22 (6): 561 - 575.

[120] Fritsch & Weyh. *How Large are the Direct Employment Effects of New Businesses? An Empirical Investigation for West Germany* [J]. *Small Business Economic*, 2006, 27 (2 - 3): 245 - 260.

[121] Forrester J W. . *Industrial Dynamics* [M]. Cambridge: The MIT Press, 1961.

[122] Gedajlovic, E. , Lubatkin, Michael H. Schulze, William S. . *Crossing*

the Threshold from Founder Management to Professional Management: A Governance Perspective [J]. Journal of Management Studies, 2004, 41 (5): 899 –912.

[123] Ganger J. and T. Snyder. Residential Fixed Investment and the Macroeconomy: Has Deregulation Altered Key Relationships? [J]. Journal of Real Estate Finance and Economics, 2003 (27): 335 –354.

[124] Gartner, W. B.. A conceptual Framework for Describing the Phenomenon of New Venture Creation [J]. Academy of Management Review, 1985, 10 (4): 696 –706.

[125] Gartner, William B., Mitchell, Terence R., Vesper, Karl H.. A Taxonomy of New Business Ventures [J]. Journal of Business Venturing, 1989, 4 (3): 169 –186.

[126] Geroski, P. A., S. Lazarova, G. Urga, C. F. Walters. Aredierences in Firm Size Transitory or Permanent? [J]. Journal of Applied Econometrics, 2003 (18): 47 –59.

[127] Ghent A. and M. Owyang. Is Housing the Business Cycle? Evidence from US Cities [J]. Journal of Urban Economics, 2010 (67): 336 –351.

[128] Glancey, K.. Determinants of Growth and Profitability in Small Entrepreneurial Firms [J]. International Journal of Entrepreneurial Behaviour & Research, 1998, 4 (1): 18 –27.

[129] Grant, R. M.. Toward a Knowledge-based Theory of the Firm [J]. Strategic Management Journal, 1996 (17): 109 –122.

[130] Greiner, L. E.. Evolution and Revolution as Organizations Grow [J]. Harvard Business Review, 1998, 76 (3): 55 –60, 62 –66, 68.

[131] Green R.. Follow the Leader: How Changes in Residential and Non-residential Investment Predict Changes in GDP [J]. Real Estate Economics, 1997 (25): 253 –270.

[132] Gilson, R. J.. Engineering a Venture Capital Market: Lessons from the American Experience [J]. Stanford Law Review, 2003, 55 (4): 1067 –1103.

[133] Gibcus, P., Kemp, R. G. M.. Strategy and Small Firm Performance [M]. Zoetermeer: EIM, 2003.

[134] Hay, Kamshad. Small Firm Growth: intentions, Implementation & Impediments [J]. Business Strategy Review, 1994, 3 (5): 49 –68.

[135] Hardwick, P., M. Adams. *Firm Size and Growth in the United Kingdom Life Insurance Industry* [J]. *Journal of Risk and Insurance*, 2002, 69 (4): 577-593.

[136] Hart, O.. *Firm, Contracts and Financial Structure* [M]. Oxford University Press, 1995.

[137] Hall, G.. *Surviving and Prospering in the Small Firm Sector* [M]. London: Routledge, 1995.

[138] Hamel, G. & C. K. Prahalad. *Strategy: As Stretch and Leverage* [J]. *Harvard Business Review*, 1993, 71 (2): 75-84.

[139] Hannan, M. T., Freeman, J. *The Population Ecology of Organizations American* [J]. *Journal of Sociology*, 1997, 82 (5): 929-964.

[140] Havnes, P.-A., Senneseth, K.. *A Panel Study of Firm Growth among SMEs in Networks* [J]. *Small Business Economics*, 2001, 16 (4): 293-302.

[141] Hoogstra, G. J. and van Dijk, J.. *Explaining Firm Employment Growth: Does Location Matter?* [J]. *Small Business Economics*, 2004, 22 (3-4): 179-192.

[142] James M Utterback, Clayton M Christensen, Fernando F Suarez. *Strategies for Survival in Fast-changing Industries* [J]. *Management Science*, 1998, 44 (12): 207-220.

[143] Johnsen, G. J., McMahon, R. G.. *Owner-manager Gender, Financial Performance and Business Growth amongst SMEs from Australia's Business Longitudinal Survey* [J]. *International Small Business Journal*, 2005, 23 (2): 115-142.

[144] Johnson, P., C. Conway, P. Kattuman. *Small Business Growth in the Short Run* [J]. *Small Business Economics*, 1999 (12): 103-112.

[145] Kangasharju, A.. *Growth of the Smallest: Determinants of Small Firm Growth During Strong Macroeconomic Fluctuations* [J]. *International Small Business Journal*, 2000, 19 (1): 28-43.

[146] Kay, N.. *The Growth of Firms* [M]. Oxford: Oxford University Press, 2000.

[147] Keasey K., A. R. Watson. *Small Firm Management: Ownership, Finance and Performance* [R]. Blackwell Business (Oxford, UK and Cambridge,

Mass., USA).

[148] Kelley, D. J., Nakosteen, R. A.. *Technology Resources, Alliances, and Sustained Growth in New* [J]. *Technology-based firms*, 2005, 52 (3): 292 – 300.

[149] Kemp, R., Verhoeven, W.. Growth Patterns of Medium-sized, Fast-growing Firms, Scales Research Reports H200111, EIM Business and Policy Research.

[150] Kerlinger, F. N.. *Foundations of behavioral research* [M]. New York: Holt, Rinehart, Winston. Inc, 1986.

[151] Kazanjian R. K. Drazin, An empirical test of a stage of growth progression model [J]. *Management Science*, 1989, 35 (12): 1489 – 1503.

[152] Kenney, M., R. Florida. *Beyond Mass Production: Production and the Labor Process in Japan* [J]. *Politics and Society*, 1988, 16 (1): 121 – 158.

[153] Kim C. and K. Kim. *The Political Economy of Korean Government Policies and Real Estate* [J]. *Urban Studies*, 2000 (37): 1157 – 1169.

[154] Kim K.. *Housing and the Korean Economy* [J]. *Journal of Housing Economics*, 2004 (13): 321 – 341.

[155] Klepper S.. *Employee Startups in High-tech Industries* [J]. *Industrial and Corporate Change*, 2001, 10 (3): 639 – 674.

[156] Kortum, S. and J. Lerner. *Assessing the Contribution of Venture Capital to Innovation* [J]. *RAND Journal of Economics*, 2000 (31): 674 – 692.

[157] Lieberman, M. B., Montgomery, D. B.. *First-mover Advantages* [J]. *Strategic Management Journal*, Summer, 1988 (9): 41 – 58.

[158] Lieberman, M. B., Montgomery, D. B.. *(Dis) advantages: Retrospective and Rink With the Resource-based View* [J]. *Journal of Management Studies*, 1998 (19): 1111 – 1125.

[159] Littunen, H., Tohmo, T.. *The High Growth in New Metal – Based Manufacturing and Business Service Firms in Finland* [J]. *Small Business Economics*, 2003, 21 (2): 187 – 200.

[160] Locke, S.. *ICT Adoption and SME Growth in New Zealand* [J]. *Journal of American Academy of Business*, 2004, 4 (1/2): 93 – 102.

[161] Lucas, R. E.. *On the Size Distribution of Business Firms* [J]. *The*

Bell Journal of Economics, 1978, 9 (2): 508 - 523.

[162] Leleux, Surlemont. Public Versus Private Venture Capital: Seeding or Crowding out? A Pan European Analysis [J]. Journal of Business Venturing, 2003 (18): 81 - 104.

[163] Malpezzi, Stephen, Susan M. Wachter. The Role of Speculation in Real Estate Cycles [J]. Journal of Real Estate Literature, 2005 (131): 143 - 164.

[164] Maisel and Sherman J.. A Theory of Volatilities in Residential Construction Starts [J]. American Economic Review, 1963 (53): 359 - 383.

[165] Marris, R.. The Economic Theory of Managerial Capitalism [M]. London: Macmillan, 1964.

[166] Mabey, C., Salaman, G.. Strategic HRM [M]. Oxford: London Basil Blackwells, 1995.

[167] Mansfield, E.. Entry, Gibrat's Law, Innovation, and the Growth of Firms [J]. American Economic Review, 1962, 52 (6): 1023 - 1051.

[168] Marris, R. L.. A Model of the Managerial Enterprise [J]. Quarterly Journal of Economics, 1963 (77): 185 - 209.

[169] Maula, M. V. J. & G. C. Murray. Finnish Industry Investment Ltd: An International Evaluation [J]. Ministry of Trade and Industry, 2003.

[170] McAdam. M., McAdam, R.. High-tech Start-ups in University Science Park Incubators: The Relationship between the Start-up's Lifecycle Progression and Use of the Incubator's Resources [J]. Technovation, 2008 (8): 277 - 290.

[171] McDougall1, P., Robinson, Richard. B. Jr.. New Venture Strategies: An Empirical Identification of Eight "Archetypes" of Competitive Strategies for Entry [J]. Strategic Management Journal, 1990, 11 (6): 447 - 467.

[172] Mueller, D. C.. A Theory of Conglomerate Mergers [J]. Quarterly Journal of Economics, 1969, 83 (4): 643 - 659.

[173] Metcalfe J. S.. Some Lamarckian Themes in the Theory of Growth and Economic Selection: Provisional Analysis [J]. Revue International de Systemique, 1993, 7 (5): 487 - 504.

[174] Metcalfe J. S.. Competition, Fisher's Principle and Increasing Returns in the Selectionprocess [J]. Journal of Evolutionary Economics, 1994

(4): 327 - 346.

[175] Metcalfe J. S.. *Evolutionary Economics and Creative Destruction* [M]. London: Routledge, 1998.

[176] Miner, A., Amburygey, T. L., Steams T.. *Inter organizational Linkages and Population Dynamics: Buffering and Transformational Shields* [J]. *Administrative Science Quarterly*, 1990, 35 (4): 689 - 713.

[177] Mohr, L., *Explaining organizational behacior* [M]. San Francisco: Jossey Bass, 1982.

[178] Moreno, A. M., Casillas, J. C.. *Entrepreneurial Orientation and Growth of SMEs: A Causal Model* [J]. *Entrepreneurship* Theory and Practice, 2008, 32 (3): 507 - 528.

[179] Moy, J. W., Luk, V. W., Wright, P. C.. *Perceptions of Entrepreneurship as a Career: Views* of young people in Hong Kong [J]. *Equal Opportunities International*, 2003, 22 (4): 16 - 40.

[180] Nelson, Winter. *An evolutionary theory of economic change* [M]. New York Harvard University Press, 1982.

[181] Naffziger, W. N., J. S. Hornsby, D. F. Kuratko. A Proposed Model of Entrepreneurial Motivation [J]. *Entrepreneurship*, 1994: 29 - 42.

[182] North, D., Smallbone, D.. *The Innovativeness and Growth of Rural SMEs During the 1990s* [J]. *Regional Studies*, 2000, 34 (2): 145 - 157.

[183] Oakey, R., R. Rothwell. *The Contribution of High Technology Small Firms to Regional Employment Growth* [M]. in A. Amin and J. B. Goddard (eds.), *Regional Industrial Change*, Boston: Allen and Unwin, pp. 258 - 284.

[184] Oakey, R.. *High Technology Small Firms: Their Potential for Rapid Industrial Growth* [J]. *International Small Firms Journal*, 1991, 9 (4): 30 - 42.

[185] Oakey, R.. *High Technology New Firms: Variable Barriers to Growth* [M]. London: Paul Chapman Publishing, 1995.

[186] OECD. *Small and Medium Size Enterprises: Technology and Competitiveness* [R]. Paris, 1993.

[187] O'Gorman, C.. *The Sustainability of Growth in Small and Medium-*

sized enterprises [J]. *International Journal of Entrepreneurial Behaviour & Research*, 2001, 7 (2): 60 – 75.

[188] Olson, P. D., Bokor, D. W.. *Strategy Process-content Interaction: Effects On Growth Performance in Small, Start-up Firms* [J]. *Journal of Small Business Management*, 1995, 33 (1): 34 – 44.

[189] Orser, B., Hogarth – Scott, S., Riding, A.. *Performance, Firm size, and Management Problem Solving* [J]. *Journal of small business management*, 2000, 38 (4): 42 – 58.

[190] Pamela V. Rothenberg, Lisa J. Ruddy Womble Carlyle Sandridge & Rice, LLP. *Real Estate Issues for High Growth Companies: Five Key Tactics for Managing Risks and Maximizing Returns* [J]. *Association of Corporate Counsel*, 2012 (1): 1 – 4.

[191] Pelham, A. M.. *Market Orientation and Other Potential Influences on Performance in Small&Medium Sized Manufacturing Firms* [J]. *Journal of Small Business Management*, 2000 (38): 48 – 67.

[192] Pena, I.. *Intellectual Capital and Business Start-up Success* [J]. *Journal of Intellectual Capital*, 2002, 3 (2): 180 – 198.

[193] Penrose E. T.. *The Theory of the Growth of the Firm* [M]. Oxford: Basil Blackwell, 1959.

[194] Peteraf, M. A., Barney, J. B.. *Unraveling the Resource – Based Tangle* [J]. *Managerial and Decision Economics*, 2003 (24): 309 – 323.

[195] Porter, M. E.. *America's green strategy* [J]. *Scientific American*, 1991, 264 (4).

[196] Radice, H.. *Control Type, Profitability and Growth in Large Firms* [J]. *Economic Journal*, 1971 (81): 547 – 562.

[197] Rajan, R. G., Zingales, L.. *Power in a Theory of the Firm* [J]. *The Quarterly Journal of Economics*, 1998 (113): 387 – 432.

[198] Ram, M.. *Professionals at Work-transition in a Small Service Firm*, 20th ISBA National Small Firms Policy and Research Conference: Generating Growth, Belfast, November, 1997.

[199] Reichstein, T., Dahl, M. S.. *Are Firm Rates Random? Analysising Patterns and Dependencies* [J]. *International Review of Applied Economics*, 2004, 4 (2): 225 – 246.

[200] Reynolds, Paul, Sammis White. Wisconsin's Entrepreneurial Climate Study, Final Report to Wisconsin Housing and Economic Development Authority, Milwaukee: Marquette University Center for the Study of Entrepreneurship, 1993.

[201] Roberts, E. B.. *Enterpreneurs in High Technology* [M]. New York: Oxford University Press, 1991.

[202] Romain, A., Van Pottelsberghe, B.. *The Economic Impact of Venture Capital* [J]. *German Central Bank, Discussion Paper*, 2004 (18).

[203] Rubenson, G. C., Gupta, A. K.. *A Contingency Model of Founder Tenure" Entrepreneurship* [J]. *Theory and Practice*, 1996, (21): 21 –35.

[204] Sadler – Smith, E., Spicer, D. P., Chaston, I.. *Learning Orientations and Growth in Smaller Firms* [J]. *Long Range Planning*, 2001, 34 (2): 139 –158.

[205] Sawford, B. L., Guest, F. M.. *Uniqueness and Universality of Lagrangian Stochastic Models of Turbulent Dispersion*. Proceedings of the AMS 8th Symposium on Turbulence and Diffusion, 1998, 25 – 29 April, San Diego, pp. 96 –99.

[206] Schumpeter, J. A.. *Capitalism, Socialism, and Democracy* [M]. New York: Harper & Brothers, 1942.

[207] Schumpeter, J. A.. *The Theory of Economic Development* [M]. Cambridge: Harvard University Press, 1934.

[208] Smallbone, D., North, D.. *Targeting Established SMEs: Does Their Age Matter?* [J]. *International Small Business Journal*, 1995, 13 (3): 47 –64.

[209] Storey, D. J.. *Understanding the Small Business sector* [M]. London: Thomson learning press, 1994.

[210] Storey, D., Westhead, P.. *Training and development of small and medium-sized enterprises*, Researsh Report No. 26, HMSO, London, 1997.

[211] Saxenian, A.. *Regional Advantage: Culture and Competition in Silicon Valley and Route 128. Cambridge* [M]. New York: Harvard University Press, 1994.

[212] Shane. *Prior knowledge and the discovery of entrepreneurial opportu-*

nities [J]. *Organization Science*, 1997, 11 (4): 2000.

[213] Shane. *Network ties reputation, and the financing of new ventures* [J]. *Management Science*, 2002, 48 (3): 364 – 381.

[214] Shane and Venkataraman. *The Promise of Entrepreneurship as a Field of Research* [J]. *Academy of Management Review*, 2000, 25 (1): 217 – 226.

[215] Shrader, Rod and Siegel, D. S.. *Assessing the Relationship Between Human Capital and Firm Performance: Evidence From Technology-based New Ventures* [J]. *Entrepreneurship Theory and Practice*, 2007, 31 (6): 893 – 907.

[216] Slater M.. *The Managerial Limitation to the Growth of Firms* [J]. *Economic Journal*, 1980, 90 (359): 520 – 528.

[217] Slater, Stanley F., John C. Narver. *Market Orientation and the Learning Organization* [J]. *Journal of Marketing*, 1995, 59 (July): 63 – 74.

[218] Stanworth, M. J. K., Curran, J.. *Growth and the Smaller Firm—an alternative view* [J]. *Journal of Management Studies*, 1976 (5): 95 – 110.

[219] Stinchcombe, A.. *Social Structure and Social Organization* [J]. *The Handbook of Organizations*, 1965: 142 – 193.

[220] Teece, et al. *Dynamic Capabilities and Strategic Management* [J]. *Strategic Management Journal*, 1997, 7 (18): 509 – 533.

[221] Timmons, J. A.. *New Venture Creation: A Guide to Entrepreneurship* [M]. Irwin: Illinois, 1999.

[222] Tsui, Anne S., Jiing – Lih Larry Farh. *Where Guanxi Matters: Relational Demography and Guanxi in the Chinese Context* [J]. *Work & Occupations*, 1997, 24 (1): 56 – 79.

[223] Utterback, J. M.. *Mastering the Dynamics of Innovation: How Companies Can Seize Opportunities in the Face of Technological Change* [M]. New York: Harvard University Press, 1994.

[224] Webster, Frederick E., Jr.. *The Changing Role of Marketing in the Corporation* [J]. *Journal of Marketing*, 1992 (56): 1 – 17.

[225] Wiklund, J., Shepherd, D.. *Knowledge-based Resources, Entrepreneurial Orientation, and The Performance of Small and Medium-sized Businesses* [M]. *Strategic Management Journal*, 2003, 24 (13): 1307 – 1314.

[226] Van de Ven, A. H. Hudson, R. , Dean Schroeder, M. . *Designing New Business Startups: Entrepreneurial, Organizational, and Ecological Considerations* [J]. Journal of Mmanagement, 1984, 10 (1): 87 – 108.

[227] Vernon, Raymond. . *International Investment and International Trade in the Product Cycle* [J]. The Quarterly Journal of Economics, 1966, 80 (2): 190 – 207.

[228] Viner, J. . *Cost Curves and Supply Curves* [J]. Zeitschrift Für Nationalökonomie, 1932, 3 (1): 23 – 46.

[229] Wernerfelt, B. . *A Resource – Based View of the Firm* [J]. Strategic Management Journal, 1984, 5 (2): 171 – 180.

[230] Westhead, P. , M. Cowling. *Employment Change in Independent Owner-managed High Technology Firms in Great Britain* [J]. Small Business Economics, 1995 (7): 111 – 140.

[231] Wessner, C. . *Government – Industry Partnerships for Development of New Technologies* [M]. Washington, DC: NRC, 2002.

[232] William, B. Gartner. *A Conceptual Framework for Describing the Phenomenon of New Venture Creation* [J]. Academy of Management Review, 1985, 10 (4): 696 – 705.

[233] Wiklund, J. . *Small Finn Growth and Performance: Entmpreneurship and Beyond* [J]. Jonkoping International Business School, 1998.

[234] Winter, Sidney G. . *Understanding Dynamic Capabilities* [N]. A Working Paper of the Reginald H, 2002 – 2005.

[235] Woo, W. T. , Hai, W. , J in, Y. , Fan, G. . *How Successful Has Chinese Enterprise Reform Been? Pitfalls in Opposite Biases and Focus* [J]. Journal of Comparative Economics, 1994 (18): 410 – 437.

[236] Yasuda, A. . *Do Bank Relationships Affect the Firm's Underwriter Choice in the Corporate – Bond Underwriting Market?* [J]. The Journal of Finance, 2005, 60 (3): 1259 – 1292.

[237] Zahra, Shaker A. , Filatotchev, I. . *Governance of the Entrepreneurial Threshold Firm: A Knowledge-based Perspective* [J]. Journal of Management Studies, 2004, 41 (5): 885 – 897.

后　　记

　　书稿完成之际，忽然觉得自己对中国房地产的研究只是刚刚起步，未来还需要投入更多精力才能拨开中国房地产市场的重重迷雾，总结中国房地产企业成长的成功路径。

　　这本书撰写需要感谢在中山大学的两年博士后生活，在这两年多的时间中我充分领略了毛蕴诗教授的人格魅力、治学态度，毛先生作为学术大师对我的影响何其深远，对毛老师的提携和帮助给予最深的感谢！

　　在华发的两年，我结识了一位充满学术魅力的专家型领导：史闻东博士，您的关心和厚爱不会因为时间和距离而淡薄，我从内心深处对您表示深深的感谢！

　　还有华发股份公司战略发展部的同事们，他们是丁宝军、张立贵、鲁强、曹妙琴、潘志，以及人力资源部的张石金经理，与你们成为同事、朋友，我深感荣幸！

　　叶再兴、姜永铭，两位一起学习工作的博士后兄弟，祝你们都有美好的前程！

　　感谢湖北经济学院领导、同事的支持和帮助，感谢湖北经济学院经济学系的领导、同事和朋友们，感谢湖北经济学院经济与环境资源学院的同事们，感谢荆门市东宝区的领导和同事们！

　　最后，我要祝福付淇月小朋友。本书出版之际，你已步入学堂，成为一名小学生，开启人生的求学生涯。祝你学业有成、健康成长，创造属于自己的精彩未来，爸爸、妈妈和全家人永远支持你。

　　结束博士后工作，终于有时间更新当年在中山大学和华发集团的研究成果，撰写过程中，无不感慨时间飞逝，时间总是任何问题最好的答案。此后，我将踏上新的征程，博士后留给我的财富我将受用终生，谢谢博士后这两年多难以忘怀的旅程！

付　宏

于藏龙岛